Hermann Lueer

Kapitalismuskritik und die Frage nach der Alternative

Hermann Lueer,
Kapitalismuskritik und die Frage nach der Alternative
2. überarbeitete Auflage 2015

Bismarckstraße 41a, 47443 Moers – Tel. (02841) 537316
syndikat@syndikat-a.de
Satz: Hermann Lueer
herluee@yahoo.com
Umschlag: Niki Bong
Illustrationen: Niki Bong
mail@bongolai.de
ISBN-13: 978-3-9817138-0-0

»Es ist eine Utopie, eine Theorie, die ihr da macht! Rief man jenen zu, die diesen Fragen näher traten; und wenn man von der sozialen Revolution sprach, beschränkte man sich darauf, dieselbe mit so allgemeinen Worten wie Freiheit, Gleichheit und Brüderlichkeit zu bezeichnen.«

Peter Kropotkin

Vorwort

Milliarden Menschen in extremer Armut, Altersarmut, Kinderarmut, Einschnitte im Bildungswesen und bei der medizinischen Versorgung findet niemand gut. Kritik an den Begleiterscheinungen der globalisierten kapitalistischen Wirtschaftsordnung ist dementsprechend weit verbreitet – nicht nur bei Gewerkschaftlern und Linken, auch bei Liberalen, Christen, Islamisten und Faschisten. Entsprechend der unterschiedlichen Kritiken fehlt es dann auch nicht an unterschiedlichen Vorschlägen, wie eine Alternative zum real existierenden Kapitalismus aussehen könnte. Die Befürworter freier Marktkräfte geißeln den Wohlfahrtsstaat und die übertriebenen bürokratischen Vorschriften wie Umweltschutz, Bauordnungen, Lebensmittelgesetze, Mindestlöhne, Kündigungsschutz etc., denn das schade der Funktionsfähigkeit der Märkte und damit dem Wohle aller. Von gewerkschaftlicher Seite und aus Kreisen der Linken werden stärkere staatliche Reglementierungen, soziale Gerechtigkeit sowie soziale Verantwortung statt Profitgier und Gewinnmaximierung als bessere Alternative vorgetragen.

Wer daher in Bezug auf eine Kritik am Kapitalismus fragt, was denn die Alternative sei, der tut so, als ob die praktischen Konsequenzen der Kritik noch ganz im Dunkeln lägen. Das ist aber nicht der Fall. Jeder bestimmten Kritik ist bereits anzusehen, auf welche Alternative sie hinauswill. Kritik ist die Erklärung der dem störenden Sachverhalt zugrundeliegenden Zusammenhänge. Genauso wie es in der Naturwissenschaft richtige und falsche Erklärungen gibt, so gibt es auch bezogen auf die ökonomischen Verhältnisse richtige und falsche Erklärungen für das Elend, das den Kapitalismus seit Jahrhunderten begleitet. Fehler in der Erklärung der ökonomischen Verhältnisse setzen sich auch hier in einem falschen Lösungsvorschlag fort. Erst über die richtige Erklärung wird Kritik zur Möglichkeit der Überwindung des störenden Sachverhaltes im Sinne einer Alternative. Die *ernsthafte* Beschäftigung mit der Alternative unterstellt daher zunächst die *Einigkeit* in der Kritik.

Im vorliegenden Buch geht es entsprechend nicht darum, die Utopie einer besseren Gesellschaft zu entwerfen, sondern darum, aus der Kritik am Kapitalismus die Grundprinzipien einer Ökonomie jenseits vom Kapitalismus abzuleiten. Statt der idealistischen Frage nachzugehen, wie Marktwirtschaft zum Wohlstand für alle beitragen könnte, soll deshalb zunächst geklärt werden, welche Zwecke das kapitalistische Produktionsverhältnis bestimmen bzw. was Begriff und Gesetzmäßigkeiten seiner ökonomischen Formen Eigentum, Ware, Geld und Kapital sind. Von der Beantwortung dieser Frage hängt ab, ob man sich auf die Seite der Befürworter eines mehr oder weniger regulierten Kapitalismus stellt oder auf die Seite derer, die für seine Abschaffung kämpfen. Kritik und Alternative werden so zusammengebracht: Es gilt, die Kritik an Eigentum, Ware, Geld und Kapital auf ihre Richtigkeit hin zu überprüfen und die Grundprinzipien einer Welt jenseits von Eigentum, Ware, Geld und Kapital auf ihren korrekten Bezug zur Kritik zu hinterfragen. Auf der Grundlage der Einigkeit in der Kritik stellt sich dann nicht die Frage – »Was ist die Alternative?« – sondern die Frage – »Wie lässt sich eine Ökonomie jenseits von Eigentum, Ware und Geld organisieren?«

1 Warum die Frage nach der Alternative zum Kapitalismus Einigkeit in der Kritik am Kapitalismus voraussetzt

Wer mit den kapitalistischen Verhältnissen grundsätzlich zufrieden ist, für den gibt es keine Alternative zum Kapitalismus. Für den ist die Frage nach der Alternative lediglich das Mittel, die Alternativlosigkeit des Kapitalismus zu behaupten. Wer kennt es nicht? Kaum hat jemand einige vollständige Sätze zur Kritik kapitalistischer Verhältnisse geäußert, schon wird er mit der Frage – »ja, aber was ist die Alternative?« – konfrontiert. Das ist komisch. Auf das zustimmende »*Ja*, deine Kritik in allen Ehren« folgt nämlich hier keine *konstruktive* Fortsetzung, sondern vielmehr mit dem direkt folgenden *Aber* ein Nein. Es wird also gar nicht erst versucht, zu klären, ob die mit der Kritik geleistete Erklärung richtig oder falsch ist, um auf dieser Grundlage die aus der Kritik folgende Alternative entweder konstruktiv weiterzuentwickeln oder zu verwerfen. Ohne Interesse an dem, was der andere überhaupt erklären will, besteht die Kunst der Heuchelei vielmehr darin, mit der vorgeschobenen Zustimmung zur Kritik dem Kritiker den Wind aus den Segeln zu nehmen und mit dem »Ja, aber was ist die Alternative?« schlicht einen Themenwechsel einzuleiten. Die auf das »Ja, aber« folgende Diskussion ist dementsprechend auch keine Auseinandersetzung mit der aus der spezifischen Kritik folgenden Alternative zum Kapitalismus, sondern zielt allein auf die parteiliche Denunzierung jeglicher Alternativen zum »letztlich besten aller Wirtschaftssysteme« und damit auf die parteiliche Zurückweisung der Kritik.

»DIE TRAGIK DES 20. JAHRHUNDERTS LIEGIT DARIN, DASS ES NICHT MÖGLICH WAR, DIE THEORIEN VON KARL MARX ZUERST AN MÄUSEN AUSZUPROBIEREN.«

Eine sehr beliebte Form, Kritik am Kapitalismus mit einem »Ja, aber« zu diskreditieren, ist der Hinweis auf Stalin, als Ausdruck des autoritären Charakters *jeder* sozialistischen Alternative zur freien Marktwirtschaft. Kommunismus möge ja in der Theorie gut sein, aber immer, wenn er in die Praxis umgesetzt würde, wäre das Ergebnis Terror, Tyrannei und Massenmord. Das Meisterstück dieser pauschalen Zurückweisung linker Kapitalismuskritik ist das 1997 von dem französischen Historiker Stèphane Courtois herausgegebene »Schwarzbuch des Kommunismus«. Das Drehbuch ist einfach: Überall wo es in der kapitalistischen Weltordnung zu mehr oder weniger erfolgreichen sozialistischen Aktivitäten kommt, wird die gegenüber den Hintergründen ignorante Bebilderung der damit einhergehenden Gewalt als Beleg für die Verbrechen des Kommunismus den Kritikern des Kapitalismus entgegengeschleudert. Ob eine Befreiungsbewegung als Befreiungsbewegung anerkannt oder als Terrorismus gebrandmarkt wird, hängt schließlich ganz von der parteilichen Betrachtung ab. Vom »Freien Westen« aufgerüstete Guerillakämpfer werden so zu Freiheitskämpfern gegen ein despotisches sozialistisches »Regime« und von sozialistischen Mächten aufgerüstete Guerillakämpfer zu »Terroristen« gegenüber der rechtmäßigen Ordnungsmacht. Mit dieser Methode lassen sich im »Schwarzbuch des Kommunismus« angefangen bei dem von den Westmächten kräftig geschürten russischen Bürgerkrieg über die geschätzten Opfer der Deportationen im Zweiten Weltkrieg bis zu den Toten im Zusammenhang mit den Stellvertreterkriegen z. B. in Vietnam, Angola, Nicaragua oder Afghanistan genug Belege für die Konsequenzen finden, die jede sozialistische Alternative zum Kapitalismus potenziell in sich trage.

Parteilichkeit – *egal für welche Seite der Gewalt!* – ist ein Fehler, weil man sich auf ihrer Grundlage mit den Zwecken der sich bekämpfenden Parteien nicht befassen will. Im Totalitarismusvorwurf gegenüber linker Kapitalismuskritik wird dementsprechend auch nicht versucht, eine redliche Bilanz zu ziehen, wo durchaus aus den Fehlern linker Gewaltanwendung etwas zu lernen wäre. Ohne jegliches Interesse an einer Erklärung geht es allein um die vernichtende Gleichsetzung sozialistischer Kritiker mit potenziellen Unterdrückern, Verbrechern und Terroristen. Der von den Zwecken und Hintergründen der Gewalt abstrahierende Totalitarismusvorwurf wird so zur parteilichen Antwort auf die heuchlerische Frage nach der Alternative: Ja, eure Kapitalismuskritik in allen Ehren, aber es gibt keine Alternative.

Zu dieser Parteilichkeit passt es dann auch, keinerlei Gewaltverhältnisse dort sehen zu wollen, wo weltweit in freiheitlichen Marktverhältnissen eine Milliarde Menschen neben den vorhandenen Reichtümern und Produktionsmitteln an Hunger leiden bzw. wo selbst in der reichsten Volkswirtschaft der Welt über 40 Millionen Menschen von der Polizei täglich daran gehindert werden, sich mehr von den Lebensmitteln zu nehmen, als ihnen über Lebensmittelmarken zugestanden wird.[1]

[1] http://whyhunger.org/getinfo

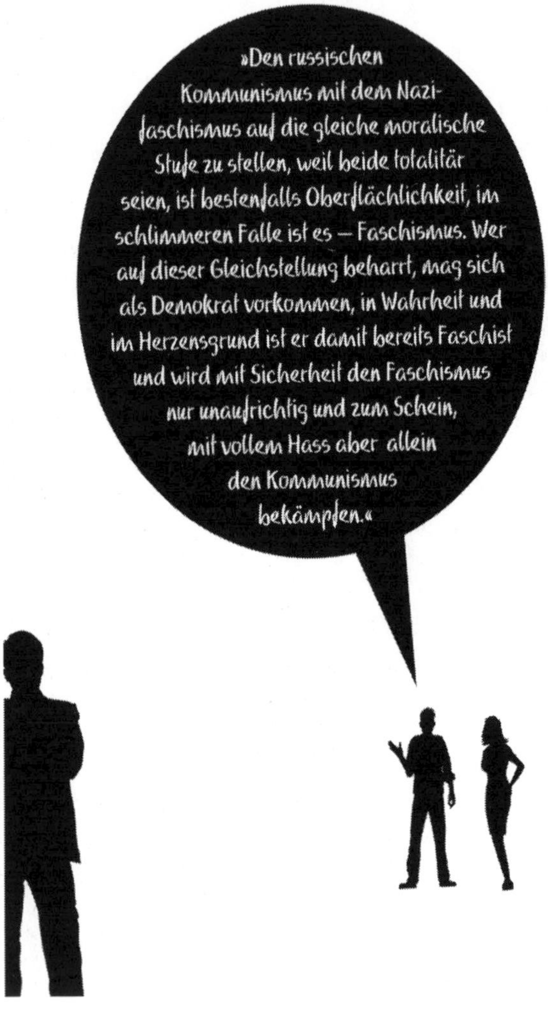
»Den russischen
Kommunismus mit dem Nazi-
faschismus auf die gleiche moralische
Stufe zu stellen, weil beide totalitär
seien, ist bestenfalls Oberflächlichkeit, im
schlimmeren Falle ist es – Faschismus. Wer
auf dieser Gleichstellung beharrt, mag sich
als Demokrat vorkommen, in Wahrheit und
im Herzensgrund ist er damit bereits Faschist
und wird mit Sicherheit den Faschismus
nur unaufrichtig und zum Schein,
mit vollem Hass aber allein
den Kommunismus
bekämpfen.«

»Wer vom Kapitalismus nicht reden will, sollte auch vom Faschismus schweigen.«
»Dem Kapitalismus wohnt ein Laster inne: Die ungleichmässige Verteilung der Güter. Dem Sozialismus wohnt eine Tugend inne: Die gleichmässige Verteilung des Elends.«

Eine weniger brüske, aber ebenso beliebte Variante dieser Sorte parteilicher Zurückweisung gegenüber den Kritikern marktwirtschaftlicher Gewaltverhältnisse hat in der berühmten Polemik Winston Churchills ihren Klassiker gefunden: Dem Kapitalismus wohne ein Laster inne; die ungleichmäßige Verteilung der Güter. Dem Sozialismus wohne eine Tugend inne; die gleichmäßige Verteilung des Elends. Gemäß diesem Strickmuster lassen sich in Illustrierten vom Stern bis zum Spiegel ganze Serien über die Geschichte des Kapitalismus schreiben, in denen die unschönen Folgen der privatwirtschaftlichen Reichtumsvermehrung ausführlich bebildert werden, um anschließend schlicht zu behaupten, ohne die Schattenseiten der Marktwirtschaft wäre alles noch viel schlimmer. Ungleichheit gehöre zum Kapitalismus, Elend sei der Begleiter des Fortschritts. Aber auf lange Sicht habe der Kapitalismus allen mehr Wohlstand gebracht. Nichts habe die Welt in den vergangenen 200 Jahren so verändert wie der Siegeszug des Kapitalismus. Heute seien die Ärmsten in den Industrienationen wesentlich reicher als die Armen vor 200 Jahren. Aus dem Wohlstand für wenige würde im Laufe der Jahrzehnte Wohlstand für die meisten.[2]

Auch hier ist nach dem zustimmenden »Ja, der Kapitalismus hat seine Schattenseiten« die Befassung mit der vorgetragenen *Erklärung* für das weltweite Elend, das die globalisierte Marktwirtschaft begleitet, vom Tisch. Mit dem »Ja, aber die Alternative wäre das Elend für alle« wird vielmehr unabhängig vom Inhalt der Kritik *allen* Kapitalismuskritikern offensiv die vermeintliche Alternativlosigkeit

---

[2] A. Daniels/S. Schmitz, Die Geschichte des Kapitalismus, Stern Buch, Heyne Verlag 2006, S. 36ff

zur freien Marktwirtschaft entgegengehalten. Wer sich auf diese Art parteilich zu diskutieren einlässt, darf sich dann nicht wundern, mit einer Beweisführung konfrontiert zu werden, in der jede technologische Errungenschaft und jede Form der Produktivkraftsteigerung exklusiv der marktwirtschaftlichen Konkurrenz zugeschrieben wird und darüber die Marktwirtschaft selbst zum Inbegriff des Wirtschaftens verklärt wird. Ohne Kapitalismus kein technischer Fortschritt ist der falsche Gedanke, mit dem die kapitalistische *Form*, in der technischer Fortschritt zum Zwecke der privaten Bereicherung der Produktionsmittelbesitzer rücksichtslos gegen den Arbeiter und die Natur vorangetrieben wird, zum *Grund* für den technischen Fortschritt verklärt wird. So gesehen wird jede Verbesserung, die Dank des technischen Fortschritts für die arbeitende Bevölkerung abfällt, zu einem Erfolg der Dynamik und Effizienz der freien Marktkräfte, für die sich die Opfer über Generationen gelohnt haben und lohnen werden. Ein, nebenbei bemerkt, äußerst zynisches Lob des Kapitalismus, in dem die Opfer der Mehrheit der Bevölkerung über Generationen zum Vorteil *aller* verklärt werden.

Das heuchlerische, »Ja, aber was ist die Alternative«, ist also alles andere als der Auftakt für eine ernsthafte, an einer Klärung interessierten Diskussion. Für die unredliche Frage nach der Alternative ist es völlig unerheblich, was jemand an den marktwirtschaftlichen Produktionsverhältnissen kritisiert, was seine Erklärungen für die weltweit unübersehbaren negativen Folgen für Mensch und Natur sind bzw. inwiefern seine Erklärungen überhaupt richtig oder falsch sind.

SCHAFFT DEN KAPI-TALIS-MUS AB!
»Gegen den Kapitalismus, für die Verteidigung der sozialen und Umweltgerechtigkeit«

Für eine solidarische Ökonomie!
ENTWAFFNET DIE MÄRKTE!
MEHR WIRTSCHAFTS-DEMOKRATIE WAGEN!
GEMEINWOHL-ÖKONOMIE STATT KAPI-TALISMUS

Neben der *unredlichen* Frage nach der Alternative – *ja, aber was ist die Alternative?* – ist der moralische Streit um die bessere Alternative eine ebenso beliebte und verbreitete Form, die Kritik des Kapitalismus im Sinne seiner Erklärung zu vernachlässigen. Im Gegensatz zur unredlichen Frage nach der Alternative wird hier kein Themenwechsel vollzogen. Die Kritik, d. h. Erklärung des Kapitalismus ist hier von vorneherein gar nicht das Thema bzw. spielt nur am Rande eine Rolle. Einig in der moralischen Verurteilung der für jeden sichtbaren negativen Begleiterscheinungen des globalisierten Kapitalismus erscheint die Erklärung der kapitalistischen Verhältnisse und damit ihre Kritik nebensächlich im Vergleich zur Darstellung der Alternative. Mit einem Bild besserer Verhältnisse lässt sich aber schlecht argumentieren. Wer eine Alternative will, den hat etwas gestört. Ausgangspunkt jeder Alternative zum Kapitalismus ist daher eine Kritik am Kapitalismus, das heißt, eine richtige oder falsche Erklärung des Kapitalismus. Wer sich Armut als Folge von Marktversagen erklärt, sucht nach Alternativen der Marktregulierung. Wer sich Armut als notwendige Folge des marktwirtschaftlichen Produktionsverhältnisses erklärt, will den Markt abschaffen. Wer in den unschönen sozialen Erscheinungen der Marktwirtschaft eine Folge individuellen Fehlverhaltens sieht, will über christliche Tugenden oder grünes Konsumentenverhalten Abhilfe schaffen. Wer den Grund für die unschönen Begleiterscheinungen der Marktwirtschaft im Privateigentum an Produktionsmitteln sieht, muss mit der Erklärung des notwendigen Schadens für die Mehrheit der arbeitenden Bevölkerung gegen deren Bereitschaft argumentieren, täglich ihre Arbeitskraft für fremde Zwecke zur Verfügung zu stellen.

Wenn mit dem Bild der besseren Alternative »argumentiert« wird, soll aber ein Streit über die *Grundlage* der vorgestellten Alternative nicht geführt werden. Auf Sozialismuskonferenzen und in diversen kapitalismuskritischen Readern werden vielmehr Alternativen zum Kapitalismus präsentiert, ohne die Argumente für die ihnen zugrundeliegenden und sich womöglich sogar einander widersprechenden Erklärungen gemeinsam zu prüfen. Ein Streit im Sinne einer Erklärung der Gesetzmäßigkeiten des Kapitalismus und einer daraus abgeleiteten Schlussfolgerung, was im Interesse der Mehrheit der Bevölkerung zu ändern wäre, ist bei dieser Sorte »Kapitalismuskritik« sogar verpönt. Da zwar jeder sagen kann, was er will, sich aber im Sinne von Toleranz und Meinungspluralismus gleichzeitig keiner anmaßen soll, die richtige Erklärung gefunden zu haben, gelten alle vorgetragenen Alternativen als mögliche Alternativen, die je nach persönlichem Geschmack argumentlos als besser oder schlechter angesehen werden können. Heruntergebracht auf eine subjektive Meinung, die sich nicht als theoretische Position versteht – als objektive Auskunft über eine Sache, über die sich streiten ließe – ist somit die Welt voll von besseren Alternativen zum »real existierenden Kapitalismus«: von neoliberalen Minimalforderungen an staatliche Eingriffe in das Marktgeschehen über sozialdemokratische Umverteilung und Regulierung der Marktkräfte bis zu marktsozialistischen Vorstellungen von verstaatlichten Schlüsselindustrien. Ernst genommen wird so außer der *herrschenden* »Alternative« keine.

In der Naturwissenschaft wie im praktischen Leben weiß jeder, dass die Erklärung des Gegenstandes die Grundlage für seine Beherrschung ist. Wer nicht weiß, wie ein Motor funktioniert, kann auch keinen Motor reparieren. Oder was würde man von einem Flugzeugingenieur halten, der ein Flugzeug auf der Grundlage eines Ideals des »harmonischen Fliegens« konstruieren wollte, statt die physikalischen Gesetze der Thermodynamik zu studieren, um auf dieser Grundlage Konstruktionslösungen zu entwickeln? Sich unterschiedliche Reparatur- bzw. Konstruktionsmöglichkeiten zu präsentieren, ohne sich um den Begriff der Sache zu kümmern, würde als ausgesprochene Blödheit wahrgenommen. Was im praktischen Leben wie in der Naturwissenschaft gilt, gilt auch für Wirtschaft und Politik. Nur wenn man den Grund für die weltweite Verarmung und Verelendung weiter Teile der Bevölkerung *richtig* bestimmt hat, kann man daran arbeiten, die Ursache abzuschaffen. Wen etwas stört, sollte sich ernsthaft um die Gründe und Zwecke kümmern, statt unabhängig von den Gründen idealistisch ein anderes Verhalten zu verlangen. Die im »Argumentieren« mit der besseren Alternative praktizierte theoretische Ignoranz gegenüber den Gesetzmäßigkeiten einer auf Eigentum, Ware, Geld und Kapital gegründeten marktwirtschaftlichen Gesellschaftsordnung ist daher fatal. Sie fordert nicht selten *den Grund* für die weltweite Verarmung breiter Bevölkerungsschichten *als Mittel gegen* das Elend der Bevölkerung.

FAIRER HANDEL!
FÜR EINE SOZIALE MARKT-WIRT-SCHAFT
»Freiheit und Gleichheit anstatt von Ausbeutung und Unter-drückung«
Eigentum verpflichtet!
»FREIHEIT STATT KAPITALISMUS«

2 Argumente gegen Eigentum, Ware, Geld und Kapital

Wenn jemand für eine Welt ohne Geld wirbt, ohne dafür seine Argumente gegen Geld vorzutragen, kann er jemanden, der Geld im Prinzip für eine nützliche Sache hält, nicht von seiner Alternative zum Kapitalismus überzeugen. Wenn jemand Warenhandel für eine harmlose Sache hält, für eine Selbstverständlichkeit arbeitsteiligen Wirtschaftens, dann wird ihm die Vorstellung einer Welt ohne Ware und Geld unsinnig erscheinen. Wer für eine Welt jenseits von Kapital und Lohnarbeit wirbt, ohne seine Argumente gegen Lohnarbeit und Kapital vorzutragen, wird die, die im Kapitalverhältnis nur eine Verteilungsfrage sehen, nicht von seiner Alternative zum Kapitalismus überzeugen.

Was ist also die Kritik an Eigentum, Ware, Geld und Kapital?

2.1 Eigentum

> »Wenn ich auf die Frage: »Was ist die Sklaverei?« kurz antwortete: »Sie ist Mord!«, so würde man meinen Gedanken sogleich verstehen. Mit wenigen Worten könnte ich zeigen, dass die Gewalt, welche die Gedanken, den Willen und die Persönlichkeit des Menschen knebeln, eine Gewalt auf Leben und Tod ist und dass somit »einen Menschen versklaven« gleichbedeutend ist mit »ihn morden«. Warum also kann ich auf die Frage: »Was ist das Eigentum?« nicht ebenso gut antworten: »Es ist Diebstahl!«, ohne allgemein unverstanden zu bleiben?«[3]

Die Garantie von Freiheit, Gleichheit und Eigentum ist die Errungenschaft der modernen kapitalistischen Welt. Ausgehend von der amerikanischen Unabhängigkeitserklärung in 1776 sowie der Erklärung der Menschen- und Bürgerrechte im Zuge der französischen Revolution wurden mit der Verabschiedung der Allgemeinen Erklärung der Menschenrechte durch die UN-Generalversammlung am 10. Dezember 1948 die Grundprinzipien der *kapitalistischen Wirtschaftsordnung* zur zivilisatorischen Errungenschaft und zum allgemeinen Menschenrecht erklärt. Seitdem sind »das Recht auf Eigentum und sein Schutz vor jeder willkürlichen Enteignung (...) die Grundlagen jeder freiheitlichen Ordnung von Wirtschaft und Gemeinwesen. Sie werden als Menschen- oder Bürgerrechte in allen zivilisierten Staaten der Welt heute anerkannt und garantiert.«[4]

---

[3] Pierre Proudhon, Was ist das Eigentum? (1841), Verlag Freie Gesellschaft, o. J., S. 1

[4] Horst Recktenwald, Wörterbuch der Wirtschaft, S. 107

Das ist alles andere als selbstverständlich. Dass Eigentum keineswegs eine zivilisatorische Errungenschaft, sondern ein Gewaltverhältnis ist, war schließlich in den vorangegangenen Zeitaltern durchaus noch für jedermann offensichtlich. Das gewaltsame Bestreben, andere Menschen von der Nutzung natürlicher Reichtümer, von Grund und Boden sowie Produktionsmitteln und den damit hergestellten Gütern auszuschließen, zieht sich als Blutspur wie ein roter Faden durch die Geschichte der Menschheit. Statt zivilisierter Kooperation bei der Erschließung natürlicher Reichtumsquellen auf der Grundlage von gemeinschaftlichen Produktionsmitteln bestimmten Mord, Raub und Krieg zwecks Sicherung des eigenen bzw. Eroberung fremden Eigentums die gesellschaftlichen Verhältnisse. Angefangen bei Familienclan- und Stammesfehden über die Kriege feudalistischer König- und Kaiserreiche bis in das sogenannte imperialistische Zeitalter der Nationalstaaten prägten die im Eigentumsverhältnis gegründeten Gegensätze offen den Umgang der Gesellschaften miteinander. Aber nicht nur im Außenverhältnis, auch innerhalb einer Gesellschaft war Eigentum als gesellschaftliches Gewaltverhältnis kein Geheimnis. Im Rahmen der feudalen Produktionsweise war das Herr-Knecht-Verhältnis, bei dem sich sogenannte Grundherren und Adelige gewaltsam Land aneigneten und die Mehrheit der Bevölkerung als Leibeigene Frondienste verrichten ließen, für jeden klar erkennbar. Der Versuch einer Mystifizierung über die Behauptung, das Eigentumsverhältnis sei von Gottes Gnaden bzw. qua Geburt über blaues Blut gerechtfertigt, war hier leicht durchschaubar und ohne offene Gewalt wenig wirksam.

Das im Eigentum gegründete gesellschaftliche Gewaltverhältnis wurde auch nicht darüber aufgehoben, dass infolge der bürgerlichen Revolutionen Freiheit, Gleichheit und Eigentum allen Bürgern garantiert wurden. Die bürgerlichen Revolutionen richteten sich gar nicht gegen das *Eigentum* als gewaltsamen Ausschluss und Mittel, andere für sich arbeiten zu lassen, sondern gegen die *Exklusivität* der Eigentumsrechte, die sich die selbst ernannten Adelsfamilien zugesprochen hatten. Wenn allen gleichermaßen zusteht, Ländereien und Fabriken inklusive der Maschinen zu besitzen, bedeutet die Freiheit des Eigentums weiterhin, dass das Eigentum weniger gleichbedeutend mit der Mittellosigkeit der Mehrheit ist. Wenn einem die Fabrik gehört, können die anderen sie nicht benutzen. Das Recht, einen Zaun um fruchtbares Land zu ziehen, bedeutet für die Mehrheit der Landlosen, dass sie höchstens als Arbeitskräfte zur Mehrung fremden Reichtums Zutritt erhalten. Die Garantie von Freiheit, Gleichheit und das Recht auf Eigentum, führt zwar zur Befreiung von der Unterwerfung unter die exklusive Macht einzelner Adelsfamilien, ändert aber für die Mehrheit der Bevölkerung nichts an der sich aus ihrer Eigentumslosigkeit ergebenden Not, sich zum eigenen Lebenserhalt täglich für fremden Reichtum nützlich machen zu müssen.

Dass das Recht auf Eigentum neben seiner modernen Mystifikation als zivilisatorische Errungenschaft und allgemeines Menschenrecht auch seine »Schattenseiten« hat, ist kein Geheimnis. Mit Blick auf die negativen Folgen der vorherrschenden Eigentumsordnung sind dementsprechend diverse alternative Vorstellungen zu einem gerechteren Umgang mit dem Eigentum beliebt: »Eigentum verpflichtet«, »Verteilungsgerechtigkeit«, »Leistung muss sich lohnen« lauten je nach der interessierten Betrachtungsweise die Slogans. Das *Recht auf Eigentum* wird dabei von kaum jemandem in Frage gestellt. Statt sich von der modernen Mystifikation blenden zu lassen und sich alle möglichen idealistischen Umgangsformen mit dem Eigentum auszumalen, soll im Folgenden zunächst einmal geklärt werden, was Eigentum eigentlich ist. Auf dieser Grundlage lässt sich dann entscheiden, ob Eigentum im Sinne der Bedürfnisse der Bevölkerungsmehrheit reguliert oder vielmehr abgeschafft gehört.

»Um den Besitz in Eigentum zu verwandeln, bedarf es einer anderen Sache als der Arbeit; denn sonst würde der Mensch aufhören, Eigentümer zu sein, sobald er aufhören würde, Arbeiter zu sein.«

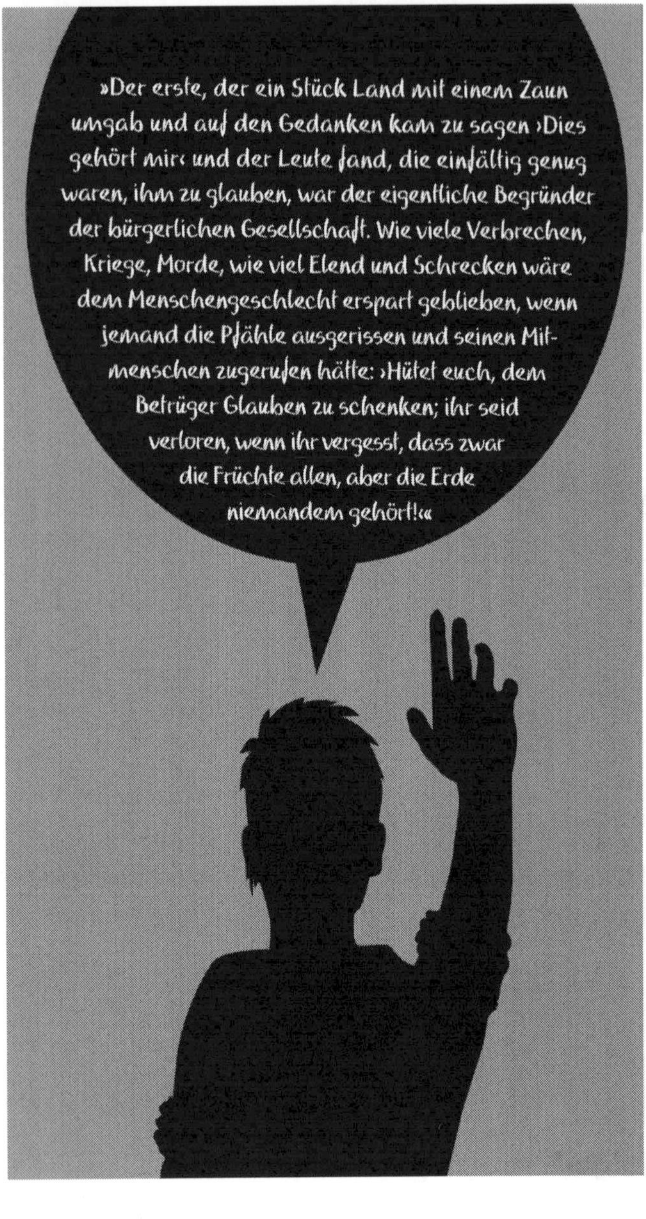
»Der erste, der ein Stück Land mit einem Zaun umgab und auf den Gedanken kam zu sagen ›Dies gehört mir‹ und der Leute fand, die einfältig genug waren, ihm zu glauben, war der eigentliche Begründer der bürgerlichen Gesellschaft. Wie viele Verbrechen, Kriege, Morde, wie viel Elend und Schrecken wäre dem Menschengeschlecht erspart geblieben, wenn jemand die Pfähle ausgerissen und seinen Mitmenschen zugerufen hätte: ›Hütet euch, dem Betrüger Glauben zu schenken; ihr seid verloren, wenn ihr vergesst, dass zwar die Früchte allen, aber die Erde niemandem gehört!‹«

Eigentum ist kein *natürlicher* Gegenstand. An einem Stück fruchtbaren Land klebt kein Eigentum. Ebenso wenig an einer Maschine oder einer kompletten Fabrik. Eigentum ist ein *Verhältnis zwischen Menschen.* Wenn jemand sagt, dieses Ding gehört mir, bringt er damit nicht sein Verhältnis zu diesem Gegenstand zum Ausdruck, sondern sein Verhältnis zu anderen Menschen in Bezug auf diesen Gegenstand. Eigentum ist auch kein natürliches Resultat der individuellen Arbeit, denn sonst würden die Fabrikherren und Großgrundbesitzer aufhören, Eigentümer zu sein, sobald sie ihre Arbeiter für sich arbeiten lassen. Eigentum unterstellt Gewalt. Mit den zu Eigentum erklärten Gegenständen beansprucht der Eigentümer die exklusive Verfügungsmacht über die Gegenstände und damit zugleich den *Ausschluss* von deren Verfügung für den Nichteigentümer. Eigentum ist aber nicht zu verwechseln mit einem einander ausschließenden Benutzungsverhältnis: das Essen eines Apfels, das Fahren eines Fahrrads. Also einem Verhältnis, in dem die anderen Gesellschaftsmitglieder kein konkurrierendes Interesse an der parallelen Benutzung haben bzw. der Nutzer nach dem Gebrauch nicht auf der ausschließlichen Nutzung des Gegenstandes beharrt. Eigentum ist im Unterschied zur Nutzung ein gesellschaftliches Gewaltverhältnis, in dem sich Menschen prinzipiell – also nicht, weil sie einen Gegenstand gerade benutzen wollen – vom Zugang zu ökonomisch relevanten Gegenständen ausschließen. Mit der ausschließlichen Verfügung über die *Produktionsmittel* und die damit hergestellten Produkte beinhaltet Eigentum die Gewalt, anderen die Existenz zu bestreiten. Für den Eigentümer ist sein Eigentum aber nicht Ausschlussmacht um seiner selbst willen, sondern Mittel zum Zweck, fremde Arbeit zu nutzen. Eigentum ist ein *gesellschaftliches Erpressungsverhältnis.* Die Bedürfnisse der anderen Gesellschaftsmitglieder werden vom Eigentümer nur anerkannt, wenn für das Nutzungsinteresse am Gegenstand genügend Geld bezahlt wird. Der Mieter darf die Mietwohnung benutzen, soweit er mit seiner Arbeit für den Eigentümer den Mietzins verdient. Eigentum wird so zur *Macht über fremde Arbeit.*

Am Musterland von Freiheit, Gleichheit und Eigentum – den Vereinigten Staaten von Amerika – lässt sich der Inhalt der angeblichen »zivilisatorischen Errungenschaft« des Rechts auf Eigentum exemplarisch studieren. Die freien und gleichberechtigten Siedler importierten die Freiheit des Eigentums, indem sie das Eigentumsverhältnis gewaltsam durchsetzten. Sie zäunten das Land ein und führten Krieg gegen die Ureinwohner bis hin zum Völkermord. Da sich das ihrer gesellschaftlichen Eigentumsordnung entspringende Gewaltverhältnis nicht nur gegen die störenden Ureinwohner richtete, sondern ebenso untereinander gegen konkurrierende Siedler, war das Mitführen von Schusswaffen eine Selbstverständlichkeit und die gewaltsame Sicherung des Eigentums an der Tagesordnung. Mit der Notwendigkeit, das Eigentum gegen Eigentumslose und konkurrierende Eigentümer zu schützen, wuchs daher bei den Eigentümern das Bedürfnis, *ihr Interesse* in ein *allgemeines Recht* zu verwandeln. Angefangen bei der Wahl und Bezahlung des Sheriffs über lokale Gerichtsbarkeiten entstand so auch im Ursprungsland von Freiheit und Gleichheit eine zentrale Staatsgewalt, die unparteilich gegenüber den Einzelinteressen der Eigentümer das Recht auf Eigentum und seinen Schutz als Grundlage der freiheitlichen Ordnung von Wirtschaft und Gemeinwesen sicherstellte. Während im Mutterland von Freiheit, Gleichheit und Eigentum erst eine Staatsgewalt zur Sicherung der kapitalistischen Eigentumsordnung geschaffen werden musste, bedurfte es beim europäischen Übergang von der feudalistischen zur kapitalistischen Produktionsweise der bürgerlichen Revolution, um die vorhandene Staatsgewalt auf die neuen Grundprinzipien der bürgerlichen kapitalistischen Wirtschaftsordnung zu verpflichten.

Was inhaltslos gut klingt – frei, gleich und ein Recht auf Eigentum – ist für die Mehrheit der Bevölkerung ein zweischneidiges Schwert. In der Konkurrenz um das Eigentum an Produktionsmitteln liegt der Nutzen der durch das staatliche Gewaltmonopol geschützten Freiheit des Eigentums schließlich ganz bei den Erfolgreichen. Die Scheidung von Lohnarbeit und Kapital vollzieht in diesem gewaltsamen Ausschlussverhältnis allein die freie Konkurrenz. Als gleichberechtigte Bürger, von Leibeigenschaft und Frondienst befreit, sind sie ohne eigene Produktionsmittel und damit ausgeschlossen von allen Lebensmitteln gezwungen, ihre eigene Arbeitskraft täglich aufs Neue den Besitzern der Produktionsmittel zu deren weiteren Bereicherung zur Verfügung zu stellen. Die staatlich gewährten und gewaltsam durchgesetzten Prinzipien von Freiheit, Gleichheit und Eigentum sichern so als Grundlage des marktwirtschaftlichen Produktionsprozesses die Existenz von Produktionsmittelbesitzern auf der einen und rechtlich freien, aber weitgehend mittellosen Arbeitnehmern auf der anderen Seite. Die freiheitliche Form der Eigentumsverhältnisse ändert am gewaltsamen Verhältnis früherer Zeiten wenig. Anstelle der Feudalherren bestimmt nun das gleiche Recht vor dem Gesetz den Inhalt der freiheitlichen Eigentumsordnung, die durch die *Gleichbehandlung* von Habenden und Habenichtsen die ökonomische Ungleichheit fortschreibt. Entsprechend erfordert die Absicherung der Eigentumsverhältnisse sowie die Regelung der dem Eigentumsverhältnis entspringenden Interessengegensätze, angefangen beim Eigentumsrecht über Vertrags-, Gesellschafts- und Wettbewerbsrecht bis zum Umwelt- und Arbeitsrecht, eine Vielzahl detaillierter gesetzlicher Vorschriften. Und da die gesetzliche Regelung der gegensätzlichen Interessen und der sich zwangsläufig hierüber ergebenden Konflikte nur praktische Relevanz bekommt, wenn Verstöße auch bestraft werden können, sind ein umfangreiches Strafrecht, Polizei und Gefängnisse ein unabdingbarer Bestandteil der freiheitlichen Eigentumsordnung.

Das Gewaltverhältnis, das innerhalb einer Gesellschaft über das *Recht auf Eigentum* eingerichtet wird, findet in der globalisierten freiheitlichen Wirtschaftsordnung seine entsprechende Fortsetzung im zwischenstaatlichen Verhältnis. Mit dem Unterschied, dass im Gegensatz zum Binnenmarkt, wo das gegensätzliche Verhältnis von Käufer und Verkäufer, von Arbeitgeber und Arbeitnehmer durch das Gewaltmonopol des Staates verbindlich geregelt wird, es für die Regelung der gegensätzlichen Interessen in den weltweiten Handelsbeziehungen zwischen den souveränen Nationalstaaten kein übergeordnetes Gewaltmonopol gibt. Entsprechend investieren die Nationen einen nicht unerheblichen Teil ihrer Reichtümer in die militärische Aufrüstung und arbeiten unter dem Titel – »Frieden und Freiheit« – mehr oder weniger erfolgreich daran, den jeweils nationalen Wirtschaftsstandort und seine Erfolgsmittel in Konkurrenz zu den anderen Nationen voranzubringen. Drohungen und Erpressungen, Kriege und Stellvertreterkriege sind in diesem gegensätzlichen Verhältnis, ähnlich wie damals im wilden Westen, tägliches Geschäft.[5]

Oberflächlich betrachtet erscheinen Freiheit, Gleichheit und das Recht auf Eigentum als Garantie eines friedlichen Miteinanders zum Wohle aller, vor der die äußerst ge-

---

[5] Ausführlicher in: Hermann Lueer, Warum sterben täglich Menschen im Krieg? Argumente gegen die Liebe zur Nation, Edition Octopus, 2010

waltsame nationale wie internationale ursprüngliche Eigentumsnahme als bloße Schattenseite dieser zivilisatorischen Errungenschaft verblasst. Sobald man sich dagegen den Inhalt der zu Menschenrechten erklärten kapitalistischen Grundprinzipien von Freiheit, Gleichheit und Eigentum vor Augen führt, wird der Grund für die faktisch nicht zu übersehende inner- wie zwischenstaatliche Gewalt sichtbar. Dass Warenhandel so etwas wie Arbeitsteilung ist, Geld eine nützliche Erfindung und dass das Kapital lediglich mehr oder weniger gemaßregelt werden muss, um es zum Wohle aller wirken zu lassen, sollte man daher auch nicht einfach glauben.

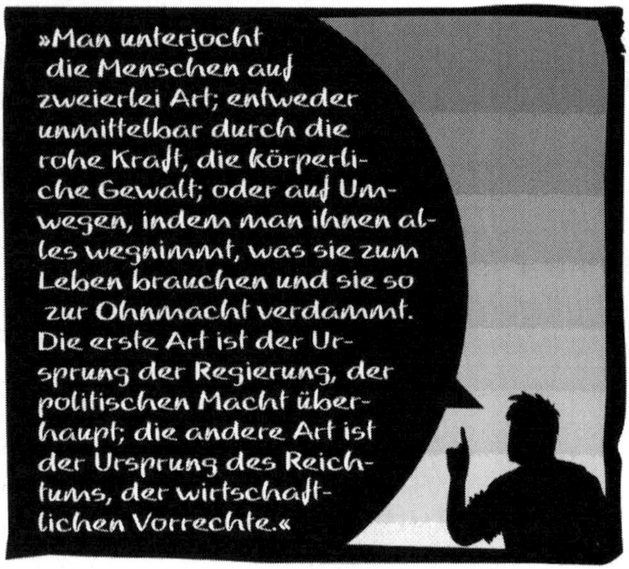

I.

ALLE MACHT DEN RÄTEN!

»Wir sind wahrhaftig reich, viel reicher, als wir annehmen: reich an dem, was wir bereits besitzen, noch reicher an Produktionsmöglichkeiten mit unserer vorhandenen Ausrüstung und am aller reichsten an dem, was wir dank unseres Bodens, unserer Manufakturen, unserer Wissenschaft und unserer technischen Kenntnisse zustande bringen könnten, würden sie nur benutzt, um Wohlstand für alle zu schaffen.

Die zivilisierten Gesellschaften sind reich. Wieso haben wir dann so viele Arme? Warum müssen die Massen solch eine mühselige und verdummende Arbeit leisten? Warum müssen selbst die höchstbezahlten Arbeiter sich um den nächsten Tag Sorgen machen, inmitten all des ererbten Reichtums und trotz der gewaltigen Produktionsmittel, die mit ein paar Stunden täglicher Arbeit Wohlstand für alle garantieren könnten?

Die Sozialisten haben es gesagt und unermüdlich wiederholt. Tagtäglich sprechen sie es neuerlich aus und belegen es mit Argumenten aus sämtlichen Wissenschaften. Die Verhältnisse sind so, weil Einzelne alles zur Produktion Erforderliche – Grund und Boden, Bergwerke, Verkehrswege, Maschinen, Nahrungsmittel, Obdach, Erziehung und Wissen – an sich gerissen haben im Verlauf jener langen Geschichte des Raubs, der Zwangsvertreibungen und Kriege, der Unwissenheit und Unterdrückung.«

2.2 Ware

Mit dem Eigentum kommt die Ware in die Welt. Das gewaltsame Ausschlussverhältnis der Privateigentümer setzt sich darüber im Warenhandel fort. In einer warenproduzierenden Gesellschaft werden schließlich nicht einfach gemeinsam nützliche Dinge in dem an den Bedürfnissen gemessenen Umfang hergestellt und deren Verteilung organisiert. Wo sich Eigentümer gegenseitig von der Nutzung der Produktionsmittel und den mit ihrer Hilfe hergestellten Gebrauchsgegenständen ausschließen, stellt sich ihr gesellschaftlicher Zusammenhang erst auf dem Markt her. Sie organisieren nicht *zusammen*, sondern in Konkurrenz *gegeneinander* die Produktion. In einer warenproduzierenden Gesellschaft sind Gebrauchsgegenstände als Eigentum der Privatproduzenten nur zugänglich, wenn sich ihr Verkauf für den Eigentümer lohnt. Die Gegenstände ihrer Produktion müssen dafür nützlich sein, aber das Entscheidende ist der erfolgreiche Verkauf. Mit der Ware bekommt alles neben seiner konkreten Nützlichkeit als Gebrauchsgegenstand seinen Preis. Das Maß für den Nutzen der hergestellten Produkte ist damit aber gar nicht mehr das Bedürfnis, sondern wird abhängig davon, ob die Bedürftigen auch bezahlen können. In einer warenproduzierenden Gesellschaft zählen nicht die Bedürfnisse der Gesellschaftsmitglieder, sondern allein die *zahlungsfähigen Bedürfnisse*. Der Zweck des im Privateigentum liegenden Warenangebots ist daher auch nicht die *gesellschaftliche* Bedürfnisbefriedigung, sondern die *private* Bereicherung der Eigentümer. Dies ist kein Geheimnis. Jeder kennt den Zweck der Warenproduzenten. Daneben ist die Vorstellung, die marktwirtschaftliche Warenproduktion sei eine arbeitsteilig organisierte Wirtschaftsordnung, in der die Koordination von Produktion und Konsum über das Zusammentreffen von Angebot und Nachfrage auf den Märkten erfolge, weit verbreitet. Ein Widerspruch?

Im praktischen Leben besteht allgemeiner Konsens darin, dass es unsinnig ist, ein Ziel anzustreben, indem man einen gegensätzlichen Zweck verfolgt. Anders im Hinblick auf den Warenhandel. Der auf der kapitalistischen Eigentumsordnung beruhende marktwirtschaftliche Warenhandel wird begleitet von der Vorstellung, dass Eigentümer mit dem Zweck der privaten Bereicherung irgendwie für das allgemeine Wohl sorgen würden. Selbst die jedermann bekannten unschönen Begleiterscheinungen der freiheitlichen Marktwirtschaft – Hungersnöte neben vorhandenen Agrarüberschüssen, elende Arbeitsbedingungen, Alters- und Kinderarmut auch in den reichsten Industrienationen, globale Umweltzerstörung etc. – gelten lediglich als Marktversagen und damit als Ausdruck für den unerschütterlichen Glauben an den im Prinzip für alle nützlichen Markt. Mit etwas Regulierung – vom Arbeits- und Umweltrecht über Mindestlöhne bis zur Vermögensteuer – ließe sich der zum Zweck gesellschaftlicher Bedürfnisbefriedigung gegensätzliche Zweck der privaten Bereicherung zum Wohle aller regeln. Plötzlich dient in dieser Vorstellung der *gewaltsame Ausschluss* von den Produktionsmitteln sowie der Versuch, darüber *privaten* Reichtum auf Kosten anderer Gesellschaftsmitglieder zu vergrößern, der »Koordination von Produktion und Konsumtion« und damit dem gemeinsamen gesellschaftlichen Nutzen.

Wem an dieser Stelle der Hinweis auf den gegensätzlichen *Zweck* der Warenbesitzer nicht ausreicht, um zu verstehen, dass die Folgen des Warentausches kein Marktversagen, sondern die notwendigen Konsequenzen des mit der Eigentumsordnung in die Welt kommenden Warenhandels sind, dem hilft vielleicht der folgende Blick auf die hochgelobten *»Errungenschaften«* der marktwirtschaftlichen Warenproduktion: Warenvielfalt, Effizienz und individuelle Freiheit.[6]

6 Siehe hierzu auch: Hermann Lueer, Warum verhungern täglich 100.000 Menschen. Argumente gegen die Marktwirtschaft, Edition Octopus, 5. Aufl. 2015

»Der Reichtum der Gesellschaften, in welchen kapitalistische Produktionsweise herrscht, erscheint als eine ***ungeheure Warensammlung*** ...«[7] Ungeachtet des Inhaltes der beeindruckenden Auswahl gelten Warenvielfalt in Kaufhäusern und prall gefüllte Schaufenster als Ausweis für eine im Prinzip erfolgreiche Wirtschaftssteuerung zum Wohle aller. Es gibt alles im Überfluss. Jeder Wunsch ist prinzipiell erfüllbar. Natürlich nur soweit man ihn auch bezahlen kann. Wer angesichts dessen meint, marktwirtschaftliche Warenproduktion sei *»nur«* ein Verteilungsproblem, hat nicht verstanden, was mit der Warenproduktion alles in die Welt kommt. Für die Warenproduzenten sind Gebrauchsgegenstände schließlich nicht der Zweck, sondern das Mittel, um Geld zu verdienen. Der Zweck ihrer Produktion ist der Tauschwert, das Geld. Dieser Zweck, Tauschwert zu realisieren, zieht sich angefangen von Forschung und Entwicklung über Produktmanagement bis zu Werbung und Verkauf wie ein roter Faden durch den gesellschaftlichen Produktionsprozess und bestimmt nicht nur *ob überhaupt* und *für wen* produziert wird, sondern ebenso *was, wo und wie* produziert wird.

Wer nach dem Studium z. B. als Entwicklungsingenieur ins Berufsleben einsteigt, dem wird spätestens hier sofort beigebracht, dass nicht die *Funktionalität* der verschiedenen Gebrauchsgegenstände, sondern ihr *Wert* der entscheidende Maßstab für die Produktentwicklung ist. Er muss also lernen, dass Gebrauchsgegenstände *als Waren* einen Doppelcharakter bekommen: Sie sind nützliche Gegenstände *und* Werte. Dabei erzeugt planmäßig und arbeitsteilig organisierte Arbeit zunächst nichts anderes als verschiedene

---

[7] Karl Marx, Das Kapital Bd. 1, MEW Bd. 23, Dietz Verlag 1971, S.49

Quantitäten und Qualitäten von Gebrauchsgegenständen. Eine Produktion auf der Grundlage gemeinschaftlicher Produktionsmittel bezieht sich auf die Menge und Funktionalität der zur gesellschaftlichen Bedürfnisbefriedigung erforderlichen Güter und Dienstleistungen. Erst über das Eigentumsverhältnis – über das gewaltsame Ausschlussverhältnis der einzelnen Warenbesitzer – kommt parallel zum konkreten Gebrauchsgegenstand der Tauschwert in die Welt und damit der an den Gebrauchsgegenstand herangetragene Maßstab seiner Verkaufbarkeit. Für die in keinem unmittelbar kooperativen gesellschaftlichen Zusammenhang stehenden Eigentümer von Produktionsmitteln interessieren die produzierten Gebrauchsgegenstände nur als Träger des Tauschwerts. In der Warenproduktion wird folglich die konkrete Beschaffenheit des Gebrauchsgegenstandes degradiert zum bloßen Mittel für den Verkauf. Für die Forscher und Entwickler in den produzierenden Betrieben sind die Folgen dieser gegenüber ihrem naturwissenschaftlichen Studium geänderten Zwecksetzung alles andere als unerheblich. Ihre Aufgabe besteht in einer warenproduzierenden Gesellschaft darin, verschiedene Sorten *verkaufbarer* Waren zu entwickeln: billige und teure, qualitative hochwertige und minderwertige, gesunde und ungesunde. Wäre der Zweck die gesellschaftliche Bedürfnisbefriedigung anstelle der privaten Bereicherung, würde niemand auf so einen Unsinn kommen. Als Mittel für den Verkauf wird dagegen zweckmäßig kalkuliert. Die Qualität der Waren lässt sich auf vielfältige Weise verkaufsgerecht modifizieren.

Für die Pharmaindustrie kann es beispielsweise lukrativer sein, lediglich an den Symptomen herumzudoktern, statt die Krankheitsursachen zu bekämpfen. Wer gräbt sich schon gerne sein eigenes Geschäftsfeld ab. Die Konkurrenz um den Geschäftserfolg gibt vor, wo sich Forschungs- und Entwicklungsaufwand lohnt und wo nicht. Der Zweck der Produktion ist also alles andere als unerheblich für das Resultat und keineswegs lediglich ein geschickter Umweg zum gleichen Ziel. Wenn in einer warenproduzierenden Gesellschaft Anti-Aging-Salben anders als Medikamente gegen Tropenkrankheiten auf eine *zahlungsfähige* Nachfrage stoßen, ist es marktwirtschaftlich unsinnig, *wertlose* Tabletten gegen irgendwelche Durchfallerkrankungen zu entwickeln. Wenn sich Lebensmittel mit diversen chemischen Geschmacks- und Farbstoffen erfolgreich vermarkten lassen, ist es marktwirtschaftlich unsinnig, vitaminhaltigere und damit gesündere aber gemessen am Maßstab der Verkaufbarkeit eventuell *wertlose* Lebensmittel zu produzieren. Wenn in Afrika die Produktion von Schnittblumen für den Export lukrativ ist, ist es marktwirtschaftlich unsinnig, *wertloses* Getreide für die zahlungsunfähige lokale Bevölkerung anzupflanzen. Wenn sich die Lebensdauer der Produkte bezogen auf die von der Konkurrenz gebotene Garantiezeit begrenzen lässt, ist es marktwirtschaftlich unsinnig, *wertlosen* Aufwand in eine bessere Produktqualität zu investieren. Wenn sich gentechnisch verändertes Saatgut patentieren lässt, ist es marktwirtschaftlich unsinnig, den Bauern selbst vermehrbares Saatgut zu überlassen. Was gemessen am Maßstab der Gebrauchsgüterproduktion völlig unsinnig ist, kann gemessen am Maßstab der Wertproduktion durchaus vernünftig sein. In einer warenproduzierenden Gesellschaft wird in diesem Sinne vorhandenes Wissen um die erforderlichen Produktionsverfahren patentrechtlich gegen seine Verbreitung und Anwendung durch andere geschützt. In einer Gesellschaftsform, in der nicht miteinander auf der Grundlage gemeinsamer Produktionsmittel, sondern gegeneinander als konkurrierende Privateigentümer produziert wird, wäre die kostenlose Weitergabe von Ergebnissen der privaten Forschungsarbeiten in der Tat der sichere Ruin des einzelnen Warenproduzenten. Geistiges Eigentum – andere vom vorhandenen Wissen gewaltsam auszuschließen – gilt in einer am Maßstab der Wertproduktion ausgerichteten warenproduzierenden Gesellschaft daher auch nicht als asozial, sondern schlicht als realistisch. Wie soll *»Wirtschaften = Warenproduktion«* denn auch ohne Copyright funktionieren?

Der Maßstab der Wertproduktion, der mit dem gewaltsamen Ausschlussverhältnis der Warenproduzenten in die Welt kommt, setzt sich konsequent in der Organisation der Produktion fort. Unter strikter Wahrung von Betriebsgeheimnissen werden weltweit in Konkurrenz gegeneinander Produktionsstätten aufgebaut und – wenn sie sich gemessen an der *zahlungsfähigen* Nachfrage als Überkapazität erweisen – wieder vernichtet. Bei der Frage, wo weltweit produziert wird, wird ein erheblicher logistischer Aufwand in Kauf genommen, um gemessen am *Wert* der erforderlichen Arbeitskräfte die zur privaten Reichtumsvermehrung günstigsten Bedingungen auszunutzen. Nordseekrabben werden z. B. in der Nordsee gefangen, zum Schälen durch billige Arbeitskräfte nach Marokko transportiert, um letztlich in Norddeutschland wieder auf dem Teller zu landen. Einzelteile für Autos, Fernseher oder Mobiltelefone wandern zum Teil mehrfach um die Welt, bevor sie vielleicht auf einer Seite der Erde zum Endprodukt zusammengesetzt werden, um sie auf der anderen Seite der Erde zu vermarkten. In der Welt des globalisierten Kapitalismus kommt kein Unternehmen mehr ohne weltweit agierende Einkaufsabteilung und von Billiglohnland zu Billiglohnland wandernde Produktionsstätten aus. Der erhebliche zusätzliche Logistikaufwand lohnt sich im Hinblick auf den Zweck der *Wert*produktion, weil z. B. eine Arbeitskraft in China oder Afrika weniger *wert* ist und daher ihr Einsatz für den Produktionsmittelbesitzer weniger kostet als der Einsatz europäischer oder nordamerikanischer Arbeitskräfte. (Mehr dazu im Abschnitt 2.4 Das Kapital)

In einer warenproduzierenden Gesellschaft machen sich akademisch ausgebildete Menschen als Produktmanager Gedanken darüber, wie man Joghurtbecher und andere Verpackungen geschickt so gestalten kann, dass potenziellen Käufern ein größerer Inhalt suggeriert wird. Sie kombinieren Spielzeug mit Hamburgern, um bereits Kinder an die Geschmackstoffe der ernährungswissenschaftlich ungesunden Lebensmittel zu gewöhnen. Sie texten Texte für das Kleingedruckte, deren Inhalt, wäre er gut sichtbar am Produkt angebracht, eher verkaufsschädigend wäre. Sie tragen mit einem erheblichen Aufwand zur viel gepriesenen Warenvielfalt bei, indem sie den Konsumenten *Markenvielfalt* bieten, um ihren Wettbewerbern Marktanteile abzujagen. Unter dem Maßstab der *Wert*produktion werden so Heerscharen von klugen Köpfen beschäftigt, ohne der Funktionalität von Gebrauchsgegenständen etwas Wesentliches hinzuzufügen. Wer sich für ein Mobiltelefon, eine Digitalkamera oder eine Packung Waschmittel interessiert, wird neben den Produkten konkurrierender Hersteller auch mit der Produktdifferenzierung innerhalb des Sortiments eines Herstellers konfrontiert. Betrachtet man in Warenhäusern das umfangreiche Sortiment unter dem Gesichtspunkt der Funktionalität der Gebrauchsgegenstände, ließe sich die Ausstellungsfläche, die für die Präsentation der wertmäßig um die zahlungsfähige Nachfrage konkurrierenden Markenvielfalt erforderlich ist, gut auf ein Drittel reduzieren. Die scheinbare Errungenschaft der marktwirtschaftlichen Warenvielfalt stellt sich daher bei genauerer Betrachtung in ihrem aus dem Eigentumsverhältnis begründeten Doppelcharakter dar: als eine ungeheure Ressourcenverschwendung – gemessen am Maßstab gesellschaftlicher Gebrauchsgüterproduktion – und zugleich als zweckmäßiges und notwendiges Konkurrenzmittel – gemessen am Maßstab der Wertproduktion.

»Bitte keine Werbung einwerfen« klebt an mehr als jedem zweiten Briefkasten, und die Werbeblöcke im Fernsehen und Radio würde auch niemand vermissen. Um die Bereitstellung nützlicher Informationen geht es also offensichtlich in der schillernden Marketing- und Werbungsbranche nicht. Der in den Milliardenbeträgen zum Ausdruck kommende gesellschaftliche Aufwand, der in die Marketing- und Werbeaktivitäten investiert wird, dient vielmehr der konkurrierenden Beeinflussung der Kaufentscheidung sowie der Erzeugung von Bedürfnissen, die es ohne den Werbeaufwand vielleicht gar nicht gäbe. Von regelmäßigen Facelifts bei Automodellen, Modekampagnen der Bekleidungsindustrie, verführerischen Präsentationen cooler alkoholischer Getränke für Jugendliche und Livestylewerbung für Zigaretten lassen sich die konkurrierenden Hersteller mit tatkräftiger Unterstützung der Werbebranche einiges einfallen und überziehen so die gesamte warenproduzierende Gesellschaft bis in den letzten Winkel mit Plakaten und Videospots, um die *Verwertung* der als Eigentum produzierten Güter richtig anzukurbeln. Was sich letztlich alles an nützlichen und unnützlichen, an gesunden und ungesunden Stoffen in den aufwendig zum Verkauf präsentierten »Premiumprodukten« befindet, erfährt der Konsument nicht aus der glanzvollen Werbung, sondern wenn überhaupt im Kleingedruckten.

Das permanente Trommelfeuer der im Dienst der Produktionsmittelbesitzer hart arbeitenden Marketing- und Werbefachleute bildet die Grundlage, auf der nun Heerscharen von Verkäufern und Verkäuferinnen ihre *parteiliche* Kundenberatung starten. Dass es bei diesen Tätigkeiten, die in Unternehmen der Konsumgüterindustrie einschließlich ihrer angeschlossenen Händlerorganisationen einen Großteil aller Mitarbeiter ausmachen, nicht nur darum geht, die potenziellen Kunden über den Tisch des »eigenen« Hauses zu ziehen, sondern der Kunde tatsächlich einen Beratungsbedarf hat, um in der Markenvielfalt zurechtzukommen, wertet den Beruf des Verkäufers nicht auf. Die verwirrende Fülle ähnlicher Produkte ergibt sich schließlich nicht aus der Komplexität der Bedürfnisse, die es zu befriedigen gilt. Die unübersichtliche Markenvielfalt und die fehlende Vergleichbarkeit der Bezeichnungen und Maßeinheiten sind vielmehr bewusst und zweckmäßig herbeigeführte Mittel der Konkurrenz der Warenproduzenten. Einer Stiftung Warentest bedarf es ja auch nur, weil in der Marktwirtschaft jeder weiß, dass man sich auf Verkaufsbroschüren nicht verlassen kann.

Zu einer Gesellschaft, in der auf der Grundlage der Freiheit, Produktionsmittel besitzen zu dürfen, die gesellschaftliche Bedürfnisbefriedigung Mittel der privaten Bereicherung ist, gehören die entsprechenden Charaktermasken: Angefangen beim rücksichtslosen Manager über den schleimigen Versicherungsvertreter bis zum verlogenen Finanzberater liefern die Gegensätze zwischen den konkurrierenden Individuen die Gründe für Lug und Trug. Kleine und größere Betrügereien, Diebstahl, Erpressung, Korruption, Mord und Totschlag sind in dieser Gesellschaftsform an der Tagesordnung. Zur Sicherung ihrer

Funktionsfähigkeit bedarf es daher einer Vielzahl weiterer Dienste (Wirtschaftsprüfgesellschaften, Steuerberater, Anwälte, Gerichte inklusive des kompletten Rechtssystems, Polizei, Gefängnisse etc.), nach denen in einer Gesellschaft jenseits der Freiheit des Eigentums keiner fragen würde.

Die verbreitete, schöne, aber falsche Vorstellung – Angebot und Nachfrage würden auf dem Markt für die Koordination von Produktion und Konsum sorgen – löst sich bei näherer Betrachtung folgendermaßen auf: Erstens, die *Nachfrage* ist nicht mit den Bedürfnissen der Gesellschaftsmitglieder zu verwechseln, sondern bedeutet nichts anderes als die zahlungsfähige Nachfrage. Wer, aus welchen Gründen auch immer, nicht bezahlen kann, dessen Bedürfnisse zählen in einer warenproduzierenden Gesellschaft nicht. Zweitens, das bis zur Bezahlung als Eigentum vor unbefugtem Zugriff gewaltsam gesicherte *Angebot* orientiert sich keineswegs an der zur Bedürfnisbefriedigung der Gesellschaftsmitglieder erforderlichen Quantität und Qualität von Gütern und Diensten. *Was* an nützlichen Dingen hergestellt wird, *ob überhaupt*, *für wen und wo* produziert wird, entscheidet allein das Kriterium der Verkaufbarkeit auf dem Markt. Eine wie auch immer definierte »gerechtere« Verteilung der Zahlungsfähigkeit würde daher auch nichts daran ändern, dass angefangen bei Forschungs- und Entwicklungsabteilungen über Produktion, Produktmanagement, Marketing und Vertrieb bis zu Anwaltskanzleien, Versicherungs- und Wirtschaftsprüfgesellschaften, Finanzämtern, Polizei und Gefängnispersonal mindestens 50% der Bevölkerung in der Konkurrenz um die Marktanteile der Produktionsmittelbesitzer mehr mit Fragen der Verwertung als mit Fragen der Bedürfnisbefriedigung der Gesellschaftsmitglieder beschäftigt sind. Was am Maßstab gesellschaftlicher Bedürfnisbefriedigung völlig unsinnig und kontraproduktiv wäre, ist am Maßstab der Wertproduktion für die Eigentümer der Produktionsmittel äußerst effizient.

II.

ALLE MACHT DEN RÄTEN!

»Von Rothschild erzählt man sich, als er 1848 sein Vermögen durch die Revolution bedroht sah, hätte er die folgende Farce aufgeführt. "Ich will gern zugeben", sagte er, "dass mein Vermögen auf Kosten anderer erworben ist. Doch unter Millionen Europäern aufgeteilt, würde es pro Person nicht einmal einen Taler ausmachen. Wohlan, ich verpflichte mich, jedem, der ihn von mir verlangt, seinen Taler zurückzugeben." Nachdem er das gesagt und gebührend publiziert hatte, ging unser Millionär ruhig in den Strassen Frankfurts spazieren. 3 oder 4 Passanten verlangten ihm ihren Taler ab, er gab ihn ihnen mit einem sardonischen Lächeln, und die Farce nahm ihren Lauf. Die Familie des Millionärs ist noch immer im Besitz ihrer Schätze.«

Das ist ein schlechter Scherz. Es geht für uns nicht darum, die Taler Rothschilds zu verteilen. Es geht nicht um eine Verteilungsgerechtigkeit in einem am Zweck der Geldvermehrung ausgerichteten Produktionsverhältnis, sondern darum, die Produktion auf den Zweck der gesellschaftlichen Bedürfnisbefriedigung auszurichten. Alles, was die Revolution vorfindet, ist ausschließlich für die kapitalistische Wirtschaft eingerichtet, das heißt: die Arbeit dient nicht dem nötigen Bedarf, sondern dem Profit; es wird Überflüssiges hergestellt, dringlich Wichtiges für die arbeitenden Massen wird vernachlässigt; der Produktionsstandort wird zur Frage des unterschiedlichen Wertes, der den Arbeitskräften zugemessen wird; die Arbeitsbedingungen – ob Maschinen zur Erleichterung eingesetzt werden – verkommen zur Frage der Gewinnkalkulation. Mit der nachträglichen Umverteilung der angesammelten Vermögen ist daher gar nichts getan, wenn nicht zugleich der Zweck der Produktion aufgehoben wird.

Effizienz gilt als unschlagbares Prädikat der Marktwirtschaft. Im Vergleich hierzu gelten sogar alle anderen Wirtschaftsformen als *unwirtschaftlich*. Die marktwirtschaftliche Warenproduktion erstrahlt hierdurch im Licht der einzig vernünftigen Wirtschaftsform, zu der trotz aller Schattenseiten keine realistische Alternative denkbar ist. Die unsichtbare Hand der Marktwirtschaft, so heißt es, zwingt die einzelnen Warenproduzenten zur Effizienz. Eine unsichtbare Hand? Auch hier lohnt es sich, einmal genauer hinzuschauen.

Effizienz als ökonomisches Prinzip – mit einem bestimmten Zeit-/Mitteleinsatz den höchsten Ertrag zu erzielen oder andersherum einen bestimmten Ertrag mit dem geringsten Zeit-/Mitteleinsatz zu erhalten – ist für sich genommen gar nichts Erstrebenswertes. Es kommt schon sehr auf den Zweck an, den jemand verfolgt. Ein Soldat kann sehr effizient beim Töten der Feinde seiner Nation vorgehen. Ein Einbrecher kann ebenfalls sehr effizient arbeiten. Der Einsatz einer Krankenschwester, die Menschen pflegt, die nicht bezahlen können, ist demgegenüber marktwirtschaftlich nicht effizient. Anstatt die Marktwirtschaft über ihre Effizienz inhaltslos zu feiern, stellt sich daher die Frage: Woran misst sich eigentlich die hochgelobte Effizienz, die sich marktwirtschaftlich Geltung verschafft? Was ist überhaupt die unsichtbare Hand, die alle Marktteilnehmer zur Effizienzsteigerung treibt?

Warenbesitzer wollen ihre Waren nicht selbst konsumieren. Sie haben sie hergestellt oder herstellen lassen und schützen sie als ihr Eigentum gegen unberechtigten Zugriff, um sie zu verkaufen. Der Tauschwert ihrer Waren ist für sie entscheidend. Aber wodurch bestimmt sich der

Tauschwert ihrer Waren? Warum ist z. B. ein Mercedes 50.000 mal so viel wert wie eine Kugel Eis? Warum ist ein Kilo Kartoffeln billiger als ein Kilo Bananen? Autos und Eis lassen sich genauso wenig vergleichen wie Kartoffeln und Bananen. Wenn die Gegenstände trotz ihrer unterschiedlichen Qualität über den Verkauf in ein Wertverhältnis gesetzt werden, dann muss in ihnen etwas Gemeinsames enthalten sein, das sie vergleichbar macht. Es muss also neben der unterschiedlichen Qualität der Gebrauchsgegenstände ein gemeinsames Maß geben, über das sich der Wert der Produkte bestimmen lässt. Diese Gemeinsamkeit aller Waren ist ihre Beziehung zur Arbeit. Waren sind Produkte von Verausgabung von Arbeit. Indem die Warenbesitzer »ihre verschiedenartigen Produkte einander im Austausch als Werte gleichsetzen, setzen sie ihre verschiedenen Arbeiten als menschliche Arbeit gleich. Sie wissen das nicht, aber sie tun es.«[8]

Genauso wie bei der Warenproduktion von dem nützlichen Charakter der Arbeitsprodukte abgesehen wird – ihre Qualität also, wie oben ausgeführt wurde, zum bloßen Mittel für den Tauschwert degradiert wird – genauso wird bei der Wertproduktion von den konkreten Formen der menschlichen Arbeit abgesehen. Für die Wertproduktion sind sämtliche Arbeiten reduziert auf gleiche, abstrakt menschliche Arbeit. In einer Gesellschaftsordnung, in der Gebrauchsgegenstände als Waren produziert werden, sind daher die *Qualität der Arbeitsprodukte* wie auch die *Arbeitsbedingungen*, unter denen die Arbeit verrichtet wird, nicht entscheidend. Rücksicht auf die eigene Gesundheit, Arbeitsschutz und angenehmere Arbeitsbedingungen tragen zum

---

[8] Karl Marx, Das Kapital Bd. 1, MEW Bd. 23, S. 88

Warenwert nichts bei. Der ökonomische Zweck *wertschaffender Arbeit* bezieht sich nicht auf das Verhältnis von Aufwand und Ertrag in dem Sinne, dass zwischen der erforderlichen Mühe und den Arbeitsbedingungen auf der einen Seite und dem konkreten Nutzen eines Arbeitsproduktes andererseits abgewogen wird. Was bei der Warenproduktion *zählt,* ist die abstrakte »Verausgabung menschlicher Arbeitskraft ohne Rücksicht auf die Form ihrer Verausgabung.«[9] Die konkrete Arbeit und ihr konkreter Nutzeffekt, den sie stiftet, wird zum Mittel, Wert zu schaffen. *Wertschaffende Arbeit* erfüllt ihren ökonomischen Zweck allein durch die Menge, also die Dauer des Einsatzes an Arbeitskraft. Das Maß wertschaffender Arbeit ist nicht ihr konkreter Nutzen, sondern allein ihr schierer Verbrauch.

Würde die zur Herstellung einer Ware notwendige Arbeit gleich bleiben, so bliebe auch deren Wertgröße unverändert. Dies ist aber nicht der Fall, weil mit der Entwicklung der Wissenschaft und ihrer technischen Umsetzung im Produktionsprozess sich die Produktivität der Arbeit verändert. Dies führt zu der paradoxen Situation, dass je größer die Produktivkraft der Arbeit, desto kleiner die zur Herstellung eines Artikels notwendige Arbeitszeit, desto kleiner die in ihm verkörperte Arbeitsmasse, desto kleiner sein Wert. Umgekehrt, je kleiner die Produktivkraft der Arbeit, desto größer die zur Herstellung eines Artikels notwendige Arbeitszeit, desto größer sein Wert. Das bedeutet natürlich nicht, dass jemand, der unproduktiver, krank, behindert oder einfach nur schwächer ist, mehr Wert schafft, weil er mehr Zeit verausgabt. Hier sorgt die *unsichtbare Hand der Marktwirtschaft* bezogen auf den Zweck

[9] Vgl. hierzu: Karl Marx, Das Kapital, Bd. 1, MEW Bd. 23, S. 50ff

der Tauschwertproduktion für Effizienz. Als *wertbildend* zählt nur die als gesellschaftlich *notwendig* verausgabte Arbeitszeit. Diese für den Warenwert maßgebliche gesellschaftliche Arbeitszeit wird praktisch darüber ermittelt, dass die Kunden auf dem Markt die Preise der um die Marktanteile konkurrierenden Produzenten vergleichen. In welchem Ausmaß und ob überhaupt Privatarbeit sich zur gesellschaftlichen, wertschaffenden Arbeit verwandelt, entscheidet sich über die Konkurrenz der für den Tausch produzierenden Privatproduzenten. Vor dem erfolgreichen Verkauf kennen die einzelnen Warenproduzenten lediglich ihre persönliche Preisvorstellung. Ob sich ihre Waren aber überhaupt verkaufen lassen und zu welchem Preis, ob die Ware mit ihrem individuellen Preis auch wirklich der Zeit und Intensität der Arbeit entspricht, die gesellschaftlich durchschnittlich erforderlich ist, welcher Wert ihren Arbeitsprodukten also im Tauschverhältnis zuerkannt wird, erfahren sie erst auf dem Markt. Wer als Schuster beispielsweise eine Stunde zum Besohlen für ein Paar Schuhe benötigt, wird erwarten, dass er über den Preis seiner Ware ein Äquivalent für eine Stunde Arbeitszeit einer anderen Ware erhält. Wenn aber die ihm gegenüber in Konkurrenz stehenden Schuster über bessere Produktionsmittel verfügen und daher nur eine halbe Stunde benötigen, wird er auf dem Markt erfahren, dass ein Teil seiner Arbeit wertlos ist. Über die Konkurrenz der Marktteilnehmer und infolgedessen über die Angleichung der Marktpreise an den Durchschnittspreis wird die Bestimmung des Warenwerts durch die gesellschaftlich notwendige Arbeitszeit Wirklichkeit und setzt darüber hinter dem Rücken der Marktteilnehmer das *Wertgesetz* der Warenproduktion durch. »In welcher Weise immer die Preise der verschiedenen Waren zuerst gegeneinander festgesetzt oder geregelt sein mögen, das Wertgesetz beherrscht ihre Bewegung. Wo die zu ihrer Produktion erheischte Arbeitszeit fällt, fallen die Preise; wo sie steigt, steigen die Preise, bei sonst gleichbleibenden Umständen.«[10]

In einer Gesellschaft von Warenproduzenten, in der der gesellschaftliche Aufwand nicht zusammen, sondern in Konkurrenz gegeneinander organisiert wird, ist es das Problem jedes Einzelnen, wie er mit seinen Mitteln und seinem persönlichen Arbeitsaufwand zum gesellschaftlichen Durchschnitt steht. Ob jemand von seiner Arbeit leben kann, ob sie überhaupt als gesellschaftlich sinnvoll anerkannt wird, stellt sich erst im Nachhinein durch den Verkauf der Ware auf dem Markt heraus. Wer aus welchen Gründen auch immer mit dem gesellschaftlichen Produktivitätsfortschritt nicht mithält, ist trotz des gestiegenen Reichtums der Gesellschaft ruiniert. Seine Bedürf-

---

[10]Karl Marx, Das Kapital Bd. 3, MEW Bd. 25, S. 186
Die in der Volkswirtschaftslehre verbreitete Vorstellung, dass Angebot und Nachfrage den *Wert* der Produkte bestimmen würden, geht an der Sache vorbei. Ein einfaches Auto kostet beispielsweise 15.000 € und ein iPad 500 €. Angebot und Nachfrage können diese beiden Durchschnittspreise nie umdrehen, so dass ein Auto 500 € kosten würde. Angebot und Nachfrage sind vielmehr die Art und Weise, wie sich die an die privat verausgabten Arbeitszeiten geknüpften Preisvorstellungen auf dem Markt zu dem über den Durchschnitt der gesellschaftlich notwendigen Arbeitszeiten bestimmten marktkonformen Verkaufspreis hinbewegen. Die ebenfalls von der Volkswirtschaftslehre vertretene Nutzentheorie verschleiert zugleich die Erklärung des Wertes. Nach der Nutzentheorie bestimmt sich der Wert über den individuellen Nutzen und die darüber getätigte Nachfrage. Ein Mercedes ist 50.000-mal so teuer wie eine Kugel Eis, weil 50.000-mal so nützlich? Acht Kugeln Eis achtmal so nützlich wie eine? Auch wenn einem schon nach fünf Kugeln schlecht wird? Die Grenznutzentheorie soll diese Unplausibilität beheben. Jeder hat seine subjektive abnehmende Grenznutzenkurve. Warum kosten acht Kugeln Eis dann für jeden gleich viel?

nisse sind nicht mehr zahlungsfähig und damit nichts mehr wert in der Welt der Warenproduzenten. Um die notwendige Kaufkraft in Gestalt von Geld zu erlangen, wird es so zwangsläufig zum Bedürfnis, mehr und intensiver zu arbeiten, um über die zusätzlich auf den Markt getragenen Gebrauchsgegenstände die Chancen zu erhöhen, am gesellschaftlichen Reichtum teilhaben zu können. Je mehr gearbeitet wird, je rücksichtsloser gegen die eigene Gesundheit, desto besser die Chancen, seine Waren verkaufen zu können. Arbeitsschutz und Freizeitinteressen muss man sich erst einmal leisten können. In der Konkurrenz setzt man Maßstäbe für die anderen oder die anderen setzen Maßstäbe für einen selbst.

»DIE KONKURRENZ IST DIE LEBENSKRAFT, DIE DAS GRUPPENWESEN BESEELT; SIE ZU ZERSTÖREN, WENN SO ETWAS ÜBERHAUPT UNTERSTELLT WERDEN KÖNNTE, HIESSE DIE GESELLSCHAFT TÖTEN.«
Redest du vom Sport oder von der Konkurrenz um den Lebensunterhalt?

Die unsichtbare Hand der Marktwirtschaft ist die Gesetzmäßigkeit, mit der sich der Wert hinter dem Rücken der gegeneinander konkurrierenden Warenproduzenten über den gesellschaftlichen Durchschnitt ihrer Arbeitszeiten bildet. Bezogen auf den Zweck, möglichst viel Tauschwert zu produzieren, werden alle Wirtschaftssubjekte in der Konkurrenz gegeneinander zur Effizienz gezwungen. Effizienz bezogen auf den Wert, die abstrakte Verausgabung von Hirn, Muskel und Nerv. Wenn der Wert zum Zweck der Produktion wird, dann wird die Verausgabung von Arbeit, die Mühe, die der Reichtum die Menschen kostet, zum Maßstab des Reichtums. Dann gilt nicht die Gesellschaft als am reichsten, die den Arbeitsaufwand, der mit der Bereitstellung einer bestimmten Versorgungsleistung verbunden ist, möglichst reduziert, bzw. bei einem gegebenen Arbeitsaufwand eine möglichst umfassende Versorgung bereitstellt, sondern die Gesellschaft, die möglichst viel wertschaffende Arbeit verausgabt. Dann bedeutet Produktivitätssteigerung nicht einfach, man bekommt den gleichen Reichtum mit weniger Arbeit, also mehr Freizeit, bzw. der zur Verfügung stehende Reichtum steigt bei gleichem Arbeitsaufwand. Dann zielt Produktivitätssteigerung vielmehr darauf, bei gleicher Warenmenge durch Senkung der Produktionskosten (d. h. auf Kosten von Produktqualität und Arbeitsbedingungen) oder über eine größere Warenmenge bei unveränderten Kosten durch Ausdehnung und/oder Intensivierung der Arbeitszeit möglichst viel Wert im Verkauf zu realisieren. Dann bezieht sich das Verhältnis von Aufwand zu Ertrag nicht auf den Zweck der Bedürfnisbefriedigung für die Bevölkerung, sondern auf die private Reichtumsvermehrung in Form des Geldes. Die Funktionalität und Qualität der Gebrauchsgegenstände sowie die Umwelt- und Lebensbedingungen sind in dieser Gesellschaftsordnung nur Mittel zum Zweck der Geldvermehrung. Das, was die Menschen der Reichtum kostet, ihr Arbeitseinsatz und ihre Arbeitsmühen, können in *diesem* Produktionsverhältnis nie groß genug sein.

SCHÖN UND GUT, ABER MARKTWIRT-SCHAFT GARANTIERT INDIVIDUELLE FREIHEIT.

Individuelle Freiheit gilt neben der ungeheuren Warenvielfalt und der unschlagbaren Effizienz als die wesentliche Errungenschaft der Marktwirtschaft. Aber kann denn in der Marktwirtschaft wirklich jeder tun und lassen, was er will? Allein im »Bürgerlichen Gesetzbuch« finden sich mehr als 2.300 Paragrafen. Daneben gibt es vom Aktien- über Arbeits- und Umweltrecht bis zu den Notstandsgesetzen jede Menge an Vorschriften, die regeln, was erlaubt und was verboten ist. Was macht also die Weltordnung des »*Freien* Westens« und seiner *freiheitlichen* Eigentums- und Wirtschaftsordnung so attraktiv, wo doch jeder weiß, dass auch hier Freiheit nicht einfach darin besteht, dass jeder das tun kann, was er gerade will?

Die Errungenschaft bürgerlicher Freiheit besteht darin, dass mit ihr Leibeigenschaft und Sklaverei beseitigt und die Gleichheit aller Menschen zum Grundsatz erhoben wurde. Wie bereits ausgeführt, wurde mit der Gewährung bürgerlicher Freiheit nicht das gewaltsame Eigentumsverhältnis, sondern lediglich dessen Exklusivität für den Adel abgeschafft. Die Freiheit, einen Zaun um fruchtbares Land zu ziehen und darüber die anderen Gesellschaftsmitglieder von der Nutzung des Bodens auszuschließen, ist nicht länger das *exklusive* Recht einiger Adelsfamilien, sondern steht *allen* Bürgern zu. An der sich notwendig aus dieser Freiheit ergebenden Mittellosigkeit der Mehrheit und damit ihrer Not, sich täglich in den Dienst der Produktionsmittelbesitzer stellen zu müssen, hat das allen Bürgern zuerkannte Recht auf Freiheit und Gleichheit praktisch nichts geändert. Mit der Überwindung der feudalistischen Herrschaftsverhältnisse hat sich lediglich das gesellschaftliche Bewusstsein geändert. Das gewaltsame Eigentumsverhältnis, das bei Sklaverei und Leibeigenschaft für jedermann offensichtlich war, hat sich zum für jeden Bürger offen stehenden *Reich der Möglichkeit* gewandelt. Nun ist prinzipiell jeder seines Glückes Schmied, auch wenn es keinem verborgen bleibt, dass in der Marktwirtschaft der Tellerwäscher, der zum Millionär wird, die Ausnahme *von der Regel* ist. Hätten sie besser gewirtschaftet, könnten sie auch erfolgreich sein, ist das verbreitete Urteil, das von den notwendigen Folgen der Konkurrenz nichts wissen will. Gefangen in der Logik, die das Dogma *»Wirtschaft = Marktwirtschaft«* liefert, bleibt damit selbst für die Verlierer der Konkurrenz die Freiheit als zynisches Angebot bestehen, in der Konkurrenz der Warenproduzenten erneut ihr Glück zu versuchen, obwohl die auf der Grundlage der Eigentumsordnung ausgetragene Konkurrenz gerade der *Ausgangspunkt* ihrer Notlage war. Das gewaltsame Ausschlussverhältnis, das die Armut erst begründet, bekommt so mit der freiheitlichen Eigentumsordnung seinen rechtlichen Rahmen und *erscheint* als friedlicher Warentausch, in dem Erfolg und Misserfolg der gleichberechtigten, wenn auch mit ungleichen Mitteln ausgestatteten Individuen allein Resultat der eigenen Anstrengungen sind.

Die individuelle Freiheit, die die Menschen in der Marktwirtschaft genießen, ist praktisch nichts anderes als die adäquate und effektive Anpassung der Produzenten an die Erfordernisse einer dem Zweck der Tauschwertproduktion unterworfenen Gesellschaft. Nicht die miteinander bewusst organisierte Arbeitsteilung der Gesellschaftsmitglieder bestimmt ihr Leben. Als freie Warenproduzenten müssen die Menschen den sachlichen Gesetzen der Wertproduktion gehorchen. Der Wert ihrer Ware im Verkauf beantwortet die Frage, inwiefern ihre individuell verausgabte Arbeit als Bestandteil der gesellschaftlichen Gesamtarbeit anerkannt wird und in welchem Ausmaß. Erst im Tausch kristallisiert sich auf dem Markt, hinter ihrem Rücken, über den ständigen Vergleich der unterschiedlichen Preisvorstellungen der Marktteilnehmer der Wert ihrer Produkte heraus. Abhängig von der Länge und Intensität ihrer Arbeit sowie den Produktionsmitteln, über die sie in der Konkurrenz verfügen, wechseln die Wertgrößen ihrer Waren mit dem gegeneinander vorangetriebenen Produktivitätsfortschritt beständig und unabhängig vom Willen, Vorwissen und Tun der Produzenten. Ihre eigene gesellschaftliche Tätigkeit bekommt darüber für sie die Form einer Bewegung von Sachen, unter deren Kontrolle sie stehen, statt sie zu kontrollieren. Vom Resultat der Marktbewertung, von der Werthaltigkeit ihrer Arbeit hängt schließlich ihr Wohl und Wehe ab. Was zu tun oder zu lassen ist – wie die Qualität der Produkte und der Arbeitsbedingungen zu gestalten sind – ist eine Frage an die Werthaltigkeit der Dinge, an ihre Verkaufbarkeit. Es ist nicht der gegensätzliche Zweck, sondern der drohende Ruin bzw. die günstige Gelegenheit, die täglich die marktgerechte Anpassung der Arbeitsprodukte und -bedingungen nahelegt. Das gesellschaftliche Verhältnis der Menschen zueinander nimmt in der Marktwirtschaft für sie die Form eines Verhältnisses von Sachen (Sachzwängen) an. Es sind scheinbar nicht die Menschen, die in einer Beziehung zueinander stehen, sondern ihre Waren. Entsprechend erscheinen auch die Herrschaftsverhältnisse nicht als persönliche, sondern als »sachliche«. Es scheint, als regiere das Geld die Welt.

»Der Wert von Geld interessiert mich null. Mich interessiert die Freiheit, die das Geld mir verschafft: morgens aufstehen und machen, worauf ich Lust hab.«
»GELD IST GEPRÄGTE FREIHEIT.«
»Das Geld, das man besitzt, ist das Mittel zur Freiheit, dasjenige, dem man nachjagt, das Mittel zur Knechtschaft.«

2.3 Geld

Mit dem Tauschverhältnis der Warenbesitzer kommt der Tauschwert und damit seine besondere Form, das Geld, in die Welt. In einer Gesellschaftsordnung, in der die Freiheit garantiert wird, zum Zwecke der privaten Bereicherung andere Gesellschaftsmitglieder von den Produktionsmitteln und den mit ihnen erzeugten Gütern auszuschließen, besteht der gesellschaftliche Zusammenhang der gegeneinander konkurrierenden Privateigentümer in ihrem Verhältnis als Käufer und Verkäufer auf dem Markt. In diesem gegenseitigen Ausschlussverhältnis bedarf es eines Maßstabes, um so unterschiedliche Dinge wie Äpfel, Tische, Medikamente oder Fahrräder miteinander vergleichbar zu machen. In einer gemeinschaftlichen, auf Bedürfnisbefriedigung ausgerichteten Produktionsweise würde niemand auf den Unsinn verfallen, Schuhe mit Kopfschmerztabletten zu vergleichen. »Die unmittelbar gesellschaftliche Produktion wie die direkte Verteilung schließen allen Warenaustausch aus, also auch die Verwandlung der Produkte in Waren ... und damit auch ihre Verwandlung in Werte.«[11] In einer warenproduzierenden Gesellschaft ist der Zweck der Arbeit dagegen nicht der konkrete Gebrauchsgegenstand, sondern sein Wert, der erst und allein über das im Tausch unterstellte gegenseitige Ausschlussverhältnis in die Welt kommt. Einen Wert erhält ein Gegenstand erst darüber, dass er im Eigentumsverhältnis als Ware ins Verhältnis zu anderen Waren gesetzt wird. Erst im Tauschverhältnis der Eigentümer werden

[11] Friedrich Engels: Herrn Eugen Dührings Umwälzung der Wissenschaft, MEW Bd. 20, S. 288

die unterschiedlichen Qualitäten der Gegenstände über die zur ihrer Produktion erforderlichen gesellschaftlich durchschnittlichen Herstellkosten – d.h. letztlich über ihre gesellschaftlich notwendigen Arbeitszeiten – in ein Wertverhältnis gesetzt.

Historisch haben sich in diesem gesellschaftlichen Tauschverhältnis Edelmetalle (Gold und Silber) als Geld herausgebildet. Statt im Naturaltausch eine bestimmte Menge eines Gutes gegen eine wertmäßig entsprechende Menge eines anderen Gutes zu tauschen (x Schuhe gegen y Tische), wird mit dem Geld jedes Arbeitsprodukt im Verhältnis seines Wertes gegen einen *allgemeinen* Wertmaßstab eingetauscht bzw. verkauft. Da es hierbei nicht auf den bestimmten Gebrauchswert des allgemeinen Äquivalents ankommt, sondern allein auf seine Werteigenschaft, konnten Gold und Silber im weiteren historischen Verlauf durch staatlich garantiertes Papiergeld ersetzt werden. Dies setzt voraus, dass der Staat die Garantie dafür übernimmt, dass das Geld mit seinem entsprechenden Wert für den Austausch der Waren verbindlich als Äquivalent gilt.

»Im Geld ist der Wert nun in eine Form gebracht, in der er unmittelbar in alle anderen Waren umgesetzt werden kann. Wert hat damit neben seinem Maß (abstrakte Arbeit) und seinem Maßstab (durchschnittliche Arbeitszeit) eine dritte Bestimmung, nämlich Zugriffsmittel, Verfügungsmacht auf die gesamte Warenwelt zu sein.«[12] Wer, aus welchem Grund auch immer, über Geld verfügt, besitzt den Zugang zum Reichtum der Gesellschaft. Wer es nicht besitzt, verelendet neben den Reichtümern der Gesellschaft. Geld ist also keineswegs so etwas wie das Rad, eine nützliche Erfindung, ohne die die moderne Zivilisation nicht denkbar wäre. Geld ist die versachlichte Form, in der sich das gewaltsame Ausschlussverhältnis der Privatproduzenten betätigt. Sie tauschen in Geldform ein Stück allgemeiner Verfügungsmacht gegen die Verfügungsmacht über den konkreten Gegenstand bzw. umgekehrt. Das gewaltsame Ausschlussverhältnis – das darin zum Ausdruck kommt, dass parallel zum weltweit steigenden Reichtum ein Großteil der Bevölkerung als sogenannte working poor registriert werden, Kinder- und Altersarmut existiert und außerhalb der reichen Industriestaaten

[12] Uwe Findeisen, Die Ware im Kapitalismus, in: magazin-auswege.de, 19.1.2012, S. 9

sogar die Mehrheit von den elementarsten Lebensgrundlagen ausgeschlossen ist – wird darüber zu einem *Sachverhalt* unterschiedlichen Geldbesitzes verklärt. In der Marktwirtschaft trägt jeder seine gesellschaftliche Macht in der Tasche mit sich. Nicht als Revolver, sondern in Form von Geld. Der Inhalt individueller Freiheit bestimmt sich in dieser Gesellschaftsform entsprechend schlicht darüber, über wie viel Geld jemand verfügt. Die Konkurrenz um das Geld und die Kommandogewalt der im Geld existierenden privaten Zugriffsmacht wird so zur Verlaufsform des gesamten arbeitsteiligen gesellschaftlichen Zusammenlebens. Mit dem Geld, über das jemand verfügt, betätigt sich die Zugriffs- und Kommandomacht aber nicht nur über den in Warenform vorliegenden gegenständlichen Reichtum. Geld ist zugleich die Zugriffs- und Kommandomacht über die Dienste anderer Gesellschaftsmitglieder. Wer Geld besitzt, kann sich von denen, die es zum Lebensunterhalt benötigen, die Schuhe putzen lassen, Liebschaften kaufen oder andere schlicht für sich arbeiten lassen und darüber seine eigene Geldmacht vermehren.

III.

ALLE MACHT DEN RÄTEN!

Geld! Was ist Geld? Die Wissenschaft sagt, dass Geld die natürliche Grundlage unseres sozialen Lebens sei, dessen wir zur Erleichterung des Umtausches, zur Ermöglichung des Sparens sowie als Wertmesser und Zahlungsmittel unumgänglich benötigen. Woher aber stammt diese Herrschaft des Geldes, die uns alle durch ihre Grausamkeit betroffen macht? Die augenscheinliche Tatsache, dass ich, wenn ich drei überflüssige Rubel in der Tasche habe, in jeder zivilisierten Stadt nur zu pfeifen brauche, um sogleich ein ganzes Hundert von Leuten zur Verfügung zu haben, die für jene drei Rubel auf mein Geheiß die allerschwierigsten, widerlichsten und erniedrigendsten Arbeiten verrichten. – Ohne Redensarten würde man die Sache etwa so ausdrücken: Wer Geld besitzt, hat diejenigen, die keins besitzen, im Sacke.

Die Wissenschaft aber bestreitet das. Die Wissenschaft sagt: an der Hervorbringung jeglichen Produktes sind drei Faktoren beteiligt: der Grund und Boden, die Produktionsmittel und die Arbeitskraft. Es wird behauptet, dass diese drei Faktoren an jedem Produkte ihren Anteil haben und dass füglich das erzeugte Gut – oder der Wert, der Erlös desselben, das Geld – sich billigerweise unter alle drei verteile, und zwar als Rente für den Grundbesitzer, als Kapitalgewinn für den Besitzer der Produktionsmittel und als Arbeitslohn für den Arbeiter. Liegen die Dinge wirklich so?

Der Nationalökonom gleicht jenem Zoologen, der eine Anzahl von Zeisigen mit beschnittenen Flügeln in Käfigen mit Wassernäpfen gesehen hat und daraus den Schluss zieht, dass die beschnittenen Flügel, die Käfige und Wassernäpfe die drei natürlichen Lebensbedingungen dieser Vögel seien. Auch die Frage, was Geld sei, wird alsdann ihre Lösung finden, und es wird sich herausstellen, dass das Geld durchaus nicht jenes unschuldige Mittel der Wertmessung, der Verkehrserleichterung und der Sparsamkeit ist, als welches die Wissenschaft es gegenwärtig darstellt, sondern dass es das erste und vorzüglichste Mittel der Unterjochung des Menschen durch den Menschen ist, mit einem Worte, dass es ist: geronnene Gewalt.

2.4 Kapital

Die »Ein Prozent« oder genauer gesagt, die zehn Prozent, die den größten Teil der weltweiten Reichtümer zu *ihrem Eigentum* erklärt haben, vermehren ihre gemäß der freiheitlichen Eigentumsordnung *rechtmäßigen* Reichtümer, indem sie die Mittellosigkeit der Mehrheit zu ihrem Mittel machen.[13] Wie machen sie das? Indem sie die anderen für sich arbeiten lassen. Warum arbeitet die Mehrheit für die Vermehrung fremder Reichtümer und damit für die Bereicherung einer Minderheit? Weil sie über das Recht auf Eigentum von sämtlichen Produktionsmitteln und den damit erzeugten Gütern ausgeschlossen sind und ihnen daher für den Erwerb der notwendigen Lebensmittel nur noch ein Mittel bleibt: der Verkauf ihrer Arbeitskraft.

»Der Leibeigene gehört zum Grund und Boden und wirft dem Herrn des Grund und Bodens Früchte ab. Der freie *Arbeiter* dagegen verkauft sich selbst, und zwar stückweise. Er versteigert 8, 10, 12, 15 Stunden seines Lebens, einen Tag wie den andern, an den Meistbietenden, an den Besitzer der Rohstoffe, der Arbeitsinstrumente und Lebensmittel, d. h. an den Kapitalisten. Der Arbeiter gehört weder einem Eigentümer noch dem Grund und Boden an, aber 8, 10, 12, 15 Stunden seines täglichen Lebens gehö-

---

[13] Aus dem 4. Armuts- und Reichtumsbericht der Bundesrepublik Deutschland geht hervor, dass das oberste Zehntel der Bevölkerung 2008 53% (1998 45%) des Nettovermögens besitzt, während 50% der Bevölkerung sich mit einem Prozent (1998 4%) begnügen muss. Weltweit besitzen nach einer Studie der United Nations University die reichsten zehn Prozent 85% der Vermögen.
http://www.wider.unu.edu/publications/working-papers/discussion-papers/2008/

ren dem, der sie kauft. Der Arbeiter verlässt den Kapitalisten, dem er sich vermietet, sooft er will, und der Kapitalist entlässt ihn, sooft er es für gut findet, sobald er keinen Nutzen oder nicht den beabsichtigten Nutzen mehr aus ihm zieht. Aber der Arbeiter, dessen einzige Erwerbsquelle der Verkauf der Arbeitskraft ist, kann nicht die *ganze Klasse der Käufer*, d. h. die *Kapitalistenklasse* verlassen, ohne auf seine Existenz zu verzichten. *Er gehört nicht diesem oder jenem Kapitalisten, aber der Kapitalistenklasse*; und es ist dabei seine Sache, sich an den Mann zu bringen, das heißt in dieser Kapitalistenklasse einen Käufer zu finden.«[14] In einer Gesellschaft, in der sämtliche Lebensmittel im Besitz einzelner Produktionsmittelbesitzer sind, bedeuten die Freiheit und Gleichheit der Person sowie das Recht auf Eigentum für die Mehrheit der Bevölkerung daher nichts anderes als die Notwendigkeit, ihr einziges Mittel, das ihnen in diesem gewaltsamen Ausschlussverhältnis der freiheitlichen Eigentumsordnung verblieben ist, auf dem Markt meistbietend zu verkaufen. Die zu Menschenrechten erklärten Grundprinzipien des »Freien Westens« und seiner globalisierten marktwirtschaftlichen Gesellschaftsordnung richten sich so mit Notwendigkeit gegen die Mehrheit der Bevölkerung. Was in der Sklaverei oder in der feudalistischen Leibeigenschaft über direkten Zwang gelöst wurde – die Arbeitskraft *anderer* Menschen für die *eigene* Bereicherung zu nutzen –, geschieht in der Marktwirtschaft nun in einer versachlichten und damit verschleierten Form: durch die Verfügungsmacht über die gesamte Warenwelt *in Form des Geldes* wird die Arbeitskraft der mittellosen Bevölkerung als Ware käuflich. So wird der Ausbeuter zum Arbeitgeber, der Sklave bzw. Leibeigene zum

[14] Karl Marx, Lohnarbeit und Kapital, MEW 6, S. 401

Arbeitnehmer, die Peitsche zum Geld und der Zwang zur Möglichkeit, in der die Hoffnung als Letztes stirbt.

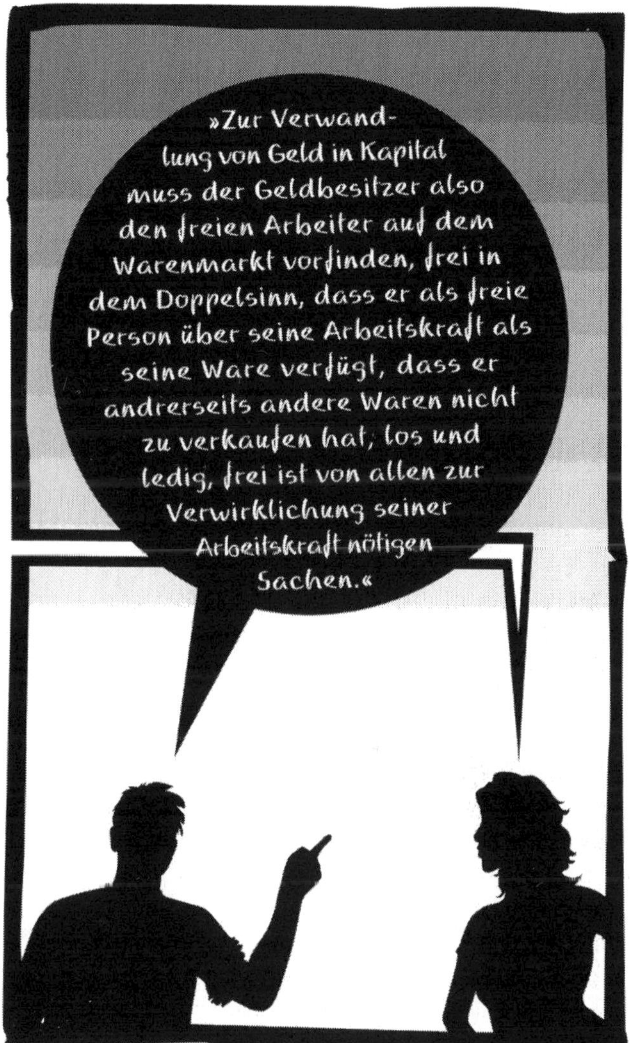
»Zur Verwandlung von Geld in Kapital muss der Geldbesitzer also den freien Arbeiter auf dem Warenmarkt vorfinden, frei in dem Doppelsinn, dass er als freie Person über seine Arbeitskraft als seine Ware verfügt, dass er andrerseits andere Waren nicht zu verkaufen hat, los und ledig, frei ist von allen zur Verwirklichung seiner Arbeitskraft nötigen Sachen.«

Geld wird zu Kapital, zum Mittel, aus Geld mehr Geld zu machen, wenn die Arbeitskraft zur Ware wird, das heißt, wenn Geld sich der fremden Arbeit als tauschwertschaffender Quelle bemächtigt. Der Geldbesitzer wird so entsprechend zum Kapitalisten, wenn er fremde Arbeitskraft kauft, und darüber den Arbeiter für die Vermehrung seines Reichtums arbeiten lässt. Geld wird als Kapital damit zum arbeitsbefreiten Mittel der Reichtumsvermehrung für den Kapitalisten. Der Eigentümer der Produktionsmittel nutzt schlicht die Differenz zwischen dem Wert der Arbeitskraft, die er auf dem Arbeitsmarkt kauft, und dem Wert der über sie produzierten Produkte, die er als Waren verkauft. Was oberflächlich betrachtet wie eine Bezahlung der Arbeit erscheint, ist in Wirklichkeit der Verkauf der Arbeitskraft einschließlich ihrer Arbeitsergebnisse. Wenn der »Arbeitnehmer« auf dem Arbeitsmarkt mit dem »Arbeitgeber« verhandelt, geht es schließlich nicht um die Wertschöpfung seiner *Arbeit*, sondern um den Preis für seine *Arbeitskraft*. Sobald er sie verkauft hat, liegt die Organisation der Arbeit und die Verwertung der Arbeitsergebnisse nicht mehr in seiner Hand.

Ein fleißiger Handwerker, der 10 Stunden am Tag arbeitet und beispielsweise bei einer gesellschaftlich durchschnittlichen Produktivität 40 € pro Arbeitsstunde in Rechnung stellt, kann bei einer Fünftagewoche 8.000 € im Monat bzw. 96.000 € im Jahr erwirtschaften. Der reichste Mensch der Welt hat 2009 laut dem US-Magazin Forbes 2,1 Millionen Dollar pro Stunde verdient. Wie? Indem er in Mexiko, wo der Mindestlohn bei 60 Cent liegt, die Hilfe von mehr als einer Millionen Mitarbeiter in Anspruch genommen hat. Würde der Handwerker im obigen Beispiel also, anstatt selbst zu arbeiten, für je 4000 € im

Monat fünf Handwerker anstellen und diese zehn Stunden erfolgreich geschäftlich anwenden, würden sie die Hälfte für sich, für den Wert ihrer Arbeitskraft, und die andere Hälfte für den Profit unseres kleinen Unternehmers arbeiten. Das lohnt sich für ihn. Das ist er, der Traum des Tellerwäschers, einmal selbst Millionär zu werden und so andere über die Macht seines Geldes für sich arbeiten zu lassen. Ein dummer, ein schäbiger Traum.

»Das Lohnsystem hat seinen Ursprung in der persönlichen Aneignung von Grund und Boden und der Produktionsmittel durch Einzelne. Es ist die unerlässliche Voraussetzung für die Entwicklung der kapitalistischen Produktion gewesen.«
»Eigentum bedeutet, über Dinge zu herrschen und andere daran zu hindern, diese Dinge zu benützen.«

IV.

ALLE MACHT DEN RÄTEN!

»Der Handel scheint eine Ausnahme von dieser Regel zu machen. "Solch ein Mann", sagt man uns, "kauft in China Tee ein, importiert ihn nach Frankreich und macht einen Gewinn von 30 Prozent. Er hat niemanden ausgebeutet." Und doch ist es ein analoger Fall. Hätte dieser Mann den Tee auf seinem Rücken transportiert – bravo! Seinerzeit, zu Beginn des Mittelalters, trieb man Handel auf just diese Weise, aber niemand kam damit zu solch erstaunlichen Vermögen wie heutzutage; Heute ist die Methode einfacher. Ein Kaufmann, der Kapital besitzt, braucht sich nicht aus seinem Kontor zu rühren, um reich zu werden. Er telegraphiert einem Kommissionär die Order, 100 Tonnen Tee zu kaufen, er verfrachtet sie auf einem Schiff, und in einigen Wochen hat ihm das Schiff seinen Kargo gebracht. Nicht einmal die Risiken der Überfahrt trägt er, da Tee und Schiff versichert sind.

Wieso hat er aber Menschen finden können, entschlossen, die Überfahrt zu machen, nach China und zurück zu reisen, hart zu arbeiten, Strapazen auf sich zu nehmen und für einen kümmerlichen Lohn ihr Leben zu riskieren? Weil es Unglückliche sind! Gehen Sie in einen Seehafen, beobachten Sie die Menschen, die sich da verdingen, welche sie vom Morgengrauen an belagern, um zur Arbeit auf den Schiffen zugelassen zu werden. Multiplizieren Sie diese Beispiele, denken Sie über die Herkunft all der großen und kleinen Vermögen nach, mögen sie aus dem Handel, Bankgeschäft, Industrie oder Grundbesitz stammen. Überall werden Sie feststellen können, dass der Reichtum der einen durch das Elend der anderen bedingt ist.«

Wer auf der Grundlage der freiheitlichen Eigentumsordnung über genug Geld verfügt, um andere für sich arbeiten zu lassen, schafft Arbeitsplätze für die, die nur ihre Arbeitskraft als Mittel zum Geldverdienen haben. Die »Arbeitgeber« können so in der Regel den Teil des über den Produktionsprozess angeeigneten Gewinns, der für den eigenen Konsum nicht benötigt wird, in zusätzliche Maschinen, Fabriken und entsprechende Arbeitskräfte investieren, um darüber auf erweiterter Stufenleiter von der Differenz zwischen dem Wert der Arbeitskräfte und dem Wert der von ihnen produzierten Produkte zu profitieren. »Da die Besitzlosen wegen ihrer Armut gezwungen sind, ihre Arbeitskraft den Besitzenden zum Kauf anzubieten; und da die heutige Grossproduktion es mit sich bringt, dass die technische Entwicklung mit riesiger Geschwindigkeit vonstattengeht, so dass unter Anwendung von immer weniger menschlichen Arbeitskräften immer grössere Warenmengen erzeugt werden, so nimmt das Angebot von Arbeitskräften stetig zu, während die Nachfrage sich verringert. Das ist der Grund, weshalb die Arbeiter im Selbstverkauf immer stärker gegen einander konkurrieren, wodurch die Löhne fort und fort sinken, mindestens aber über jenen Betrag, der zur Erhaltung der Arbeitsfähigkeit absolut notwendig ist, durchschnittlich nicht hinaus gelangen.«[15] Mit anderen Worten, wer auf der Grundlage der freiheitlichen Eigentumsordnung über keine Produktionsmittel verfügt und daher seine Arbeitskraft täglich verkaufen muss, bekommt in der Konkurrenz der Arbeitssuchenden auf dem Arbeitsmarkt mit seinem Lohn – wie bei jeder anderen Ware auch – im Durchschnitt den gesellschaftlichen Reproduktionswert seiner Ware, das heißt,

[15] Johann Most, Der Narrenturm, zitiert nach www.ararchismus.at

seiner Arbeitskraft. Die »Arbeitnehmer« verfügen somit auch nach dem Produktionsprozess, nachdem sie ihren Lohn für die erforderlichen Lebensmittel zum Erhalt ihrer Arbeitskraft ausgegeben haben, über nichts als ihre Arbeitskraft und müssen diese erneut verkaufen, um an die notwendigen Lebensmittel zu gelangen. »Der kapitalistische Produktionsprozess ... produziert also nicht nur Ware, nicht nur Mehrwert, er produziert und reproduziert das Kapitalverhältnis selbst, auf der einen Seite den Kapitalisten, auf der anderen Seite den Lohnarbeiter.«[16] Ein Kapitalverhältnis in dem die Reichen zwangsläufig in Relation zum gesellschaftlich geschaffenen Reichtum reicher und die Armen entsprechend ärmer werden.

»Es waren entsetzliche Zeiten, als die herrschenden Klassen auf die Sklavenjagd gezogen waren und jene, die in ihre Hände fielen, in Ketten schlugen und mit Gewalt zur Arbeit zwangen. Ungeheuerlich sah es aus in der Welt, als die christlich-germanischen Räuber ganze Länder stahlen, den Boden den Völkern unter ihren Füßen hinweg zogen und sie zum Frondienst preßten. Den Gipfel der Schmach aber hat erst die heutige "Ordnung" erzeugt: denn sie hat mehr als neun Zehntel der Menschheit um ihre Existenzbedingungen betrogen, in Abhängigkeit einer winzigen Minderheit versetzt und zur Selbsthingabe verdammt, gleichzeitig jedoch dieses Verhältnis dermaßen durch allerlei Formeln verhüllt, daß die Hörigen der Neuzeit – die Lohnsklaven – ihre Rechtlosigkeit und Knechtschaft nur zum Teil erkennen und geneigt sind, sie dem Glücks-, resp. Unglücksfalle zuzuschreiben.«[17] »Blickt Euch um! In

---

[16] Karl Marx, Das Kapital, Bd. 1, S. 596f

[17] Johann Most, Die Eigentumsbestie (1887), Berliner Verlagskontor, 1986, S. 11

jedem sogenannten "Kultur"-Lande gibt es unter je hundert Menschen etwa 95 mehr oder minder vollendete Habenichtse und ungefähr fünf Geldprotzen ... Der Umstand, daß sie Alles besitzen, während die Übrigen lediglich existieren, resp. vegetieren, läßt allein schon keinen Zweifel darüber aufkommen, daß die Wenigen auf Kosten der Vielen reich geworden sind.«[18]

[18] 18 Johann Most, Die Eigentumsbestie (1887), Berliner Verlagskontor, 1986, S. 9

Im einfachen Warenhandel werden die gegeneinander konkurrierenden Warenproduzenten bereits über die unsichtbare Hand der Marktwirtschaft – die hinter ihrem Rücken über den gesellschaftlichen Durchschnitt den Wert ihrer Arbeitsleistung bestimmt – *gezwungen*, nicht zu viel Rücksicht auf ihre eigenen Arbeitsbedingungen zu nehmen. Im geschäftlichen Umgang mit der gekauften *fremden* Arbeitskraft gilt zudem die Abwägung zwischen der eigenen Gesundheit und den Notwendigkeiten der Konkurrenz nicht mehr. Je länger in diesem Produktionsverhältnis der Arbeitstag, je kürzer die Pausen, je intensiver der Arbeitseinsatz und je geringer der Lohn für die fremden Arbeitskräfte, desto effizienter für die Reichtumsvermehrung in den Händen der Produktionsmittelbesitzer. Ob sich der Aufwand lohnt, beantwortet in einem Produktionsverhältnis, in dem die Arbeiter von den Produktionsmitteln getrennt sind, der Käufer der Arbeitskraft, indem er die für *ihn* lohnenden Arbeitsbedingungen festlegt. Der kapitalistische Zweck und seine Methode, aus Geld mit fremder Arbeit mehr Geld zu machen, ist daher rücksichtslos im Umgang mit Gesundheit und Lebensdauer des Arbeiters, solange ihn die Konkurrenz auf dem Arbeitsmarkt, die gesellschaftliche Organisation der Arbeiter oder der Staat als *ideeller Gesamtkapitalist* nicht daran hindern, die Quellen allen Reichtums zu zerstören: den Arbeiter und die Natur.

Wie am Beispiel der Staatsgründung in Nordamerika bereits gezeigt wurde, wird es in der kapitalistischen Eigentumsordnung selbst zum Anliegen der Produktionsmittelbesitzer, *ihr* Interesse an *ihrem* Eigentum in *ihr* Recht zu verwandeln. Der souveräne Staat wird darüber die »von den Bürgern getrennte, selbstständige Instanz, die mit keinem besonderen Interesse identisch ist und gerade und nur deswegen von allen anerkannte Gewalt ist, weil er *sein* Interesse, das Allgemeinwohl, gegen die Privatsubjekte durchsetzt.« Als bürgerlicher Staat gewährt er allen Bürgern das Recht, freie Privatperson zu sein, soweit sie die Spielregeln der freien Eigentumsordnung anerkennen. Indem er seine Gewalt zum Schutz von Person und Eigentum einsetzt und darüber sicherstellt, dass die Konkurrenz zwischen den gegensätzlichen Interessen in der Gesellschaft *ohne* Gewalt ausgetragen wird, das heißt, »dass von keiner Seite Übergriffe auf die Person und das ihr gehörige Eigentum stattfinden, sorgt er für die Bewahrung der Unterschiede, die er im ökonomischen Leben vorfindet und für eine Austragung der darin enthaltenen Gegensätze, deren Resultat von vornherein feststeht.« Als ideeller Gesamtkapitalist übernimmt der bürgerliche Staat somit die Aufgabe, den Eigentümern der Produktionsmittel die allgemeinen Voraussetzungen ihrer Konkurrenz bereitzustellen (Gesetzgebung, Rechtsprechung inklusive der polizeilichen bzw. militärischen Durchsetzung sowie allgemeine Infrastrukturleistungen) und sorgt als Sozialstaat zugleich auch für die Erhaltung der Klasse, die über keine eigenen Produktionsmittel verfügt, damit sie als Mittel des Eigentums tauglich bleibt (Gesundheits- und Bildungswesen, sowie Zwangsversicherungen gegen die vollständige Mittellosigkeit durch Arbeitslosigkeit, Krankheit und Alter).[19]

[19] Karl Held, Der bürgerliche Staat, Resultate Verlag, 1980, S. 14, 24, 30ff

»Die Entrüstung über die Gesetze des Kapitalismus ist müssig. Auch wenn diese Entrüstung die Fallgesetze beträfe, hätte Gott dafür nur ein müdes Lächeln übrig. Wer glaubt, die Marktwirtschaft könne für eine gerechte Einkommensverteilung sorgen, hat die Grundprinzipien dieser Wirtschaftsform nicht verstanden.«

In der Marktwirtschaft wird nicht an den Bedürfnissen gemessen, was, wie viel und wie produziert wird, sondern die Verfügung über Geld ist das Maß dafür, wieweit die Bedürfnisse befriedigt werden, und die Möglichkeit, Geld zu vermehren, ist das Maß dafür, ob bzw. was produziert wird. Reichtum wird in einer warenproduzierenden Gesellschaft entsprechend nicht an den geschaffenen Gebrauchsgegenständen im Verhältnis zu dem dafür zu erbringenden Arbeitsaufwand, das heißt, anhand des Umfangs der Versorgung und Bedürfnisbefriedigung der Gesellschaftsmitglieder gemessen, sondern an der abstrakten Verfügungsmacht über den gesellschaftlichen Reichtum: dem Geld. Reichtum, der sein Maß im Geld hat, in dem abstrakten Quantum ökonomischer Verfügungsmacht, ist maßlos. Die Maßlosigkeit ist keine individuelle Verrücktheit. Die Organisation des gesellschaftlichen Produktionsprozesses als Konkurrenz der einzelnen Privatbesitzer von Produktionsmitteln führt – bei Strafe des eigenen Untergangs – zur Sachnotwendigkeit, die Jagd nach Geld- bzw. Kapitalvermehrung zum Zweck des eigenen Handelns zu machen. Wer im Vergleich zu seinen Wettbewerbern nicht profitabel genug ist, wer es versäumt, rechtzeitig durch Entlassungen und Intensivierung der Arbeit für günstige Produktionsbedingungen zu sorgen, kann nicht durch den Ausbau seiner Kapazitäten seine Wettbewerber verdrängen, sondern läuft umgekehrt Gefahr, durch deren erfolgreiches Wachstum selbst verdrängt zu werden. Reichtum in einem auf Geldvermehrung ausgerichteten gesellschaftlichen Produktionsverhältnis ist daher nicht die frei verfügbare Zeit ihrer Gesellschaftsmitglieder, sondern umgekehrt die Maximierung der *wertschaffenden* Verausgabung von Arbeitskraft.

Wer angesichts der unschönen Folgen der Marktwirtschaft als Alternative »Soziale Gerechtigkeit« fordert, leistet sich den gut gemeinten, aber fatalen Fehler, den Ausgangspunkt von Armut und Reichtum – das im Eigentum begründete gewaltsame Ausschlussverhältnis – ohne seine notwendige Folge, die Trennung in Besitz und Besitzlosigkeit, haben zu wollen. Das Ideal, die soziale Gerechtigkeit, bleibt dann solange ein erstrebenswertes Ziel, solange der Grund, auf dem das Ideal gedeiht, unkritisiert bleibt. Statt also den erlittenen Schädigungen, die der Ausgangspunkt der Unzufriedenheit sind, auf den Grund zu gehen und zu untersuchen, welcher Natur die gegensätzlichen Eigentumsverhältnisse sind bzw. was eigentlich der politökonomische Inhalt von Freiheit und Gleichheit ist, werden mit der Forderung nach sozialer Gerechtigkeit die beklagten Lebensbedingungen der Bevölkerung lediglich als *Verletzung* der als Menschenrechte anerkannten Grundprinzipien der freiheitlichen Eigentumsordnung eingestuft. Gemäß dieser Fehleinschätzung sind Armut und Elend neben vorhandenen Reichtümern nicht die notwendige Folge der Gesetzmäßigkeiten der Marktwirtschaft, sondern

Resultat eines sich eigentlich nicht gehörenden Verstoßes gegen die Grundprinzipien der sozialen Marktwirtschaft und des Sozialstaates, eines verhängnisvollen »Irrwegs« der Politik, die ihr eigentliches Anliegen – die Marktwirtschaft zum »Wohlstand für alle« zu leiten – verfehlt hat. Durch diese Beurteilung des Elends der Marktwirtschaft »als Abweichungstatbestand von den eigentlich gültigen Prinzipien einer sozialen Marktwirtschaft wird die *Notwendigkeit* der von dieser Ordnung verursachten Schädigungen ebenso geleugnet wie die Maßgeblichkeit der Interessen von Staat und Kapital.«[20] Die im Namen der sozialen Gerechtigkeit vorgestellte Alternative zum real existierenden Kapitalismus wird vielmehr zu einer »Loyalitätserklärung gegenüber den in der sozialen Realität geltenden Prinzipien, freilich nicht in ihrer tatsächlichen, sondern in einer idealisierten Fassung ... Nicht zufällig ist deshalb der Ruf nach Gerechtigkeit immer der Ruf des Untertanen nach Herrschaft, und zwar nach einer guten politischen Herrschaft. Und das bedeutet, dass die eigene Rolle als abhängige Variable der souveränen Entscheidungen der demokratischen Obrigkeit über ihre Lebensbedingungen als selbstverständlich anerkannt wird. Der Ruf nach Gerechtigkeit ist ein Akt der Selbstentmächtigung der Betroffenen, er liefert die Belange der Lohnabhängigen der Verfügungsmacht der Politik aus. Die Politik wird von unten unwiderruflich zu jeder Beschränkung der Lebensinteressen der Herrschaftsunterworfenen berechtigt unter einer Bedingung: wenn sie dabei nur Gerechtigkeit walten lässt.«[21]

---

[20] Albert Krölls, Das Grundgesetz – ein Grund zum Feiern? Eine Streitschrift gegen den Verfassungspatriotismus, VSA 2009, S. 166

[21] ebenda S. 166

Die Kommunisten wollen das persönlich erworbene, selbsterarbeitete Eigentum abschaffen; das Eigentum, welches die Grundlage aller persönlichen Freiheit, Tätigkeit und Selbständigkeit bildet.
In der Marktwirtschaft »ist das Privateigentum für neun Zehntel ihrer Mitglieder aufgehoben; es existiert gerade dadurch, dass es für neun Zehntel nicht existiert. Ihr werft uns also vor, dass wir ein Eigentum aufheben wollen, welches die Eigentumslosigkeit der ungeheuren Mehrzahl der Gesellschaft als notwendige Bedingung voraussetzt. Ihr werft uns mit einem Worte vor, dass wir euer Eigentum aufheben wollen. Allerdings, das wollen wir.«

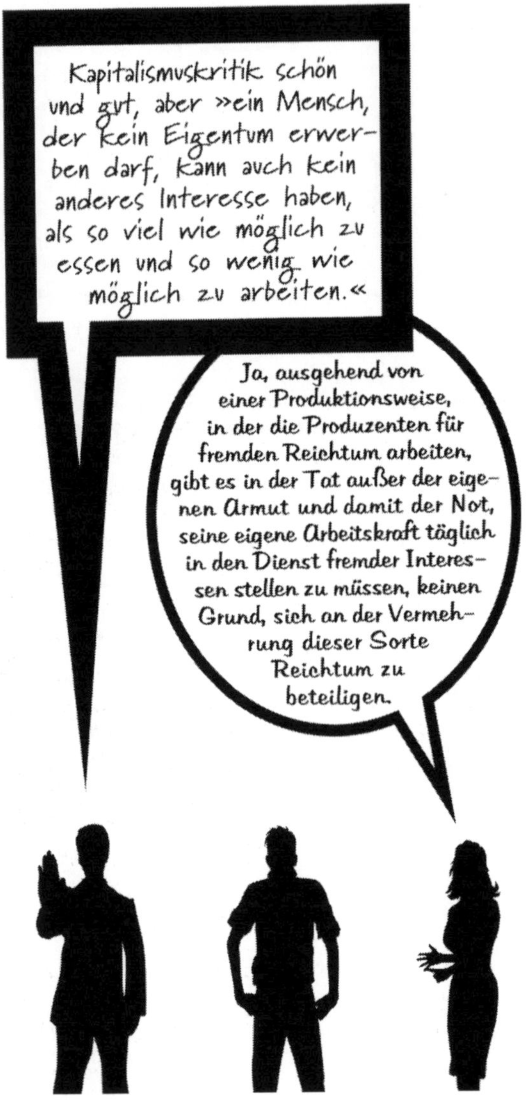
Kapitalismuskritik schön und gut, aber »ein Mensch, der kein Eigentum erwerben darf, kann auch kein anderes Interesse haben, als so viel wie möglich zu essen und so wenig wie möglich zu arbeiten.«
Ja, ausgehend von einer Produktionsweise, in der die Produzenten für fremden Reichtum arbeiten, gibt es in der Tat außer der eigenen Armut und damit der Not, seine eigene Arbeitskraft täglich in den Dienst fremder Interessen stellen zu müssen, keinen Grund, sich an der Vermehrung dieser Sorte Reichtum zu beteiligen.

Ohne den Ausschluss über den Preis und die entsprechenden Aufpasser würden ja nur die Läden geplündert.
Ja, ausgehend von einer Produktionsweise, die nicht die Bedürfnisse, sondern allein die zahlungsfähigen Bedürfnisse zum Maßstab hat, in der daher auch trotz vorhandener Produktionsmittel nur verkaufbare Gütermengen hergestellt werden, liefert die Trennung der Produzenten von den Gegenständen ihres Bedarfes und die darüber existierende Armut in der Tat täglich die Gründe, um die Läden zu plündern.

Ja, aber »niemand gibt das Geld anderer Leute so sorgsam aus wie das eigene. Niemand geht mit den Ressourcen anderer so sorgsam um wie mit den eigenen. Wer also Effektivität und Effizienz möchte, wer sorgsame Verwendung gewährleisten will, der muss dies mittels Privateigentum tun.«
Und das soll gegen die Vergesellschaftung des Privateigentums an Produktionsmitteln sprechen, gegen die Überwindung der Mittellosigkeit der Mehrheit?

»Würde alles Geld und Gut dieser Welt, an einem beliebigen Tag, um drei Uhr nachmittags, gleichmässig unter die Erden-Bewohner verteilt, so könnte man schon um halb vier, erhebliche Unterschiede, in den Besitzverhältnissen der Menschen feststellen.«
Wo ständig alle Elemente der kapitalistischen Ökonomie vorausgesetzt werden, lässt sich leicht die unerfüllbare Forderung erheben, man soll sagen, wie das denn anders gehen sollte.

Es ist, als würde einer Kritik an einem Geldspielautomaten, die darauf verweist, dass die Besitzer sich systematisch auf Kosten der Spieler bereichern, entgegengehalten, der Automat hätte zwar seine Schattenseiten, aber ohne Geldspielautomaten könne ja keiner gewinnen.

»Wenn die Sozialisten dahin streben, den Sonderbesitz in Gemeingut umzuwandeln, so ist klar, wie sie dadurch die Lage der arbeitenden Klassen nur ungünstiger machen. Sie entziehen denselben ja mit dem Eigentumsrechte die Vollmacht, ihren erworbenen Lohn nach Gutdünken anzulegen, sie rauben ihnen aber dadurch Aussicht und Fähigkeit, ihr kleines Vermögen zu vergrössern.«
UND WER ARBEITET FÜR DIE ZINSEN?
DIE FALLEN VOM HIMMEL.

3 Die Organisation einer Gesellschaft jenseits von Eigentum, Ware, Geld und Kapital

Wer die vorangegangenen Argumente gegen Eigentum, Ware, Geld und Kapital teilt, für den ist die Alternative kein Geheimnis. Der hat erkannt, dass Eigentum ein Gewaltverhältnis ist, und weiß, wie viele Verbrechen, Kriege, Morde, wie viel Elend und Schrecken den Menschen in Zukunft erspart blieben, wenn die Eigentumspfähle ausgerissen werden und den Mitmenschen zugerufen wird: 'Hütet euch, den Betrügern Glauben zu schenken; ihr seid verloren, wenn ihr vergesst, dass zwar die Früchte allen, aber die Erde und die Produktionsmittel niemandem gehören.' Der hat verstanden, dass Warenhandel keine natürliche und harmlose Form der Arbeitsteilung ist. Der weiß, dass die mit dem Eigentumsverhältnis aufkommende Warenproduktion über den Zweck, in Geld gemessenen Reichtum zu vermehren, die Menschen und ihre konkreten Bedürfnisse zum bloßen Mittel dieser Sorte Reichtumsproduktion degradiert. Der sieht im Geld nicht das nützliche Tauschmittel, sondern die versachlichte Form, in der sich das gewaltsame Ausschlussverhältnis der Privatproduzenten betätigt. Wer die Argumente gegen Eigentum, Ware, Geld und Kapital teilt, der kämpft daher weder gegen übertriebene Profitgier und Verantwortungslosigkeit der Kapitalisten noch gegen monopol- oder finanzkapitalistische *Formen* des Kapitalismus, sondern dafür, die in den Eigentumsverhältnissen liegende *Wurzel* des Kapitalismus herauszureißen.

Auf der Grundlage der Einigkeit in der Kritik am Kapitalismus stellt sich somit nicht die Frage – »*Was* ist die Alternative« – sondern *wie* lässt sich eine unmittelbar gesellschaftliche Produktion zum Zweck der Bedürfnisbefriedigung der Menschen organisieren. Bevor aber im Folgenden die Grundzüge einer Ökonomie jenseits von Eigentum, Ware, Geld und Kapital skizziert werden, lohnt es sich, einen Blick auf zwei verbreitete fatale Missverständnisse zu werfen:

1) Die Idee des *gerechten* Tausches, die ausgehend von den sogenannten Frühsozialisten zu Beginn des 19. Jahrhunderts zunehmende Bedeutung in der englischen Arbeiterbewegung gewann und die bis heute – unter dem Titel »Äquivalenzökonomie« – von einem Missverständnis der Erklärung und damit der Kritik der Tauschwertproduktion zeugt.

2) Die Idee der *planmäßigen Anwendung des Wertgesetzes* zum Wohle der Bevölkerung, die die sogenannten Realsozialisten nach der Abschaffung des Privateigentums an Produktionsmittel über mehrere Jahrzehnte praktizierten und die bis in die heutige Zeit in verschiedenen Spielarten der Marktregulierung bei den Anhängern eines Marktsozialismus Verbreitung findet.

3.1 Der Fehler der »Frühsozialisten«

Die ökonomische Begründung der Vision einer sozialistischen Gesellschaft, in der unabhängige Privateigentümer auf der Basis der in ihren Produkten enthaltenen Arbeitszeit auf freien Märkten einen gerechten Tauschhandel betreiben, fand bei Robert Owens ihren politökonomischen Ursprung.[22] Seine Leistung war es, die vorhandene Kapitalismuskritik von der bloßen moralischen Verurteilung von Armut und Elend zu einer ökonomischen Kritik des Wirtschafts*systems* zu entwickeln. Statt das individuelle Verhalten einzelner Kapitalisten zu kritisieren, argumentierten er und seine Anhänger mit Bezug auf die arbeitswerttheoretischen Ausführungen von Adam Smith und David Ricardo, dass nur Arbeit Wert schaffe, und kamen darüber zu einer grundsätzlichen Zurückweisung der Ansprüche des Kapitals am Anteil des nationalen Reichtums.[23] Um die Ausbeutung der Lohnarbeit durch das Kapital abzuschaffen, sollte jeder Produzent in Form von Arbeitszertifikaten den vollen Arbeitswert seines Produktes erhalten. Damit entspräche der Lohn der aufgewendeten Arbeitszeit und die Preise entsprächen den Werten, das heißt, dem echten und damit gerechten Gegenwert der

---

[22] Robert Owen, Report on the Country of Lanark, 1820
vgl. hierzu sowie im Hinblick auf eine umfassende kritische Analyse der Geschichte der politischen Ökonomie von Adam Smith über die utopischen Sozialisten bis zu aktuellen Vertretern eines Marktsozialismus: David McNally, Against the Market. Political Economy, Market Socialism and the Marxist Critique, Verso 1993

[23] z. B. Thomas Hodgskin in: Labour Defended Against the Claims of Capital, 1825

in den Gütern verkörperten Arbeit.[24] Während Robert Owen sowie später William Thompson[25] und John Francis Bray[26] noch die Notwendigkeit kooperativer Produktion und wirtschaftlicher Planung betonten und darüber eine Kritik des Systems der Marktkonkurrenz beisteuerten, bauten John Gray[27] und Jahre später in Frankreich Pierre-Joseph Proudhon[28] den Gedanken des gerechten, auf Arbeitszeiten beruhenden Tauschhandels zu einem System regulierter Märkte aus, auf das sich gegenwärtig neben den Vertretern der sogenannten *Äquivalenzökonomie*[29] auch weiterhin viele Anarchisten beziehen. Statt sich aber von der Vorstellung eines gerechten Tauschhandels blenden zu lassen, soll im Folgenden jenseits von Gerechtigkeitsfragen gezeigt werden, wie fatal es sein kann, sich eine bessere Funktionsweise einer Sache auszumalen, ohne sich um ihren Begriff zu kümmern.

»Was ist die Tauschbank? Nichts anderes als die äußere Form, die sachliche Institution für Freiheit und Gleichheit. Wer immer Nützliches arbeitet, der Landmann, der Handwerker, die Arbeiterassoziation, sie alle sollen nur einfach weiter arbeiten. Die Arbeit braucht nicht erst organisiert, d. h. behördlich bevormundet oder verstaatlicht zu werden. Tischler, fertige Möbel; Schuster, mache Stiefel; Bäcker, backe Brot und so

---

24 Heinz Dieterich, Der Sozialismus des 21. Jahrhunderts, S.114

25 William Thompson, Inquiry into the Principles of the Distribution of Wealth, 1824 und Labor Rewarded, 1827

26 John Francis Bray, Labour's Wrongs and Labour's Remedies, 1839

27 John Gray, The Social System: A Treatise on the Principle of Exchange«, 1831

28 Pierre-Joseph Proudhon, The System of Economical Contradictions, 1846

29 Heinz Dieterich, Der Sozialismus des 21. Jahrhunderts, 2006
Arno Peters, Das Äquivalenz-Prinzip als Grundlage der Global-Ökonomie (www.puk.de).

allesamt weiter im Produzieren von allem, was das Volk braucht. Tischler, du hast kein Brot? Freilich kannst du nicht zum Bäcker gehn und ihm Stühle und Schränke anbieten, die er nicht braucht. Geh zur Tauschbank und laß dir deine Aufträge, deine Fakturen in allgemeingültige Schecks umwechseln.«[30]

»Proudhon war kein Kommunist. Er verurteilte Eigentum als bloßes Privileg der Ausbeutung. Er anerkannte aber den Besitz an Produktionsmitteln für alle, benutzt von industriellen Gruppen, die durch freie Vereinbarung verbunden sein sollten. Aber nur solange, wie dieses Recht nicht dazu missbraucht würde, andere auszubeuten, und solange gesichert ist, dass das gesamte Produkt der individuellen Arbeit jedem Mitglied der Gesellschaft zugute kommt. Diese Verbindung, die auf Gegenseitigkeit beruht, garantiert den Genuss gleicher Rechte durch alle im Austausch für soziale Dienste. Die durchschnittliche Arbeitszeit, die die Fertigstellung irgendeines Produktes fordert, wird das Maß ihres Wertes. Auf diese Weise wird das Kapital - seiner akkumulierenden Macht beraubt - an die Verrichtung der Arbeit gebunden. Wenn es jedem nützt, hört es auf, ein Instrument der Ausbeutung zu sein. Solch eine Wirtschaftsform macht jeden politischen Zwangsapparat überflüssig. Die Gesellschaft wird ein Bund freier Gemeinwesen, die ihre Angelegenheiten entsprechend dem Bedürfnis verrichten, allein oder in Verbindung mit anderen.«[31]

Hauptsache frei, gleich und damit gerecht – schon erscheint der Tauschhandel als Mittel zum Nutzen aller. Die

---

30 Gustav Landauer, Aufruf zum Sozialismus/3, www.anarchismus.at

31 Rudolf Rocker zitiert hier Pierre Proudhon unkritisch, obwohl er selbst für die Vergesellschaftung der Produktionsmittel eintrat. Siehe: »Anarchismus und Anarcho-Syndikalismus« (www.anarchismus.at).

Individuen sollen weiterhin getrennt voneinander produzieren und gleichzeitig von den Marktbedingungen des privaten Tauschhandels unabhängig gemacht werden, indem der Verkaufspreis nicht auf dem Markt ermittelt, sondern zentral anhand der für ihre Herstellung verausgabten Arbeitszeit festgelegt wird. Gemäß dieser Vorstellung wird so »in Verbindung mit dem Austausch der Güter zu ihren Werten (äquivalenter Tausch) die Arbeitswertlehre zum Hebel einer Umwandlung der Marktwirtschaft in die Bedarfsdeckungswirtschaft.«[32]

Die auf Adam Smith zurückgehende arbeitswerttheoretische Grundlage der »Äquivalenzökonomie« – die Vorstellung, dass Arbeit unmittelbar Quelle von Wert sei und dass gleiche Quantitäten Arbeit »zu allen Zeiten und an allen Orten für den Arbeitenden von gleichem Wert seien«[33] – wurde von Karl Marx und Friedrich Engels in Reaktion auf die Vorstellungen der »Frühsozialisten« ausführlich dahin gehend kritisiert, dass 1. Arbeit als Mittel der Naturbeherrschung für den Menschen zunächst nichts anderes als nützliche Dinge erzeugt. Zur Quelle und Maß von *Wert* wird sie nur, wenn ihr *Eigentumsverhältnisse* vorausgesetzt sind, über die die einzelnen Produzenten gezwungen werden, ihre Arbeitsergebnisse *durch voneinander unabhängige Privatarbeit zu schaffen* und damit ihren gesellschaftlichen Zusammenhang *erst* im Warentausch über den Markt herzustellen. 2. Als abstrakte wertschaffende Arbeit zählt die individuelle Verausgabung nur, soweit sie sich in der Konkurrenz auf dem Markt, gemessen am gesellschaftlichen Durchschnitt, als gesellschaftlich notwendig erweist.

---

[32] Arno Peters, Das Äquivalenz-Prinzip als Grundlage der Global-Ökonomie, Akademische Verlagsanstalt 1996, S. 16

[33] Adam Smith, Untersuchung über die Natur und die Ursachen des Nationalreichtums, aus dem englischen der vierten Ausgabe, 1799

Von den Vertretern der Äquivalenztheorie wird die von Marx und Engels formulierte Kritik an den Vorstellungen der frühen Sozialisten schlicht als unzulässige Relativierung des von ihnen propagierten gerechten Tausches zurückgewiesen: »28 Jahre nach Gray wies Marx die Absolutsetzung als Wertmaßstab zurück, weil sie das Produkt der Arbeit nicht zur Ware im Sinne der Marktwirtschaft werden lässt. Marx stellte zunächst der individuell geleisteten Arbeitszeit die gesellschaftlich notwendige Arbeitszeit entgegen, also die Zeit "um irgendeinen Gebrauchswert mit den vorhandenen gesellschaftlichen Produktionsbedingungen und dem gesellschaftlichen Durchschnittsgrad von Geschick und Intensität der Arbeit darzustellen". Schon hier liegt eine Relativierung der tatsächlich aufgewendeten Arbeitszeit, die nun nicht mehr direktes objektives Wertmaß ist.«[34]

Was heißt hier Relativierung? Sind die von Marx entwickelte *Erklärung* des Wertes und die aus seinem Begriff abgeleiteten *Gesetzmäßigkeiten* des Warentausches eine Relativierung des »objektiven Wertmaßes«? Richtig oder falsch wäre die spannende Frage, die wie beim Flugzeugingenieur darüber entscheidet, ob das Flugzeug fliegt oder abstürzt. Wenn ein Flugzeug abstürzt, kommt schließlich auch niemand auf den Gedanken, dies als ungerecht zu beurteilen. Stattdessen ist es selbstverständlich, dass die physikalischen Ursachen erforscht werden, um den nächsten Unfall zu verhindern. Angesichts der unschönen Folgen einer auf den Tauschwert und das Geld bezogenen Wirtschaftsform in einen echten oder unechten, gerechten oder ungerechten Warenwert zu unterscheiden, ist keine wissenschaftliche Klärung, *was* der (Tausch)Wert ist und

---

[34] Heinz Dieterich, Der Sozialismus des 21. Jahrhunderts. S. 96 (21f)

welche ökonomischen Gesetzmäßigkeiten sich über den Begriff des Wertes ableiten lassen, sondern eine moralische Begutachtung einer für eine *gerechte* Wirtschaft tauglichen Wertkonzeption. Ob Warentausch auf Basis der in den Waren enthaltenen Arbeitszeit gerecht oder ungerecht wäre, ist eine falsche Fragestellung. Sie geht an der *Erklärung* des Tauschverhältnisses und damit an dem *Grund* vorbei, den es zu beseitigen gilt, wenn man die unschönen Folgen dieses Produktionsverhältnisses beseitigen will. Aber fixiert auf die moralische Vorstellung eines *gerechten* Tauschverhältnisses und zufrieden mit der für eine *gerechte* Wirtschaft tauglichen Wertkonzeption, interessieren sich die Vertreter der Äquivalenzökonomie genauso wie viele Anarchisten nicht weiter für die mit der Kritik geleistete Erklärung des Tauschverhältnisses. »Den kommunistischen Anarchisten geht es nicht so sehr um eine dogmatische Festlegung der Austausch- und Verbrauchsregelung der von Staat und Kapitalismus befreiten Gesellschaft ..., als um die Schaffung freiheitlicher Verhältnisse im Sozialismus.«[35] Die spannende Frage, wodurch denn entschieden wird, ob das Produkt der *individuellen* Privatarbeit überhaupt dem *gesellschaftlichen* Bedarf entspricht, wird für eine von Staat und Kapitalismus *befreiten* Gesellschaft als nebensächliche, dem freiheitlichen Anspruch sogar widersprechende dogmatische Festlegung der Austausch- und Verbrauchsregelung abgetan. Die fatalen Folgen dieser Ignoranz sowie der aus der Gerechtigkeitsfrage abgeleiteten Konstruktion einer Äquivalenzökonomie auf die Verwirklichung allgemeiner Bedarfsdeckung lassen sich an folgendem Beispiel verdeutlichen.

---

[35] Erich Mühsam, Befreiung der Gesellschaft vom Staat. Was ist kommunistischer Anarchismus? Fanal Sonderheft 1933, S. 5, in: Fanal Anarchistische Monatszeitschrift Bd. 5, Impuls Verlag o.J.

Ein ungeschickter bzw. mit schlechteren Produktionsmitteln ausgestatteter Schmied kann z. B. in drei Stunden zehn Hufeisen produzieren, die ein geschickter, besser ausgestatteter Schmied in einer Stunde produziert. Bekommt der erste im Austausch für seine zehn Hufeisen seine drei Arbeitsstunden als Gegenwert und der zweite für die gleiche Zahl Hufeisen nur eine Arbeitsstunde bezahlt? Wer hierin eine Frage der Gerechtigkeit sehen will, antwortet mit ja oder nein, ohne sich darum zu kümmern, was in einer auf Gütertausch gegründeten Gesellschaft *tatsächlich* geschieht. Beim Gütertausch produziert jeder Warenproduzent, was, wie und wie viel er will. »Der gesellschaftliche Bedarf aber bleibt ihm eine unbekannte Größe, sowohl was die Qualität, die Art der bedurften Gegenstände, wie deren Quantität angeht. Was heute nicht rasch genug geliefert werden kann, mag morgen weit über Bedarf ausgeboten werden. Trotzdem wird schließlich der Bedarf so oder so, schlecht oder recht, befriedigt, und die Produktion richtet sich im ganzen und großen schließlich auf die bedurften Gegenstände. Wie wird diese Ausgleichung des Widerspruchs bewirkt? Durch die Konkurrenz. Und wie bringt die Konkurrenz diese Lösung fertig? Einfach, indem sie die nach Art oder Menge für den augenblicklichen (*zahlungsfähigen*) gesellschaftlichen Bedarf unbrauchbaren Waren unter ihren Arbeitswert entwertet und es auf diesem Umwege den Produzenten fühlbar macht, dass sie entweder überhaupt unbrauchbare oder an sich brauchbare Artikel in unbrauchbarer, überflüssiger Menge hergestellt haben.«[36] Der ungeschicktere bzw. mit schlechteren Produktionsmitteln ausgestattete Schmied muss sich also entscheiden: Entweder er verkauft zu einem Preis unter-

---

[36] Karl Marx, Das Elend der Philosophie, MEW Bd. 4, S. 565. (zahlungsfähigen) wurde dem Zitat hinzugefügt.

halb seiner privat verausgabten Arbeitszeit oder er bleibt womöglich auf einem Teil seiner Hufeisen sitzen. »Jede neue Erfindung, welche es ermöglicht, in einer Stunde zu produzieren, was bisher in zwei Stunden produziert wurde, entwertet alle gleichartigen Produkte, die sich auf dem Markte befinden. Die Konkurrenz zwingt den Produzenten, das Produkt von zwei Stunden ebenso billig zu verkaufen wie das Produkt einer Stunde. Die Konkurrenz führt das Gesetz durch, nach welchem der Wert eines Produktes durch die zu seiner Herstellung notwendige Arbeitszeit bestimmt wird. Die Tatsache, dass die Arbeitszeit als Maß des Tauschwertes dient, wird auf diese Art zum Gesetz einer beständigen Entwertung der Arbeit. Noch mehr; die Entwertung erstreckt sich nicht nur auf die dem Markt zugeführten Waren, sondern auch auf die Produktionsinstrumente und auf ganze Werkstätten.«[37] »Es ist wichtig, den Umstand im Auge zu behalten, dass, was den Wert bestimmt, nicht die Zeit ist, in welcher eine Sache produziert wurde, sondern das Minimum von Zeit, in welchem sie produziert werden kann, und dieses Minimum wird durch die Konkurrenz festgestellt.«[38] Die Konkurrenz entscheidet so hinter dem Rücken der für den Tausch produzierenden Privatproduzenten, wie und ob sich Privatarbeit als *gesellschaftliche* Arbeit bewährt.

Der Versuch, den »echten« bzw. »gerechten« (Tausch) Wert gegen den über Angebot und Nachfrage in der Konkurrenz auf dem Markt herausgebildeten Preis zu verteidigen, zeugt daher von der Unkenntnis des für den *Gütertausch* notwendigen Zusammenhanges zwischen Wert und Preis. Wenn eine zentrale staatliche Stelle die Konkurrenz

---

[37] Karl Marx, Das Elend der Philosophie, MEW Bd. 4, S 94f
[38] ebenda S. 96

aufhebt, indem sie den weiterhin *unabhängig voneinander* agierenden Privatproduzenten ihre Arbeitszeit bezahlt, übernimmt sie damit zunächst sämtliche Privatarbeiten als gesellschaftliche Arbeit, um im nächsten Moment als Verkäufer der *ohne gesellschaftlichen Plan* produzierten Güter erneut vor der Frage zu stehen, was sich als gesellschaftliche Arbeit bewährt und was nicht. Überproduktion auf der einen Seite und Mangel auf der anderen sind so vorprogrammiert. Was produziert wird, wie viel und in welcher Qualität, ist schließlich für die Bezahlung in Arbeitsstunden nicht maßgebend. Produziert z. B. die Gesamtheit der Privatproduzenten einer bestimmten Warenart gemessen am zahlungsfähigen gesellschaftlichen Bedarf zu große oder zu geringe Mengen, so wird nicht ihnen, sondern der Gesellschaft diese Differenz empfindlich fühlbar.[39] Darin, dass die Gebrauchsgegenstände als Waren für den Austausch produziert werden, liegt schon die Möglichkeit, dass der Austausch überhaupt nicht zustande kommt. »Indem die Konkurrenz innerhalb einer Gesellschaft austauschender Warenproduzenten das Wertgesetz der Warenproduktion zur Geltung bringt, setzt sie eben dadurch die (*in diesem gesellschaftlichen Produktionsverhältnis*) einzig mögliche Organisation und Ordnung der gesellschaftlichen Produktion durch. Nur vermittelst der Entwertung oder Überwertung der Produkte werden die einzelnen Warenproduzenten mit der Nase darauf gestoßen, was und wie viel davon die Gesellschaft braucht oder nicht braucht. Gerade diesen einzigen Regulator (einer warenproduzierenden Gesellschaft) aber will die von (der »Äquivalenz-

---

[39] Dasselbe geschieht, wenn ein Privatproduzent mit veralteter Technik weiter produziert, obwohl die gesellschaftliche Produktionsweise sich weiterentwickelt hat. Vgl. hierzu Friedrich Engels, Anti-Dühring, MEW Bd. 20, S. 289

ökonomie«) mitvertretene Utopie abschaffen. Und (damit die) Garantie, dass von jedem Produkt die nötige Quantität und nicht mehr produziert wird, dass wir nicht an Korn und Fleisch Hunger leiden, während wir im Rübenzucker ersticken und im Kartoffelschnaps ersaufen, dass wir nicht Hosen genug haben, um unsere Blöße zu bedecken, während die Hosenknöpfe millionenweise umherwimmeln ... Verbietet man nun der Konkurrenz, den Einzelproduzenten durch Steigen oder Fallen der Preise mitzuteilen, wie der Weltmarkt steht, so verbindet man ihnen die Augen vollständig.«[40] Daraus folgt, solange die Verwandlung von privater Arbeit in gesellschaftliche Arbeit über den Gütertausch bestehen bleibt – individuelle Arbeiter also ihre konkreten Produktionsakte isoliert und ohne kollektive Koordination ausführen und das Maß ihrer Arbeit nicht der Gebrauchsgegenstand, sondern der Tauschwert, nicht ihre konkrete Arbeit, sondern deren abstrakte Verausgabung ist – dann gibt es zwei Alternativen, von denen die eine so unbefriedigend ist wie die andere: Lässt man – wie im Kapitalismus – über die Konkurrenz der Marktteilnehmer das Wertgesetz gelten, entscheidet sich hinter dem Rücken der Produzenten, ob ihre Arbeit überhaupt gesellschaftliche Anerkennung findet und damit ihren Bedürfnissen die erforderliche Zahlungsfähigkeit zugestanden wird. Versucht man, das Wertgesetz zu modifizieren, verliert die Gesellschaft die Kontrolle darüber, ob die erforderliche Anzahl verschiedener Güter und Dienstleistungen in angemessener Qualität produziert werden. »Jede auf Warenproduktion beruhende Gesellschaft hat

[40] Karl Marx, Das Elend der Philosophie, MEW Bd. 4, S 566f *(in diesem gesellschaftlichen Produktionsverhältnis)* wurde dem Zitat anstelle von »unter den Umständen« hinzugefügt. Ebenso (der Äquivalenzökonomie) anstelle »von Rodbertus«

das Eigentümliche, dass in ihr die Produzenten die Herrschaft über ihre eigenen gesellschaftlichen Beziehungen verloren haben. Jeder produziert für sich mit seinen zufälligen Produktionsmitteln und für sein besonderes Austauschbedürfnis. Keiner weiß, wie viel von seinem Artikel auf den Markt kommt, wie viel davon überhaupt gebraucht wird, keiner weiß, ob sein Einzelprodukt überhaupt einen wirklichen Bedarf vorfindet, ob er seine Kosten herausschlagen oder überhaupt wird verkaufen können. Es herrscht Anarchie der gesellschaftlichen Produktion.«[41]

Da die »Frühsozialisten« der falschen Vorstellung verhaftet waren, dass *Arbeit* Wert schafft – sie also in ihrer Kritik nicht soweit fortgeschritten waren, zu erklären, dass der (Tausch)Wert allein Resultat eines gesellschaftlichen *Eigentumsverhältnisses* ist, in dem unabhängige Privatproduzenten für den Tausch abstrakte, gesellschaftlich notwendige Arbeitszeit vergleichen – gelang es ihnen nicht, ihre Kritik gegenüber den kapitalistischen Verhältnissen zu einer Kritik des *Produktionsverhältnisses* zu entwickeln und damit die »Arbeitswertlehre« zu *kritisieren*, statt nach Formen ihrer gerechten Anwendung zu suchen. Genauso wie in John Grays oder Pierre Proudhons Tauschbank-Utopie die Warenproduktion verewigt und zugleich mit der Abschaffung des *aus* der Warenproduktion entspringenden Geldes der »Gegensatz von Gebrauchswert und Tauschwert« beseitigt werden sollte, stellt fast 200 Jahre später die »Äquivalenzökonomie« den Versuch dar, die auf Gütertausch begründete Wertproduktion zu verewigen und zugleich mit der Einführung eines »echten« Wertes das mit Warenproduk-

---

[41] Friedrich Engels, Herrn Eugen Dührings Umwälzung der Wissenschaft, MEW Bd. 20, S. 253

tion verbundene Wertgesetz und seine Folgen zu beseitigen. »Die kapitalistische Produktionsform abschaffen wollen durch Herstellung des "wahren Werts", heißt daher den Katholizismus abschaffen wollen durch die Herstellung des "wahren" Papstes oder eine Gesellschaft, in der die Produzenten endlich einmal ihr Produkt beherrschen, herstellen durch konsequente Durchführung einer ökonomischen Kategorie, die der umfassendste Ausdruck der Knechtung der Produzenten durch ihr eigenes Produkt ist.«[42]

Die fehlende Klarheit über Gütertausch und Wert führt regelmäßig zu Versuchen, die Marktergebnisse zu verbessern, ohne ihren Grund zu überwinden. Bei der Umsetzung der Äquivalenzökonomie als Beitrag zum »Sozialismus des 21. Jahrhunderts« sind daher selbst für seine Befürworter bereits Kompromisse gegenüber dem Gleichheitsideal und dem aus ihm abgeleiteten Gütertausch zum »echten Wert« absehbar: »Das von Arno Peters stipulierte Prinzip rigoroser Äquivalenz oder absoluter Gleichheit in der Entlohnung einfacher und komplizierter Arbeit kann in der gemischten Ökonomie des Übergangs realistischerweise nicht aufrechterhalten werden, da es der Konditionierung des menschlichen Charakters im Kapitalismus - möglicherweise auch seiner anthropologischen Natur - nicht genügend Rechnung trägt«.[43] Übergänge von der strikten »Äquivalenz« zu einer bewussten Anwendung des Wertgesetzes analog den Versuchen im »Realen Sozialismus« sind also vorprogrammiert, und wenn von Vertretern der Äquivalenzökonomie sogar schon eine angebliche Natur des menschlichen Cha-

---

[42] Friedrich Engels, Herrn Eugen Dührings Umwälzung der Wissenschaft, MEW Bd. 20, S. 289

[43] Heinz Dieterich, Der Sozialismus des 21. Jahrhunderts. S. 167

rakters als Rechtfertigung für Unterschiede in der Entlohnung ins Spiel gebracht wird, ist der Weg zurück zu den ganz normalen kapitalistischen Klassenverhältnissen auch nicht mehr weit.

»Die Marktsozialisten wählen nicht einen ruhigeren, sicheren, langsameren Weg zum gleichen Ziel, sondern ein anderes Ziel, nämlich statt der Herbeiführung einer neuen Gesellschaftsordnung bloss unwesentliche Veränderungen in der alten.«

3.2 Das Elend des »Realen Sozialismus«

Im Anschluss an die russische Revolution von 1917 wurde in den realsozialistischen Ländern in Anlehnung an Karl Marx die Kritik am Kapitalismus durch die Abschaffung des Privateigentums an Produktionsmitteln praktisch umgesetzt. Durch das der arbeitenden Bevölkerung zugestandene »Recht auf Arbeit« sowie die Festsetzung niedriger Preise für das Lebensnotwendige entfiel damit das Elend, das in der Marktwirtschaft dadurch entsteht, dass auch die elementarsten Lebensmittel Geschäftsmittel sind. Darüber hinaus konnte von einer Annäherung an die beiden großen Ziele der sozialistischen Revolution keine Rede sein. Weder *ökonomisch* im Sinne der Organisation von Produktion und Verteilung nach dem Motto »Jeder nach seinen Fähigkeiten, jedem nach seinen Bedürfnissen«, noch *politisch* im Sinne einer Aufhebung jeglicher Form von Unterdrückung über das »Absterben des Staates« hatte sich die Lage der Bevölkerung spürbar verbessert. Im Gegenteil: Nach siebzig Jahren praktischer und theoretischer sozialistischer Ausbildung wollte die Bevölkerung einschließlich der Mitglieder der kommunistischen Partei mehrheitlich zurück zur »Freiheit« kapitalistischer Verhältnisse. Warum? Was wurde falsch gemacht?[44]

---

[44] Über den sozialistischen Gegenentwurf und seine Fehler am Beispiel Chinas siehe: Renate Dillmann, China, VSA Verlag 2009

3.2.1 Die Eigentümlichkeiten sozialistischer Warenproduktion

Die Leistung von *Karl Marx* war es, nachzuweisen, dass eine Gesellschaft, die auf der Grundlage von Eigentum an Produktionsmitteln ihre Ökonomie als *Austauschverhältnis* organisiert, einen abstrakten, auf den *Tauschwert* bezogenen und damit vom sachlichen Nutzen notwendig absehenden Reichtum produziert. Mit anderen Worten, in einer warenproduzierenden Gesellschaft wird der Tauschwert der Ware – ihre Verkaufbarkeit – entscheidend dafür, was, ob überhaupt, zu welcher Qualität sowie zu welchen Arbeitsbedingungen produziert wird. Das Maß für den Reichtum ist hier nicht der konkrete Nutzen notwendiger Arbeit für die Bevölkerung – die Qualität und Quantität der erzeugten Güter und Dienste im Verhältnis zu den Arbeitsbedingungen und der Arbeitszeit –, sondern die abstrakte, tauschwertschaffende Qualität der Arbeit, das heißt ihre möglichst lange und intensive und zugleich in der Konkurrenz der Warenbesitzer gesellschaftlich notwendige Verausgabung. Die Leistung von Karl Marx war es darüber hinaus, nachzuweisen, dass *auf der Grundlage von Freiheit und Gleichheit* die Arbeitskraft im kapitalistischen Produktionsverhältnis selbst zur Ware wird. Und dass auf dieser freiheitlichen Grundlage, »selbst wenn im Warentausch nur Äquivalente sich austauschen, der Kapitalist – sobald er dem Arbeiter den wirklichen Wert seiner Arbeitskraft zahlt – mit vollem Recht, d. h. dem dieser Produktionsweise entsprechenden Recht, den Mehrwert gewänne.«[45] Die Leistung von Karl Marx war es also, zu zeigen, dass

[45] Karl Marx, MEW Bd.19, S. 359

der Gegensatz von Arbeit und Kapital in den Funktionsprinzipien dieser *freiheitlichen* Produktionsweise begründet ist und die arbeitende Bevölkerung darüber zum Mittel abstrakter Reichtumsproduktion verkommt. Dass also in einer Gesellschaft, die ihr Produktionsverhältnis darauf ausgerichtet hat, Tauschwerte zu erzeugen, die Menschen nicht arbeiten, um angenehm zu leben, sondern leben, um für die Vermehrung von in Geld gemessenen Werten zu arbeiten.

Die Leistung von *W. I. Lenin* war es, den von Marx entwickelten ökonomischen Inhalt der Austauschverhältnisse in der Marktwirtschaft auf eine angebliche Verletzung der Gerechtigkeit im Tausch herunterzubringen und diese Sichtweise erfolgreich politisch zu organisieren. Lenin störte nicht der im Gegensatz zur gesellschaftlichen Bedürfnisbefriedigung stehende *abstrakte Reichtumsmaßstab*, sondern lediglich seine privatwirtschaftliche Ausnutzung, die er entsprechend seiner moralischen Interpretation der Marxschen Wertanalyse als ungerecht geißelte. Für die marktwirtschaftliche Effizienz und Produktivkraftentwicklung zollte Lenin demgegenüber große Sympathien. »Die bürgerliche Zivilisation hat all ihre herrlichen Früchte gezeitigt. Hinsichtlich des Entwicklungsstandes der Produktivkräfte der vereinten menschlichen Arbeit, der Anwendung von Maschinen und aller Wunder der modernen Technik hat Amerika unter den freien zivilisierten Ländern den ersten Platz eingenommen. Aber zugleich rückte Amerika auch hinsichtlich der Tiefe des Abgrundes, der zwischen einer Handvoll skrupelloser, in Laster und Luxus erstickender Milliardäre und den Millionen der ewig an der Grenze des Elends lebenden Werktätigen klafft, mit an die erste Stelle.«[46] Lenin wollte dementsprechend die von ihm anerkannten »gesellschaftlichen Errungenschaften« der kapitalistischen Produktionsweise auf den Sozialismus übertragen, und zugleich seine »Nachteile« vermeiden: Die ungerechte Verteilung infolge der privatwirtschaftlichen Ausbeutung sowie die zur »Fessel der Produktivkraftentwicklung« werdende monopolistische Struktur des Kapitalismus, mit der seiner Ansicht nach die kapitalistischen Produktionsverhältnisse zunehmend in Widerspruch zu ihren eigenen Potenzen gerieten. »Denn der Sozialismus ist nichts anderes als der nächste Schritt vorwärts über das staatsmonopolistische Monopol hinaus. Oder mit anderen Worten: der Sozialismus ist nichts anderes als staatskapitalistisches Monopol, das zum Nutzen des ganzen Volkes angewandt wird und dadurch aufhört, kapitalistisches Monopol zu sein.«[47] »Die organisatorische Form der Arbeit aber brauchen wir nicht zu erfinden, wir übernehmen sie fertig vom Kapitalismus - Banken, Syndikate, erstklassige Fabriken, Versuchsstationen, Akademien u. dgl. m.: wir werden lediglich aus den Erfahrungen der fortgeschrittenen Länder die allerbesten Vorbilder übernehmen müssen.«[48] »Die bürgerlichen Schriftsteller schrieben und schreiben ganze Berge von Papier voll, um die Konkurrenz, den privaten Unternehmergeist und sonstige prächtige Tugenden und Reize der Kapitalisten und der kapitalistischen Ordnung zu verherrlichen. Den Sozialisten wurde vorgeworfen, sie wollten die Bedeu tung dieser Tugenden nicht erkennen und der 'Natur des Menschen' nicht Rechnung tragen. In Wirklichkeit aber hat

46 W. I. Lenin, Brief an die amerikanischen Arbeiter (August 1918), Werke Bd. 28, Dietz Verlag, S. 49

47 W. I. Lenin, Die drohende Katastrophe und wie man sie bekämpfen soll (Oktober 1917), Werke Bd. 25, S. 369

48 W. I. Lenin, Werden die Bolschewiki die Staatsmacht behaupten? (Oktober 1917), Werke Bd. 26, S.94

der Kapitalismus längst die selbständige kleine Warenproduktion, unter der die Konkurrenz in einigermaßen breitem Ausmaß Unternehmensgeist, Energie, kühne Initiative entwickeln konnte, durch fabrikmäßige Produktion in Groß- und Riesenbetrieben, durch AG's, Syndikate und andere Monopole ersetzt. Die Konkurrenz unter einem solchen Kapitalismus bedeutet eine unerhört brutale *Unterdrückung* des Unternehmungsgeistes, der Energie und der kühnen Initiative der Massen der Bevölkerung, der gigantischen Mehrheit der Bevölkerung, von neunundneunzig Prozent der Werktätigen, bedeutet ferner, auf den obersten Sprossen der sozialen Leiter, die Ersetzung des Wettbewerbs durch Finanzschwindel, Vetternwirtschaft, Liebedienerei.«[49]

Lenins Umkehrschluss war, dass ohne Privateigentum und mit einer geplanten Produktion und Verteilung der Waren durch den sozialistischen Staat sich die »gesellschaftlichen Errungenschaften« der kapitalistischen Produktionsweise in für den Sozialismus nützliche Einrichtungen umwandeln lassen müssten. Die von Marx kritisierten Kategorien abstrakten tauschwertbezogenen Reichtums sollten dabei über einen im *sozialistischen Eigentumsverhältnis* geänderten Charakter in Form von regulierten Warenpreisen, gerechten Löhnen und angemessenen Gewinnen wie im Kapitalismus die Produktivkräfte entfesseln – nur besser. Lenin wollte hierüber die an der abstrakten Reichtumsvermehrung ausgerichtete Produktivkräfteentwicklung nicht nur einholen, sondern sogar überholen. »Der Kapitalismus hat eine Arbeitsproduktivität geschaffen, wie sie unter dem Feudalismus unbekannt war. Der Kapitalismus kann endgültig besiegt werden und wird dadurch besiegt werden, dass der

49 W. I. Lenin, Wie soll man den Wettbewerb organisieren? (Dezember 1917), Werke Bd. 26, S. 402

Sozialismus eine neue, weit höhere Arbeitsproduktivität schafft.«[50] Wohlgemerkt, eine Arbeitsproduktivität für einen Reichtum, der sich in der abstrakten Verausgabung von Arbeit misst, für den die Arbeitsmühe und -zeit nicht groß genug sein können und für den der Lohn ein Kostenfaktor ist. Unter dessen Maßstab dementsprechend die Funktionalität und Qualität der Gebrauchsgegenstände sowie die Umwelt- und Lebensbedingungen vom Zweck zum Mittel degradiert werden.

Wie sehr sich Lenins Kritik der kapitalistischen Produktionsweise gegen die *private Aneignung* sowie die *Anarchie der Märkte* wendete und wie wenig sie an der mit diesem Produktionsverhältnis einhergehenden *abstrakten Reichtumsproduktion* auszusetzen hatte, verdeutlichte die drei Jahre nach der Oktoberrevolution eingeführte »Neue Ökonomische Politik« (NÖP) – auch wenn Lenin sie gegen ihre Kritiker mit dem Hinweis auf die Not der Nachkriegswirren und dem geringen industriellen Entwicklungsstand als erforderlichen befristeten Rückzug verteidigte. »Wir haben uns auf den Staatskapitalismus zurückgezogen. Aber wir haben uns mit Maß zurückgezogen. Wir ziehen uns jetzt auf die staatliche Regelung des Handels zurück. Aber wir werden uns mit Maß zurückziehen. Es sind schon Anzeichen vorhanden, dass das Ende dieses Rückzugs abzusehen ist, dass in nicht allzuferner Zukunft die Möglichkeit abzusehen ist, diesen Rückzug einzustellen.«[51] »Die Neue Ökonomische Politik bedeutet die Ersetzung der Ablieferungspflicht durch die Steuer, bedeutet den Übergang zur Wiederherstellung des Kapitalismus in beträchtlichem Ausmaß. In wie großem Ausmaß, das

---

[50] W. I. Lenin: Die große Initiative (Juni 1919), Werke Bd. 29, S. 416
[51] W. I. Lenin, Über die Bedeutung des Goldes (November 1921), Werke Bd. 33, S. 98

wissen wir nicht ... Die ganze Frage ist die: Wer wird wen überflügeln? ... wird die proletarische Staatsmacht imstande sein, gestützt auf die Bauernschaft, die Herren Kapitalisten gehörig im Zaum zu halten, um den Kapitalismus in das Fahrwasser des Staates zu leiten und einen Kapitalismus zu schaffen, der dem Staat untergeordnet ist und ihm dient? ... Lernen Sie alle Wirtschaften. Neben ihnen werden auch ausländische Kapitalisten sein, neben ihnen werden auch ausländische Konzessionäre und Pächter sein, die bei ihnen Hunderte Prozent Profit herausschinden und sich vor ihren Augen bereichern werden. Mögen sie sich bereichern. Sie aber sollen bei ihnen Wirtschaften lernen, und erst dann werden sie die kommunistische Republik aufbauen können ... Der Staat muss lernen, so Handel zu treiben, dass die Industrie die Bauernschaft zufriedenstellt, dass die Bauernschaft durch den Handel ihre Bedürfnisse befriedigt.«[52] »Der proletarische Staat muss ein umsichtiger, sorgsamer, sachkundiger "Unternehmer", ein tüchtiger *Großkaufmann* werden - sonst kann er das kleinbäuerliche Land nicht ökonomisch auf die Beine bringen, einen anderen Übergang zum Kommunismus gibt es heute, unter den gegebenen Bedingungen neben dem kapitalistischen ... Westen nicht.«[53] »Wir verstehen nicht zu wirtschaften. Das ist im Laufe eines Jahres bewiesen worden. ... Die gemischten Gesellschaften, die wir zu gründen begonnen haben, an denen sowohl Privatkapitalisten - russische und ausländische - als auch Kommunisten beteiligt sind, diese Gesellschaften sind eine der Formen, in denen man den Wettbewerb richtig organisieren kann, in denen man zeigen und lernen

---

52 W. I. Lenin, Die Neue Ökonomische Politik und die Aufgaben der Ausschüsse für politisch-kulturelle Aufklärung (Oktober 1921), Werke Bd. 33, S.44f/46/52

53 W. I. Lenin, Zum vierten Jahrestag der Oktoberrevolution, (Oktober 1921), Werke Bd. 33, S. 39

kann, dass wir es nicht schlechter als die Kapitalisten verstehen, den Zusammenhang mit der bäuerlichen Wirtschaft zu bewerkstelligen, dass wir ihre Bedürfnisse befriedigen und der Bauernschaft helfen können ... vorwärtszuschreiten. ... Das also ist der Wettbewerb, vor dem wir als vor einer absolut unaufschiebbaren Aufgabe stehen. Das ist der Kern der Neuen Ökonomischen Politik ...«[54]

Wie man Handel treibt, kaufmännisch rechnet, rentabel produziert und wie man den Wettbewerb richtig organisiert, sollten die Realsozialisten von den Kapitalisten lernen. Als hätte Marx mit seiner Kritik an Ware, Geld und Lohnarbeit nichts anderes geleistet als die Darlegung der Funktionsprinzipien *allgemeinen Wirtschaftens*, die sich über die bewusste Anwendungen des Wertgesetzes zum Wohle der Bevölkerung steuern ließen. Die Argumentation von Marx, dass der Zweck *abstrakter* Reichtumsproduktion im Gegensatz zu den *konkreten* Bedürfnissen der Produzenten steht und sich dementsprechend nicht für sozialistische Zwecksetzungen nutzen lässt, wurde von Lenin offensichtlich nicht geteilt.

Die Leistung von *Josef Stalin* war es, Lenins »Neue Ökonomische Politik« acht Jahre nach ihrer Einführung zu beenden und mit der konsequenten Verstaatlichung der Produktionsmittel die Privatmacht des Geldes endgültig aufzuheben. Lenins Hoffnung, dass die sozialistischen Betriebe die kapitalistischen überflügeln und damit den Kapitalismus in das Fahrwasser des sozialistischen Staates leiten würden, hatte sich zunehmend ins Gegenteil gekehrt: Die NÖP wurde über die wachsende Abhängigkeit von den

[54] W. I. Lenin, Politischer Bericht des ZK der KPR (B), XI. Parteitag 27. März 1922, Werke Bd. 33, S. 260

privatwirtschaftlichen Geschäftsinteressen des Handels und der Bauernschaft zur ernsten Gefahr für den Staatssektor in der Sowjetwirtschaft. Statt aber anstelle einer Warenproduktion eine Planwirtschaft zu organisieren, in der die Herstellung und Verteilung von Gebrauchsgegenständen unter Berücksichtigung der Arbeits- und Umweltbedingungen von den Produzenten selbst bestimmt wird, setzte auch Stalin die Verstaatlichung der verbliebenen privaten Produktionsmittel durch, um in der Tradition Lenins das für die Entwicklung des Sozialismus als nützlich und harmlos eingestufte Kaufen und Verkaufen sowie den Umgang mit Preisen und Gewinnen vollständig den staatlichen Planungsbehörden zu übertragen. Die Form der planmäßigen Wirtschaftsführung der sozialistischen Betriebe sollte hierbei die »wirtschaftliche Rechnungsführung« sein, innerhalb derer die *Rentabilität* des Betriebes als einer der wichtigsten Gradmesser des wirtschaftlichen Nutzeffekts der betrieblichen Leistung galt. »Eine der Forderungen der wirtschaftlichen Rechnungsführung ist die Gewährleistung der Rentabilität des Betriebs. *Rentabilität* des Betriebs bedeutet, dass die Mittel, die der Betrieb durch Realisierung seiner Produktion erzielt, die Selbstkosten decken und darüber hinaus einen Gewinn gewährleisten. Die Rentabilität charakterisiert den wirtschaftlichen Nutzeffekt der Arbeit des Betriebs ...«[55] »In den in Geld ausgedrückten Kennziffern der wirtschaftlichen Tätigkeit des Betriebs (Selbstkosten, Rentabilität usw.) tritt die Qualität seiner Arbeit zutage.«[56]

Stalin sah in der bewussten Anwendung der Kategorien kapitalistischer Wertproduktion, ebenso wie Lenin, ein nützliches Mittel für die gezielte Entwicklung der Produk-

[55] Politische Ökonomie. Lehrbuch, 1. Aufl., Dietz Verlag 1955, S. 528
[56] ebenda S. 531

tivkräfte unter den sozialistischen Eigentumsverhältnissen: »Mitunter wird die Frage gestellt: Besteht und wirkt bei uns das Wertgesetz? Ja, es besteht und wirkt. Dort, wo es Waren und Warenproduktion gibt, muss es auch das Wertgesetz geben ... Ist das gut? Es ist nicht schlecht. Bei unseren gegenwärtigen Verhältnissen ist es tatsächlich nicht schlecht, da dieser Umstand unsere Wirtschafter im Geiste der rationellen Betriebsführung erzieht und sie zur Disziplin anhält. Es ist nicht schlecht, weil dieser Umstand unsere Wirtschafter lehrt, die Produktionsgrößen zu berechnen und ebenso genau die realen Dinge in der Produktion in Rechnung zu stellen, anstatt sich mit dem Geschwätz über aus der Luft gegriffene 'schätzungsweise' Angaben zu befassen. Es ist nicht schlecht, da es unsere Wirtschafter lehrt, die in der Produktion verborgenen Reserven zu finden und auszunutzen und nicht mit Füßen zu treten. Es ist nicht schlecht, da es unsere Wirtschafter lehrt, die Produktionsmethoden systematisch zu verbessern, die Selbstkosten der Produktion zu senken, der wirtschaftlichen Berechnung Geltung zu verschaffen und danach zu streben, dass die Betriebe rentabel seien. Das ist eine gute praktische Schule, die in der gegenwärtigen Entwicklungsetappe die Vervollkommnung unserer Wirtschaftskader beschleunigt und sie rascher zu echten Leitern der sozialistischen Produktion macht.«[57]

Dass diese Position auch innerhalb der Kommunistischen Partei keineswegs unumstritten war, ist Stalins Beitrag zur Diskussion des unter seiner Federführung herausgegebenen Lehrbuches der politischen Ökonomie zu entneh-

---

[57] J. Stalin: Ökonomische Probleme des Sozialismus in der UdSSR, S.19f.

men:[58] »Manche Genossen behaupten, die Partei habe falsch gehandelt, als sie nach Ergreifung der Macht und Nationalisierung der Produktionsmittel in unserem Lande die Warenproduktion beibehalten hat. Sie sind der Meinung, die Partei hätte damals gleich die Warenproduktion beseitigen müssen. Sie berufen sich dabei auf Engels, der sagt: "Mit der Besitzergreifung der Produktionsmittel durch die Gesellschaft ist die Warenproduktion beseitigt und damit die Herrschaft des Produkts über die Produzenten." Diese Genossen irren sich gründlich.« Da, so Stalin, Engels solche Länder im Auge gehabt hätte, »in denen nicht nur in der Industrie, sondern auch in der Landwirtschaft der Kapitalismus genügend entwickelt und die Konzentration der Produktion genügend fortgeschritten ist, um sämtliche Produktionsmittel des Landes expropriieren und in den Gemeinbesitz des ganzen Volkes überführen zu können. Engels ist folglich der Ansicht, dass in solchen Ländern zugleich mit der Vergesellschaftung sämtlicher Produktionsmittel die Warenproduktion zu beseitigen sei. Und das ist natürlich richtig.« Man könne daher die Auffassung dieser »Pseudomarxisten nicht als Antwort betrachten, die meinen, man müsste doch die Macht ergreifen und zur Expropriation der kleinen und mittleren Produzenten im Dorf schreiten und ihre Produktionsmittel vergesellschaften. Diesen unsinnigen und verbrecherischen Weg können Marxisten ... nicht beschreiten, denn ein solcher Weg würde jede Möglichkeit des Sieges der proletarischen Revolution untergraben, würde die Bauernschaft auf lange Zeit ins Lager der Feinde des Proletariats treiben.«[59]

---

[58] J. Stalin: Ökonomische Probleme des Sozialismus in der UdSSR, S. 11ff

[59] ebenda, S. 11ff

Nachdem Stalin so zunächst mit dem Hinweis auf *taktische Fragen* gegen seine Kritiker argumentierte, gab er im weiteren Verlauf der Diskussion zu Protokoll, warum er auch *35 Jahre nach der Oktoberrevolution* – nachdem sich die Sowjetunion längst von einem unterentwickelten Agrarland zu einem führenden Industrieland entwickelt hatte – die Beibehaltung der *sozialistischen* Warenproduktion nicht nur für unproblematisch, sondern sogar für die weitere Entwicklung des Sozialismus für nützlich hielt. »Man sagt, dass die Warenproduktion dennoch unter allen Umständen zum Kapitalismus führen müsse und unbedingt dazu führe. Das stimmt nicht. ... Es fragt sich, warum sollte die Warenproduktion nicht auch für eine bestimmte Periode unserer sozialistischen Gesellschaft dienen, ohne zum Kapitalismus zu führen, in Anbetracht der Tatsache, dass die Warenproduktion bei uns nicht eine solche unbegrenzte und allumfassende Verbreitung hat wie unter kapitalistischen Bedingungen, dass ihr bei uns dank solchen entscheidenden ökonomischen Bedingungen wie dem gesellschaftlichen Eigentum an Produktionsmitteln, der Beseitigung des Systems der Lohnarbeit, der Beseitigung des Systems der Ausbeutung, feste Grenzen gezogen sind? ... Folglich stellt unsere Warenproduktion keine gewöhnliche Warenproduktion dar, sondern eine Warenproduktion besonderer Art, eine Warenproduktion ohne Kapitalisten, die es hauptsächlich mit Waren vereinigter sozialistischer Produzenten (Staat, Kollektivwirtschaften, Genossenschaften) zu tun hat, deren Wirkungsbereich auf die Gegenstände des persönlichen Bedarfs beschränkt ist, die sich offensichtlich keinesfalls zur kapitalistischen Produktion entwickeln kann und dazu bestimmt ist, zusammen mit ihrer "Geldwirtschaft" der Entwicklung und Festigung der sozialistischen Produktion zu dienen. ... Darum sind jene Genossen völlig im Unrecht, die erklären: Da die sozialistische Gesellschaft die Warenform der Produktion nicht aufhebt, müssen bei uns angeblich alle dem Kapitalismus eigenen ökonomischen Kategorien wiederhergestellt werden: die Arbeitskraft als Ware, der Mehrwert, das Kapital, der Kapitalprofit, die Durchschnittsprofitrate usw. Diese Genossen verwechseln die Warenproduktion mit der kapitalistischen Produktion und nehmen an, dass, wenn schon Warenproduktion da ist, auch kapitalistische Produktion da sein müsse. Sie begreifen nicht, dass sich unsere Warenproduktion grundlegend von der Warenproduktion im Kapitalismus unterscheidet.«[60]

Ob Stalins Kritiker lediglich die sozialistische Warenproduktion mit der kapitalistischen Warenproduktion verwechselten, sie also nicht verstanden, dass die Kategorien kapitalistischen Wirtschaftens – Ware, Wert, Preis und Gewinn – sich in der Tat gegenüber ihrem kapitalistischen Charakter infolge ihrer planmäßigen Anwendung auf der Grundlage verstaatlichter Produktionsmittel verändern, oder ob sie vielmehr Stalin darauf hinweisen wollten, dass auch auf der Grundlage vergesellschafteter Produktionsmittel das Ziel, Gewinn zu erwirtschaften, im Gegensatz zu den Bedürfnissen der Produzenten steht, sei dahingestellt. Tatsache ist, dass die sozialistische Produktionsplanung mit dem Anspruch der *»bewussten Anwendung des Wertgesetzes«* und der *»bewussten Ausnutzung der Ware-Geld-Beziehungen«* den gegensätzlichen Zweck – der in Gebrauchswert und Tauschwert liegt – nicht aufgelöst, sondern in veränderter und darüber widersprüchlicher Form fortgeführt hat: Die Bedürfnisbefriedigung der Produzenten, ihre Versorgung mit Konsumgütern und die Gestal-

---

[60] ebenda, S. 11ff

tung ihrer Arbeitsbedingungen sollte über den Wert und seine Vermehrung in Form von Geld und damit über ein von *ihnen* abstrahierendes Maß gesteuert werden.

Während im Kapitalismus der Wert unabhängig vom Willen und Bewusstsein der Marktteilnehmer über die Konkurrenz auf dem Markt als Durchschnitt der gesellschaftlich notwendigen Arbeitszeit objektive Gestalt annimmt, sollte er in der realsozialistischen Produktionsplanung durch die planmäßige Festsetzung der Warenpreise als bewusster ökonomischer Hebel wirken. Neben den Warenpreisen sollte der Gewinn, in den die Warenpreise wie die Löhne als Kosten einflossen, als zweite wesentliche ökonomische Einflussgröße dienen, mit der das Wertgesetz planmäßig zur Steigerung des realsozialistischen Reichtums angewandt wird. Mit der Abschaffung des Privateigentums an Produktionsmitteln sowie der planmäßigen Festlegung der Ein- und Verkaufspreise entfielen aber für den sozialistischen Gewinn sowohl das eigenständige private Bereicherungsmotiv als auch die Methoden seiner Beeinflussung in der Konkurrenz: Weder die Löhne waren als Mittel der Kostensenkung freigegeben, noch konnten Mengen- oder Produktivitätsvorteile über die Ein- und Verkaufspreise im Hinblick auf den Gewinn eigenständig genutzt werden, und selbst Investitions- und Rationalisierungsentscheidungen waren abhängig von der Zuteilung der erforderlichen Mittel durch die Planungsbehörden. Die staatlich festgelegten Ein- und Verkaufspreise sowie die diversen an den Auftrag der Gewinnerzielung geknüpften ökonomischen Ziele, die zu einer gegenüber dem Kapitalismus überlegenen »wirtschaftlichen Rechnungsführung« genutzt werden sollten, stellten so gegenüber den Betrieben des »Realen Sozialismus« einander widersprechende Ansprüche dar. Als Verkaufspreise sollten die planmäßig vorgegebenen Preise hoch genug sein, um den Produzenten ihre geforderten Gewinne zu sichern. Als Einkaufspreise sollten sie zugleich niedrig genug sein, um den auf diese Waren angewiesenen Betrieben nicht die geforderte Ablieferung der Gewinne zu verunmöglichen. Sie sollten die Betriebe dazu stimulieren, die Kosten zu senken und zugleich die Einnahmeüberschüsse liefern, um die Qualität und den wissenschaftlich-technischen Fortschritt zu fördern. Sie sollten als Einkaufspreise für die Konsumenten bezahlbar sein, um eine angemessene Versorgung mit den Gütern des täglichen Bedarfs zu sichern und zugleich der Verteilung des Nationaleinkommens zwischen Konsumtion und Akkumulation dienen. Sie sollten als Messinstrument des gesellschaftlich notwendigen Arbeitsaufwandes den Wert und damit den Stand der Produktivität der Arbeit *widerspiegeln* und *zugleich* als ökonomischer Hebel das Interesse an fortwährender Erhöhung der Arbeitsproduktivität *stimulieren.* Anders als im Kapitalismus, wo die Verkaufbarkeit der Ware gegenüber den Produzenten im Nachhinein *objektiv* entscheidet, ob und in welchem Ausmaß die hergestellte Ware neben ihrem Gebrauchswert auch einen Tauschwert besitzt, d. h. ob die verausgabte *Privatarbeit* auch *gesellschaftlich* notwendig ist, sollte im »Realen Sozialismus« die »bewusste Anwendung des Wertgesetzes« genutzt werden, um über den *abstrakten* Vergleich der verschiedenen *konkreten* Arbeitsprodukte die »gerechten« und zugleich nützlichen und damit »objektiven« Proportionen zu ermitteln und herzustellen. Ein unsinniges Vorhaben! Das Wertgesetz »bewusst anwenden zu wollen unter Verhältnissen, in denen seine objektive Voraussetzung, die kapitalistische Konkurrenz, gar nicht mehr gegeben war, bedeutete, mit der Ermittlung des "objektiv richtigen" Preises eine nichtexistente Größe ermitteln zu wollen.«[61]

Die entsprechende Argumentation der Kritiker der *»bewussten Anwendung des Wertgesetzes«*, – die darauf hinwiesen, dass »im Sozialismus der Hauptkampf um die Errichtung der kommunistischen Gesellschaft auf einen Kampf um die richtige Organisation der Produktivkräfte und ihre rationelle Ausnutzung in der gesellschaftlichen Produktion hinausläuft,« dass daher »die Kategorien der politischen Ökonomie, wie Wert, Ware, Geld, Kredit usw., durch vernünftige Überlegungen über eine rationelle Organisation der Produktivkräfte in der gesellschaftlichen Produktion, durch die wissenschaftliche Begründung einer solchen Organisation ersetzt werden«[62] müssen – lehnte Stalin kategorisch ab: »Wenn man den Standpunkt des Genossen Jaroschenko mit zwei Worten charakterisieren soll, so muss man sagen, dass er unmarxistisch - folglich falsch - ist.«[63] Trotz der verurteilenden Zurückweisung – »Es muss gesagt werden, dass bei uns noch kein übergeschnappter „Marxist" derartig ungereimtes Zeug verzapft hat.«[64] – war Stalin selbst die Widersprüchlichkeit seines Vorhabens keineswegs unbekannt: »Daher ist es die Aufgabe der leitenden Organe, die heranwachsenden Widersprüche rechtzeitig zu erkennen und durch Anpassung der Produktionsverhältnisse an das Wachstum der Produktivkräfte rechtzeitig Maßnahmen zu ihrer Überwindung zu treffen. Dies gilt vor allem für solche ökonomischen Erscheinungen wie das kollektivwirtschaftliche Grup-

---

[61] Michael Buestrich, Die Verabschiedung eines Systems, S. 166
[62] L. D. Jaroschenko, Brief an das Politbüro des ZK, zitiert von Stalin, in: Ökonomische Probleme des Sozialismus in der UdSSR, S. 58ff
[63] ebenda, S. 58
[64] ebenda, S. 71

peneigentum und die Warenzirkulation. Natürlich werden diese Erscheinungen gegenwärtig von uns mit Erfolg zur Entwicklung der sozialistischen Wirtschaft benutzt, und sie bringen unserer Gesellschaft unbestreitbaren Nutzen. Zweifellos werden sie uns auch in nächster Zukunft Nutzen bringen. Es wäre aber unverzeihliche Blindheit, wollte man nicht sehen, dass diese Erscheinungen gleichzeitig auch schon beginnen, die gewaltige Entwicklung unserer Produktivkräfte zu hemmen, da sie Hindernisse für die vollständige Erfassung der gesamten Volkswirtschaft, besonders der Landwirtschaft, durch die staatliche Planung schaffen. Es kann kein Zweifel darüber bestehen, dass diese Erscheinungen je länger, je mehr das weitere Wachstum der Produktivkräfte unseres Landes hemmen werden. Folglich besteht die Aufgabe darin, diese Widersprüche zu beseitigen durch allmähliche Umwandlung des kollektivwirtschaftlichen Eigentums in allgemeines Volkseigentum und durch - gleichfalls allmähliche - Einführung des Produktenaustauschs an Stelle der Warenzirkulation.«[65]

Stalin, wie alle seiner Nachfolger, hielten aber die Zeit für den Antrag, die Ausarbeitung einer gebrauchswertbezogenen Organisation der Produktivkräfte anstelle einer Steuerung über Preis- und Gewinnhebel voranzutreiben, nicht für gekommen und so nahm der Widerspruch bis zum bitteren Ende des realsozialistischen Projektes seinen Lauf. Indem die Realsozialisten die Kategorien Ware, Geld und Gewinn nicht abschafften, sondern den Versuch unternahmen, sie in »bewusster Anwendung des Wertgesetzes« für die Umsetzung der wirtschaftspolitischen Ziele des »Realen Sozialismus« planmäßig anzuwenden, ersetzten sie die in der marktwirtschaftlichen Konkurrenz aus ihnen

---

[65] ebenda, S. 67

entspringenden Interessengegensätze durch genauso viele vom Staat aufgeherrschte Interessenkollisionen. Die Folgen dieser widersprüchlichen wert- und ertragsorientierten Produktionsplanung sind bekannt: Auf der Grundlage der von den staatlichen Instanzen vorgegebenen Preise und dem Auftrag zur Gewinnerzielung wurde von den Betrieben des »Realen Sozialismus« entsprechend kreativ gewirtschaftet. Die von ihnen geforderte Optimierung der Hauptkennziffern der Planung – Übererfüllung von Menge und Gewinn – wurde konsequenterweise im rücksichtslosen Umgang mit den Produktionsfaktoren Material und Arbeit umgesetzt. Wo bezogen auf die vorgegebenen Ein- und Verkaufspreise der Gewinn festgelegt war, waren Versuche, aus gegebenem Material mehr Produkt herauszuschlagen, an der Tagesordnung. Mangelhafte Produktqualität und daraus resultierende Versorgungsengpässe machten so vielfach die Bemühungen um eine geordnete Produktion zunichte. Autarkiebestrebungen der einzelnen Betriebe, das Horten von wichtigen Vorprodukten sowie Übergänge in die sogenannte Schattenwirtschaft waren die Folge. Da mit den staatlich festgesetzten Preisen der Verkauf gesichert war, konnte selbst die Produktion unnützer Güter ein Mittel der Planübererfüllung sein. Um die geforderten »Bruttokennziffern« zu vergrößern, wurden »häufig kostspielige Werkstoffe verwendet, .. das Gewicht der Maschinen erhöht, die Tonnenkilometer in die Höhe getrieben, ... der innerbetriebliche Umsatz aufgebläht und dergleichen mehr.« [66] Neben überflüssigen und mangelhaften Gebrauchsgegenständen gingen zudem Umweltzerstörung

[66] M. Gorbatschow, Über den Fünfjahresplan der wirtschaftlichen und sozialen Entwicklung der UdSSR für die Jahre 1986 bis 1990 und die Aufgaben der Parteiorganisation bei seiner Verwirklichung (Juni 1986), M. Gorbatschow, Ausgewählte Reden und Aufsätze B. 3, S. 495

und schlechte Arbeitsbedingungen einher mit einer am Gewinn orientierten Übererfüllung der Plankennziffern.

»Die wesentliche Errungenschaft des Sozialismus – die "Anwendung von Wertkategorien", die im Kapitalismus zu seinem Schaden bloß "wirken" und deren "bewusster Einsatz" als der Vorzug der Ökonomie des Sozialismus gelten sollte –, stellte sich im Ergebnis als praktisches *Hindernis* einer ausreichenden Versorgung mit Waren dar. Weder die Ansprüche an die Stimulierungs- und Verteilungsfunktion noch die Regelungsfunktion, die die Wertkategorien im Sozialismus als Mittel staatlicher Wirtschaftspolitik haben sollten, wurden erfüllt. Ganz im Gegenteil: Werte, Preise und ihre Verordnung standen einer Produktion von Gebrauchswerten gerade entgegen. Stimuliert wurde die Gewinnproduktion *auf Kosten* der Gebrauchswertproduktion. Produziert wurden schlechte Gebrauchsgegenstände nach Maßgabe von Wertrechnungen, in denen der Maßstab des Geldes galt, also danach gefragt wurde, wer mit seiner Produktion wie viel Überschuss gemacht hatte, und nicht, was ein Betrieb an nützlichen Dingen für die Produktion lieferte bzw. an sachlicher Ausstattung dafür nötig hatte. Eingerichtet wurde stattdessen eine staatlich organisierte Produktion von abstraktem Reichtum, von Geld. Dies mit der Intention, dass sich darüber die angestrebte Befriedigung der materiellen Bedürfnisse in Produktion und Konsumtion ergebe. So sorgte im Realen Sozialismus der Staat dafür, dass auch in der von ihm beherrschten und organisierten Wirtschaft das Geld zur Bedingung der Herstellung des sachlichen Reichtums wurde. In der staatlich verfügten Produktion für den Wert wurde allerdings praktisch dauernd der

Gegenbeweis dessen geführt, dass durch die "Benutzung des Werts" die Produktion von brauchbaren Gebrauchswerten stimuliert würde. Deren Produktion war nur gegen die Gewinnvorschriften zu schaffen, auf deren Erfüllung es vorrangig ankommen sollte. Somit stand immer die den Betrieben staatlicherseits als erstes Produktionsziel nahegelegte Entscheidung zugunsten des in Geld bemessenen Betriebsgewinns an. Eine Kalkulation, die notwendig *gegen* die sachliche Tauglichkeit der Produkte ausschlug. Letztlich verhinderte die vorgeschriebene Beachtung der Gewinnvorschrift die Produktion von Gütern, die auch zu gebrauchen waren.«[67]

Für die arbeitende Bevölkerung drückte sich die »bewusste Anwendung des Wertgesetzes« praktisch zunächst im »Recht auf Arbeit« aus. Ein Recht, dessen Gewährung die soziale Abhängigkeit von der privaten Geschäftskalkulation im Hinblick auf die Anwendung der Arbeitskraft aufhob und damit Fähigkeiten und Potenzen entwickeln sollte, »die der Kapitalismus zu Tausenden und Millionen zertreten, niedergehalten und erdrückt hat.«[68] Das gegensätzliche Verhältnis zwischen Lohnzahler und -empfänger, das Stalin wie zuvor Lenin nur hinsichtlich der Aneignungsform kritisierten, blieb hierbei jedoch bestehen: »Das Interesse des Lohnarbeiters an einer möglichst leicht verdienten, möglichst großen Geldsumme und das Interesse der lohnzahlenden Instanz an größtmöglichem Arbeitseinsatz für

---

[67] Michael Buestrich , Die Verabschiedung eines Systems, S. 273
Wo nicht über Ware-Geld-Hebel, sondern über den Zweck, bestimmte Gebrauchsgüter herzustellen, gesteuert wurde, wie z. B. in der Rüstungsindustrie, kamen bekanntlich beachtliche Ergebnisse zustande.
[68] W. I. Lenin, Wie soll man den Wettbewerb organisieren?, Werke Bd. 26, S. 402

geringstmögliches Entgelt.«[69] Anstelle einer von den Produzenten kontrollierten Produktion und Verteilung zementierten die realsozialistischen Produktionsverhältnisse so mit der Trennung in Lohnzahler und -empfänger den Widerspruch zwischen privater Vorteilsnahme und den gesellschaftlichen Ergebnissen der Arbeit. Sie lieferten darüber den Grund, warum sich auch unter sozialistischen *Eigentumsverhältnissen* die Arbeiter in ihrer gesellschaftlichen Arbeitsteilung zu den Produktionsmitteln wie zu fremdem Eigentum verhielten, dessen Verschleuderung ihnen völlig gleichgültig war, solange ihnen nicht die ökonomische Behandlung der Produktionsmittel durch die Modifikationen des Lohnes in Form von Ab- und Zuschlägen bzw. diversen (Sonder-)Prämien nahegelegt wurde. Entsprechend kämpfte in diesem gegensätzlichen Arbeitsverhältnis die lohnzahlende Instanz zugleich im Sinne einer *gesamtgesellschaftlichen Lohngerechtigkeit* »gegen die Gleichmacherei, für die umfassende, allseitige und effektivste Verwirklichung des Prinzips der Verteilung nach Arbeitsleistung ... (denn) die Gleichmacherei im Sozialismus führt unvermeidlich zur Schwächung der Produktionsdisziplin und der Verantwortlichkeit für die übertragenen Aufgaben sowie zu einem Sinken der Arbeitsproduktivität.«[70] Obwohl auch im Realen Sozialismus niemand ernstlich behaupten konnte, »dass sich ein Mensch in den Tätigkeiten, die schlechter bezahlt werden, weniger verausgabt, seine Muskeln und Nerven eher schont und seinen Geist beweglicher hält als in solchen, die besser bezahlt werden ... galt auch hier das mit der Tradition des Lohnarbeitersystems offenbar unlöslich verbundene Prinzip, um so weniger an Lohn zu zahlen, je

[69] Michael Buestrich, Die Verabschiedung eines Systems, S. 91/96
[70] Lehrbuch Politische Ökonomie, Moskau 1973, S. 415

einseitiger, anstrengender und gesundheitlich ruinöser der Gebrauch der Arbeitskraft sich gestaltet.«[71]

Der gesellschaftliche Gegensatz, der mit dem Lohnarbeitsverhältnis aufrechterhalten wurde, bezog sich nicht nur auf das direkte Arbeitsumfeld, sondern ebenso auf den Zugang zu den Ergebnissen der Produktion. Auch in der realsozialistischen Produktionsweise galt, dass die Arbeiter von den Mitteln ihrer Reproduktion zunächst *getrennt* waren, indem sie davon abhängig waren, wie viel *Geld* sie beim staatlichen Arbeitgeber, der alle Produktionsmittel in seiner Hand zusammengefasst hatte, verdienten. Mit dem Lohn statteten die sozialistischen Betriebe somit ihre Lohnarbeiter mit einer allgemeinen Zugriffsmacht in Form des Geldes aus, die diese ihrerseits gleichgültig gegen die Ergebnisse der »gemeinsamen« Produktion als *Recht* auf den Zugang zu den Gütern und Diensten gegenüber den staatlichen Verkaufseinrichtungen zur Geltung brachten. Die Konsequenz war, dass die Versorgungsmängel von den Bürgern keineswegs wie die Armut im Kapitalismus als Sachzwang des eigenen Misserfolgs in der freien Konkurrenz mystifiziert und darüber akzeptiert wurden, sondern sich zunehmend in der Unzufriedenheit gegenüber dem Willen des Staates bzw. der Partei kundtaten: Auf der Seite des Arbeitsplatzes in Form der *privaten* Vorteilsrechnung gegenüber der *gemeinsamen* gesellschaftlichen Arbeit und auf der Seite der Konsumtion in Form von Unzufriedenheit gegenüber der »staatlichen Misswirtschaft« und zugleich dem Ruf nach der Verwirklichung der individuellen Freiheit, die mit der formellen Zugriffs-

[71] Michael Buestrich, Die Verabschiedung eines Systems, S. 96

macht des Geldes ständig genährt wurde, ohne sie mit dem entsprechenden Warenangebot zu befriedigen.

Die Widersprüchlichkeit eines mit Preis- und Gewinnhebeln bewusst angewandten Wertgesetzes wollten Stalin und seine Nachfolger nicht wahr haben. Die bekannten Missstände wurden vielmehr übersetzt in Probleme der »richtigen« Preisfestsetzung. »Schlimm ist nicht, dass das Wertgesetz bei uns auf die Produktion einwirkt. Schlimm ist, dass unsere Wirtschaftler und Planer ... die Wirkungen des Wertgesetzes schlecht kennen ... und es nicht verstehen, sie in ihren Rechnungen zu berücksichtigen. Daraus erklärt sich denn auch das Durcheinander, das bei uns noch immer in der Preispolitik herrscht. Vor einiger Zeit wurde beschlossen, das Verhältnis zwischen Baumwoll- und Getreidepreisen, im Interesse des Baumwollanbaus, zu regeln ... Im Zusammenhang damit unterbreiteten unsere Wirtschaftler und Planer einen Vorschlag, der die ZK-Mitglieder nur in Erstaunen setzen konnte, da nach diesem Vorschlag für eine Tonne Getreide fast der gleiche Preis vorgeschlagen wurde wie für eine Tonne Baumwolle, wobei der Preis für eine Tonne Getreide dem Preis für eine Tonne gebackenes Brot gleichgesetzt wurde. Was wäre geschehen, wenn der Vorschlag dieser Genossen Gesetzeskraft erlangt hätte? Wir hätten die Baumwollbauern ruiniert und wären ohne Baumwolle geblieben.« [72] Die notwendigen Folgen des Widerspruches, mit dem Zweck der abstrakten Geldvermehrung zugleich den Zweck einer geregelten Güterversorgung zu verfolgen, wurden so inhaltslos als »Planungsfehler« besprochen. Als Gegenmaßnahme ließen sich die Planungsbehörden immer neue Vorschriften bezüglich Menge und

---

[72] ebenda, S.20f

Qualität der Produkte sowie ein System von Prämien und Strafen einfallen. Moralische Appelle, sich ungeachtet der »Ware-Gewinn-Hebel« im Namen des Aufbaus vorbildhaft zu verhalten, standen ebenso hoch im Kurs. An den Gründen der »Planungsfehler« änderte die Moral natürlich nichts. Staatliche Sanktionen und Unterdrückung der zunehmend unzufriedenen Bevölkerung waren daher auch im Realen Sozialismus von Anfang an trotz der postulierten »Einheit von Volk und Staat« erforderlich.

Die Leistung *Michail Gorbatschows* war es letztlich, siebzig Jahre nach der Oktoberrevolution die *Folgen* der »bewussten Anwendung des Wertgesetzes« und der »bewussten Ausnutzung der Ware-Geld-Beziehungen« gemäß der Parole *»Mehr Markt im Sozialismus für ihn«* überwinden zu wollen. Ähnlich der »Neuen Ökonomischen Politik« – allerdings ohne auf die Not der Nachkriegswirren reagieren zu müssen – sollten auch in Gorbatschows Vorstellung die marktwirtschaftlichen Kräfte der Entwicklung des Sozialismus dienen. Während Lenin und Stalin aber noch den Gegensatz zum freien Markt und die über ihn sich entwickelnden gegensätzlichen Klasseninteressen kannten, verstand Gorbatschow Markt und Plan schlicht als zwei sich ergänzende Methoden, die sich je nach politischer Zwecksetzung nutzen lassen.

Gorbatschow: »Inzwischen hat das Leben gezeigt, dass das Plansystem, das die Marktkriterien und die Marktkontrolle außer acht lässt, ebenso funktionsuntüchtig ist, wie auch ein Markt, der nicht durch einen Plan gelenkt wird. Der Plan steht nicht nur nicht im Widerspruch zum Markt, er wird erst glaubwürdig und ausführbar, wenn Marktinstrumente angewandt werden. Die tatsächliche Unterscheidung zwischen Sozialismus und Kapitalismus liegt nicht in der Ablehnung des Marktes oder des Plans, sondern welchen Interessen sowohl der Plan als auch der Markt dienen soll.«[73]

Eine für einen Generalsekretär der Kommunistischen Partei erstaunliche Ignoranz und Naivität gegenüber dem politökonomischen Inhalt der freien Marktwirtschaft: Einem Produktionsverhältnis, in dem über die Privatisierung d. h.

---

[73] M. Gorbatschow, Rede auf der Konferenz von Orjol in: PRAWDA vom 16.11.1988, in: Sozialismus, Nr. 12/1988, S. 15

Enteignung gesellschaftlicher Produktionsmittel die Bevölkerung gezwungen wird, sich die Mittel ihrer Existenz und ihre Teilhabe am gesellschaftlichen Reichtum als konkurrierende Privatsubjekte zu beschaffen; in dem darüber der Tauschwert, das Geld zum Zweck der Produktion wird und die Menschen und ihre Bedürfnisse zum Mittel abstrakter Reichtumsvermehrung verkommen; in dem die viel bewunderte Effizienz und Produktivität nicht mehr Freizeit bei gleicher Versorgung bzw. eine bessere Versorgung mit gleichem Arbeitsaufwand, sondern *private* Reichtumsvermehrung durch Senkung der Lebensqualität für die Mehrheit der Bevölkerung bedeutet. Für Gorbatschow und die hinter ihm stehenden Genossen reduzierte sich der Unterschied zwischen Kapitalismus und Sozialismus auf das Interesse, eine »volksnützliche«, »verteilungsgerechte« und gegenüber den weitgehend ungezügelten Marktkräften des Kapitalismus geordnete Wirtschaftsentwicklung sicherzustellen. Eine Abkehr vom Sozialismus – »vor dem Kapitalismus zu Kreuze kriechen und seine Methoden übernehmen«[74] – stand dabei zunächst nicht an: »Bedeutet unsere Umgestaltung nicht ein Abgehen von den Grundlagen des Sozialismus oder jedenfalls eine gewisse Schwächung dieser Grundlagen? Nein, das bedeutet sie nicht. Im Gegenteil - was wir bereits tun, planen, beabsichtigen, soll den Sozialismus stärken, soll alles beseitigen, was der Entwicklung des Sozialismus im Wege steht und seinen Fortschritt aufhält ...«[75]

[74] M. Gorbatschow, Die Umgestaltung ist unaufschiebbar, sie geht in jeder Hinsicht alle an. Rede vom 31. Juli 1986 in: Ausgewählte Reden und Aufsätze Bd. 4, S. 40f

[75] M. Gorbatschow, Zu den Aufgaben der Partei bei der grundlegenden Umgestaltung der Leitung der Wirtschaft, 25. Juni 1987, in: Ausgewählte Reden und Aufsätze Bd. 5, S. 152

In diesem Sinne begannen die Realsozialisten mit der erneuten Wendung die letzten Hindernisse auszuräumen, die angeblich dem Weg zur Entwicklung des Sozialismus entgegenstanden. So wurde zwecks Freisetzung der Eigeninitiative der staatliche Auftrag zur Erwirtschaftung von Gewinn zunehmend von der staatlichen Festlegung von Preisen befreit, um über die unsichtbare Hand der Marktkräfte die schon immer bewunderte kapitalistische Effizienz besser nutzen zu können. Die Betriebe nutzten die neuen Zugeständnisse allerdings auf ihre Weise. »Da sie immer *beide* Seiten, Käufer und Verkäufer, in sich vereinigten, stimulierten sie sich wechselseitig zu *Preissteigerungen.* Jeder hielt sich, wo er konnte, an die Preise, die er in Rechnung stellte, als das Mittel, um sich gegen die Preise abzusichern, die ihm nun als Abnehmer in Rechnung gestellt wurden. Das Ergebnis dieses Verfahrens bestand in allseitigen Preisanstiegen, einer "sozialistischen Inflation", aufgrund der auch die eine oder andere Lieferung und somit auch die früher damit bestrittene Produktion unterblieb. ... Katastrophal wirkten sich die neuen Kalkulationsfreiheiten vor allem bezüglich der sogenannten "materiell-technischen Versorgung" aus. Sie funktionierte früher, über staatliche Zuteilungen und feste Preise organisiert, zwar auch nie einwandfrei, war aber zumindest in dem Sinne geregelt, dass die arbeitsteilige Produktion aufrechterhalten werden konnte. Das war unter den neuen Verhältnissen nicht mehr die Regel. ... Industrie und Endabnehmer sahen sich deshalb in der Folge mit Defiziten und Warenmängeln konfrontiert, die an die Perioden während und nach dem Krieg erinnerten. Verschlimmert wurde diese Situation dadurch, dass sowohl Unternehmen als auch Endverbraucher bemerken mussten, dass das verfügbare Geldeinkommen durch betrieblich selbst beschlossene Lohnerhöhungen zwar immer weiter anstieg, aber immer weniger wert wurde, weil die damit zu erwerbenden Waren auf der anderen Seite an Zahl immer weiter abnahmen. Folglich ging man dazu über, nicht nur die Materialien und Güter zu horten, für die ein unmittelbarer oder absehbarer Bedarf bestand. Man betrachtete vielmehr jedwedes Sachkontingent als irgendwann und irgendwie einsetzbares Tausch- bzw. Kompensationsmittel, mit dem sich eigene Mängel unter Umständen ausgleichen ließen. Auf diesem Weg hat es das Reformprogramm in wenigen Jahren geschafft, das, was im alten Wirtschaftssystem Begleiterscheinung der Produktion für den Gewinn war (die Kompensation sachlicher Defizite durch gesteigerte Vorratshaltung und den Naturalientausch) zur für große Teile der sowjetischen Ökonomie *einzig* tauglichen Methode der Versorgung zu machen. Als Resultat der Verallgemeinerung dieser Praktiken entwickelte sich die Reformwirtschaft in der Folge zügig auf das Niveau einer einfachen Naturaltauschwirtschaft zurück.«[76]

[76] Michael Buestrich, Die Verabschiedung eines Systems, S. 312ff

»Man kann eine Sache auch sechzig Jahre lang falsch machen.«
Aber ein zweites Mal dürfen wir den gleichen Fehler nicht machen.
Ja, und darum ist es wichtig, zu wissen, worin der Fehler bestand.

Der Versuch, 60 Jahre nach der Aufgabe der NÖP, die »Marktinstrumente« erneut zur Stärkung des Sozialismus zu nutzen, bewirkte somit das glatte Gegenteil: Die Ergebnisse von weniger als fünf Jahren Reformpolitik waren wachsende Versorgungsstörungen und steigende Inflation, die die Lebensmittelversorgung der Bevölkerung zunehmend schwieriger gestaltete und den Produktionsapparat derart schädigten, dass die Regierung sich zu regelrechten Notstandsmaßnahmen veranlasst sah.[77] Nachdem die Reformbemühungen im Sinne einer Reduktion der staatlichen Planungsvorgaben nicht nur auf die Betriebsebene, sondern auch auf die größere Unabhängigkeit der Republiken bezogen wurden, kam es zudem zunehmend zur Aufkündigung der arbeitsteiligen Produktionsbeziehungen zwischen den Sowjetrepubliken und damit zur Verunmöglichung einer gesamtstaatlichen Wirtschaftsplanung. Ausgehend von Gorbatschows politökonomischer Theorie, dass die »Unterscheidung zwischen Sozialismus und Kapitalismus nicht in der Ablehnung des Marktes oder des Plans (liegt), sondern welchen Interessen sowohl der Plan als auch der Markt dienen soll«, war die Schlussfolgerung, die er mit Unterstützung der Partei aus dem gescheiterten Versuch, den Sozialismus im Sinne einer volksnützlichen Herrschaft zu stärken, zog, nicht zwingend, aber dennoch auch nicht mehr besonders verwunderlich: »Die Erfahrungen der ganzen Welt haben die Lebenstüchtigkeit und die Leistungsfähigkeit der Marktwirtschaft bewiesen. Der Übergang dazu ergibt sich in unserer Gesellschaft aus den Interessen des Menschen, und das Ziel besteht darin, eine sozial orientierte Wirtschaft aufzubauen, die gesamte Produktion nach den

[77] Vgl. hierzu: Michael Buestrich, Die Verabschiedung eines Systems, S. 334

Interessen des Konsumenten auszurichten, den Warenmangel und die Schmach des Schlangestehens zu überwinden, die wirtschaftliche Freiheit der Bürger tatsächlich zu sichern, Bedingungen für die Förderung des Fleißes, der Kreativität, der Initiative einer hohen Produktivität herbeizuführen.«[78]

Die weiterhin unübersehbaren negativen Folgen der Gesetzmäßigkeiten der Marktwirtschaft, die einst der Grund für die revolutionären Bemühungen und den Aufbau des »Realen Sozialismus« waren, wurden von Gorbatschow übersetzt in ein Resultat eines sich eigentlich nicht gehörenden Verstoßes gegen die Grundprinzipien der sozialen Marktwirtschaft und des Sozialstaates. Mit dieser Idealisierung des Kapitalismus und der Anerkennung seiner Überlegenheit in Hinblick auf die abstrakte Reichtumsproduktion verdiente sich Gorbatschow, ohne vor dem Kapitalismus zu Kreuze kriechen zu müssen, als ehrenwerter und hochgelobter Politiker in die Geschichtsschreibung des Freien Westens aufgenommen zu werden. Über die bewusste Aufgabe der realsozialistischen Ökonomie zugunsten einer freiheitlichen, privaten Eigentumsordnung schlossen sich letztlich die Realsozialisten unter der Führung von Michail Gorbatschow dem Urteil der Bewunderer der Marktwirtschaft an, dass es auch im Sinne der Arbeiterinteressen keine realistische Alternative zur kapitalistischen Wirtschaftsordnung gibt. Der »realsozialistische Warenmangel« und die »Schmach des Schlangestehens« ließen sich dann auch in der Tat mit der Einführung marktgerechter Preise bezogen auf die *zahlungsfähigen* Be-

[78] M. Gorbatschow, Hauptrichtungen zur Stabilisierung der Volkswirtschaft und des Übergangs zur Marktwirtschaft, in: Sowjetunion heute, Nr. 11/1990, S. VII-XII

dürfnisse schnell überwinden. Und so endete der »Reale Sozialismus« mit dem vorbehaltlosen Lob der Freiheit – dem Grundprinzip des kapitalischen Produktionsverhältnisses.

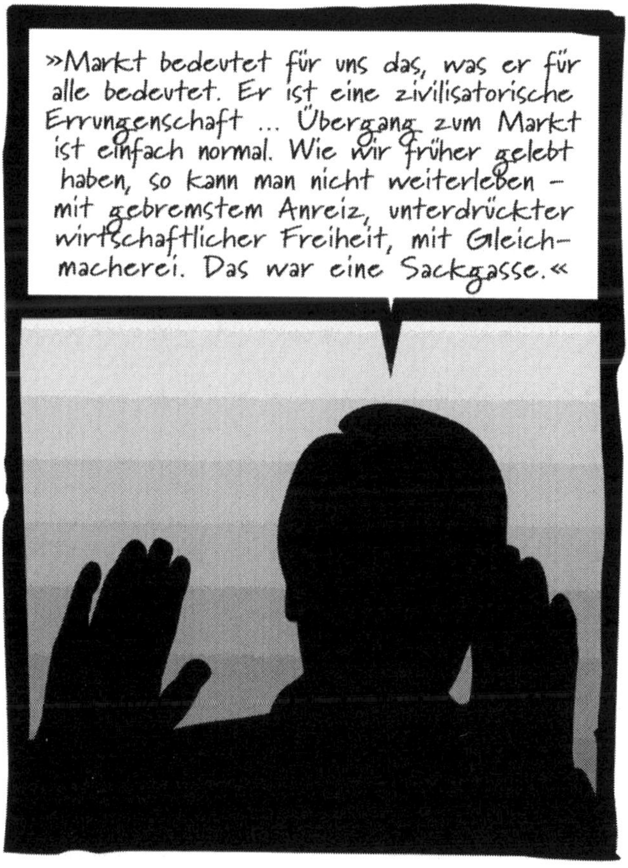

3.2.2 Die »Interessen der Arbeiterklasse«: eine fürchterliche Abstraktion

> »Das Proletariat ergreift die Staatsgewalt und verwandelt die Produktionsmittel zunächst in Staatseigentum. Aber damit hebt es sich selbst als Proletariat, damit hebt es alle Klassenunterschiede auf, und damit auch den Staat als Staat. ... Der erste Akt, worin der Staat wirklich als Repräsentant der ganzen Gesellschaft auftritt - die Besitzergreifung der Produktionsmittel im Namen der Gesellschaft - ist zugleich sein letzter selbstständiger Akt als Staat. Das Eingreifen einer Staatsgewalt in gesellschaftliche Verhältnisse wird auf einem Gebiete nach dem andern überflüssig und schläft dann von selbst ein. An die Stelle der Regierung über Personen tritt die Verwaltung von Sachen und die Leitung von Produktionsprozessen. Der Staat wird nicht "abgeschafft", er *stirbt ab.*«[79]

Dass mit der Besitzergreifung der Produktionsmittel im Namen der Gesellschaft die Klassengegensätze aufgehoben werden, demzufolge das Eingreifen einer Staatsgewalt in die gesellschaftlichen Verhältnisse überflüssig wird und somit der Staat von selbst abstirbt, war in Anlehnung an Marx und Engels auch für Lenin und Stalin sowie alle ihre Nachfolger *parallel* zum Einsatz der realsozialistischen Staatsgewalt ein grundlegender Bestandteil ihres sozialistischen Entwicklungsprogramms. »Im "Kommunistischen Manifest" sind die allgemeinen Ergebnisse der Geschichte zusammengefasst, die uns veranlassen, im Staat ein Organ der Klassenherrschaft zu sehen, und uns zu dem unbedingten Schluss führen, dass das Proletariat die Bourgeoisie nicht stürzen kann, ohne vorher die politische Macht ero-

[79] Friedrich Engels, Anti-Dühring, MEW Bd. 20, S. 261f

bert, ohne die politische Herrschaft erlangt und den Staat in das "als herrschende Klasse organisierte Proletariat" verwandelt zu haben, und dass dieser proletarische Staat sofort nach seinem Sieg beginnen wird abzusterben, denn in einer Gesellschaft ohne Klassengegensätze ist der Staat unnötig und unmöglich.«[80] Lenin bestand zwar darauf, dass zur Enteignung der Besitzer der Produktionsmittel ein *zeitweiliges* Ausnutzen der Organe, Mittel und Methoden der Staatsgewalt gegen die Kapitalistenklasse notwendig ist, betonte aber zugleich, dass der »Akt der Besitzergreifung der Produktionsmittel im Namen der Gesellschaft«, d. h. die systematische Ausnutzung der Waffen durch eine Klasse gegen eine andere Klasse, nichts anderes ist als die *vorübergehende Form des Staates*. In diesem Akt bestehe die »Aufhebung des Staates *als Staat*«.[81] Nur in diesem Sinne brauche das Proletariat »einen Staat, der so beschaffen ist, dass er sofort abzusterben beginnt und zwangsläufig absterben muss.«[82] In Anlehnung an die von Marx und Engels aus den Erfahrungen der Pariser Kommune von 1871 gezogenen Schlussfolgerungen erklärte Lenin: »Die Kommune ist die von der proletarischen Revolution "endlich entdeckte" Form, unter der die ökonomische Befreiung der Arbeit sich vollziehen kann. Die Kommune ist der erste Versuch der proletarischen Revolution, die bürgerliche Staatsmaschine zu *zerschlagen*, ist die "endlich entdeckte" politische Form, durch die man das Zerschlagene *ersetzen* kann und muss.« [83] »Die Kommune musste gleich von vornherein anerkennen, dass die Arbeiterklasse, einmal zur Herrschaft gekommen, nicht fortwirt-

[80] W. I. Lenin, Staat und Revolution, Werke Bd. 25, S. 419
[81] W. I. Lenin, Staat und Revolution, Werke Bd. 25, S. 409
[82] W. I. Lenin, Staat und Revolution, Werke Bd. 25, S. 415
[83] W. I. Lenin, Staat und Revolution, Werke Bd. 25, S. 445

schaften könne mit der alten Staatsmaschine; dass diese Arbeiterklasse, um nicht ihrer eignen, erst eben eroberten Herrschaft wieder verlustig zu gehn, einerseits alle die alte, bisher gegen sie selbst ausgenutzte Unterdrückungsmaschinerie beseitigen, andrerseits aber sich sichern müsse gegen ihre eignen Abgeordneten und Beamten, indem sie diese, ohne alle Ausnahme, für jederzeit absetzbar erklärte.«[84] »Der Marxismus unterscheidet sich dadurch vom Anarchismus, dass er die *Notwendigkeit des Staates* für den Übergang zum Sozialismus anerkennt, aber ... *nicht eines Staates in der Art der gewöhnlichen parlamentarischen bürgerlichen demokratischen Republik, sondern eines Staates wie die Pariser Kommune von 1871, wie die Sowjets der Arbeiterdeputierten von 1905 und 1917.*«[85]

84 W. I. Lenin, Staat und Revolution, Werke Bd. 25, S. 464f

85 W. I. Lenin, Die Aufgaben des Proletariats in unserer Revolution (April 1917), Werke Bd. 24, S. 71

Die Realität sah bekanntlich völlig anders aus. Aber warum eigentlich? Ist Stalins Hinweis auf die weltpolitische Lage hierfür ein hinreichender Grund? »Mit der Erweiterung des Wirkungsbereiches des Sozialismus auf die meisten Länder der Welt wird der Staat absterben, und im Zusammenhang damit wird natürlich die Frage der Überführung des Eigentums einzelner Personen und Gruppen in staatliches Eigentum entfallen. Der Staat wird absterben, aber die Gesellschaft wird bleiben. Folglich wird es dann nicht mehr der Staat sein ..., sondern die Gesellschaft selbst, vertreten durch ihr zentrales leitendes Wirtschaftsorgan, die das allgemeine Volkseigentum übernimmt.«[86] Was hat das Außenverhältnis mit dem Innenverhältnis zu tun? Warum sollte z. B. die jederzeitige Absetzbarkeit der *eigenen* Abgeordneten erst »mit der Erweiterung des Wirkungsbereiches des Sozialismus auf die meisten Länder der Welt« möglich sein? Oder hat etwa schlicht die »reaktionäre Idee der Herrschaft« die Revolution korrumpiert? Gibt es denn überhaupt die *inhaltslose* Idee der Herrschaft? Die Herrschaft um ihrer selbst willen? Nein, Herrschaft, anderen seinen Willen aufzuzwingen, verfolgt immer einen Zweck, für den die Herrschaft das Mittel ist. Es müssen also auch im »Realen Sozialismus« gegensätzliche Interessen den Grund für die allgegenwärtige Staatsgewalt innerhalb der Gesellschaft geliefert haben. War also die Überlegung falsch, dass mit der Aufhebung der Freiheit, Produktionsmittel zu Eigentum zu erklären, der Gegensatz zwischen den Menschen aufgehoben wird und damit der Grund für eine besondere Repressionsgewalt? Nein, aber die *erste Lehre*, die entsprechend der vorangegangenen Ausführungen aus dem Studium des »Realen Sozialismus« gezogen werden

[86] J. Stalin, Ökonomische Probleme des Sozialismus in der UdSSR, S. 86

kann, ist folgende: Mit der Verstaatlichung des Privateigentums an Produktionsmitteln, d. h. mit ihrer Überführung in Staats*eigentum*, wird zwar der kapitalistische Charakter von Ware und Geld, Lohnarbeit und Kapital aufgehoben, nicht aber der in ihnen enthaltene Gegensatz. Mit der »Sozialisierung« von Fabriken ist daher gar nichts erreicht, wenn nicht *zugleich* die Produzenten selbst in ihren Betrieben das Verhältnis des Produzenten zum gesellschaftlichen Produkt festlegen und (wie im folgenden Abschnitt 3.3 näher ausgeführt wird) darüber ihren direkten Zugang zu den Gütern und Dienstleistungen organisieren. In ihrer Fixierung auf die »ungerechte« Aneignungsform wollten die Realsozialisten stattdessen über die bewusste Anwendung der »Ware-Geld-Beziehungen« einen Übergang vom Sozialismus zum Kommunismus herbeiführen und darüber das Verhältnis zwischen Staat und Bürgern zum gegenseitigen Nutzen gestalten. Der Widerspruch dieser *»volksnützlichen Herrschaft«* bestand dabei darin, »die Nützlichkeit der eingerichteten Verhältnisse zu behaupten und daneben mit dem Staat ein Gewaltverhältnis zu installieren, in dem das Volk gezwungen wurde, sich (im eigenen Interesse!) für die neue Gesellschaft einzusetzen.«[87] »Das Lob auf die Einheit von Staat und Volk war so ein dauerndes Geständnis, dass das staatliche Wirken ständig im Gegensatz zur grundsätzlich unterstellten Einheit ... stand.«[88]

Die *zweite Lehre*, die aus dem Studium des »Realen Sozialismus« gezogen werden kann, ergibt sich aus der Beantwortung der Frage, warum sich die »Partei der Arbeiterklasse« siebzig Jahre gewaltsam *gegen* die Interessen der Bevölkerung behaupten *wollte* und *konnte*. Der Aus-

---

[87] M. Buestrich, Die Verabschiedung eines Systems, S. 57
[88] ebenda, S. 59

gangspunkt zu dieser Erklärung findet sich historisch in der Spaltung der Sozialdemokratischen Arbeiterpartei Russlands (SDAPR) auf ihrem 2. Parteitag 1903. Der organisatorische Streitpunkt war die von Lenin und seinen Anhängern propagierte Notwendigkeit einer zentralisierten und auf Disziplin getrimmten Parteiorganisation zur Führung der für den Aufbau der sozialistischen Gesellschaft als wichtigste Voraussetzung angesehenen »Diktatur des Proletariats«. Die Meinungsverschiedenheiten der beiden Parteiflügel – die letztlich nach Mehrheitlern (Bolschewiki) und Minderheitlern (Menschewiki) benannt wurden – liefen, wie Lenin es selbst ausdrückte, »nicht auf programmatische und nicht auf taktische, sondern nur auf organisatorische Fragen hinaus.«[89] Diese organisatorischen Fragen spalteten aber nicht nur 1903 die SDAPR, sondern bis heutzutage große Teile der Arbeiterbewegung. So polemisierte beispielsweise Rosa Luxemburg 1904: »Der von Lenin befürwortete Ultrazentralismus scheint uns aber in seinem ganzen Wesen nicht vom positiven schöpferischen, sondern vom sterilen Nachtwächtergeist getragen zu sein. Sein Gedankengang ist hauptsächlich auf die Kontrolle der Parteitätigkeit und nicht auf ihre Befruchtung, auf die Einengung und nicht auf die Entfaltung ... zugeschnitten.«[90] In nahezu prophetischer Weise kritisierte auch Leo Trotzki – zu der Zeit

---

[89] W. I. Lenin, Ein Schritt vorwärts, zwei Schritte zurück, (die Krise in unserer Partei), Werke Bd.7, S.200
Wie »eine kleine Anzahl möglichst gleichartiger Gruppen erfahrener und erprobter Berufsrevolutionäre« die sozialistische Revolution vorbereiten und durchführen sollten, entwickelte Lenin u.a. 1902 in: Brief an einen Genossen über unsere organisatorischen Aufgaben, Werke Bd. 6, S.227ff

[90] Rosa Luxemburg, Organisationsfragen der russischen Sozialdemokratie, Gesammelte Werke, Bd.1, 2. Halbbd., Berlin 1979, S.422-446

noch auf Seiten der Menschewiki – die bolschewistischen Vorstellungen von Parteizentrale und -disziplin: »*Entweder oder, Genosse Lenin! ... Entweder* Jakobiner *oder* proletarischer Sozialismus. (125) Um die Arbeiterklasse auf die politische Herrschaft vorzubereiten, muss in ihr die Selbsttätigkeit entwickelt und geübt werden und die Gewöhnung zur ständigen aktiven Kontrolle über das gesamte Exekutivpersonal der Revolution. Das eben ist die große *politische* Aufgabe ... Für "sozialdemokratische Jakobiner" jedoch, ... ist die gigantische *gesellschaftlich-politische* Aufgabe, ... durch eine organisatorisch-taktische ersetzt, nämlich die Ausarbeitung eines Machtapparats. (128) Sie glaubten an die heilsame Kraft einer über den Klassen stehenden Wahrheit, vor der alle sich zu beugen verpflichtet seien; wir glauben allein an die Klassenkraft des revolutionären Proletariats. ... Ihre Methode war die Guillotinierung geringster Abweichungen, unsere Methode ist die geistig-politische Aufhebung von Meinungsverschiedenheiten. Sie hieben Köpfe ab, wir erfüllen sie mit Klassenbewusstsein. (117) Lenin und seine Anhänger ... denken, dass es hinreichend sei, die Entwicklung "stellvertretend" für die gesamte Partei "zu reflektieren" und sich mit der Geißel offizieller Macht zu versehen, um sie hierauf aus der Mitte heraus anzutreiben ... Aber ... es finden sich Leute, die nicht verstehen und nach dem "Warum?" fragen; es finden sich andere, die auf dem ihrer Meinung nach besten Weg beharren oder auf ihn hinweisen. ... (Der Jakobiner) stellt sich nicht die Frage nach dem "Warum" und dem "Wieso", sondern sieht lediglich die eine reaktionäre Masse, die auf seinem Weg zur Führung der Partei steht, wie er sie sich vorstellt. ... was sich in seinem Bewusstsein widerspiegelt als das gefährliche Wachstum böswilliger Widersacher, Desorganisatoren,

Abenteurer und Intriganten in der Partei; und letzten Endes muss der arme "Führer" zu dem Gedanken gelangen, dass ihm – die Partei "böswillig" nachstellt. Die Gesamtheit der Individualitäten unterschiedlichen Entwicklungsniveaus, verschiedener weltanschaulicher Schattierungen, ungleichen Temperaments, in einem Wort *der materielle Körper der Partei selbst* erscheint zu guter Letzt als Hemmschuh für *seine eigene Entwicklung (121).«*[91]

Was im Oktober 1917 in der Begeisterung für den Erfolg der bolschewistischen Kampforganisation zunächst für viele der vorherigen Kritiker vergessen schien, nahm bereits im Jahr der Oktoberrevolution seine ersten Konturen an, als Lenin verdeutlichte, wie die Bolschewisten die organisatorische Macht der »Arbeiterpartei« mit ihrem Programm der »proletarischen Revolution« zusammen bringen wollten: » ... Kontrolle über die Reichen, die Gauner, die Müßiggänger und Rowdys ... diesen Auswurf der Menschheit, die rettungslos verfaulten und verkommenen Elemente, diese Seuche, diese Pest, diese Eiterbeule ..., die der Kapitalismus dem Sozialismus als Erbschaft hinterlassen hat. ... Für die Feinde des Volkes, für diese Feinde des Sozialismus und der Werktätigen darf es keine Schonung geben. ... Kein einziger Gauner (auch keiner von denen, die sich vor der Arbeit drücken) darf frei herumspazieren, sondern muss im Gefängnis sitzen oder schwerste Zwangsarbeit verrichten; ... "Wer nicht arbeitet, der soll auch nicht essen!" - das ist das praktische Gebot des Sozialismus.« Ziel ist die »*Säuberung* der russischen Erde von allem Ungeziefer, von den Flöhen - den Gaunern, von den Wanzen - den Reichen usw. usf. An einem Ort wird man zehn Reiche, ein Dutzend Gauner, ein hal-

[91] Leo Trotzki, Unsere politischen Aufgaben (August 1904) in: Schriften zur revolutionären Organisation, Rowohlt 1970, S. 117ff

bes Dutzend Arbeiter, die sich vor der Arbeit drücken ..., ins Gefängnis stecken. An einem anderen Ort wird man sie die Klosetts reinigen lassen. An einem dritten Ort wird man ihnen nach Abbüßung ihrer Freiheitsstrafe gelbe Pässe aushändigen, damit das ganze Volk sie bis zu ihrer Besserung als *schädliche* Elemente überwache. An einem vierten Ort wird man einen von zehn, die sich des Parasitentums schuldig machen, auf der Stelle erschießen.«[92]

Dass der von den ausländischen Mächten mit Geld, Waffen und eigenen Soldaten kräftig geschürte Bürgerkrieg einen entscheidenden Beitrag zur Eskalation der Gewalt beitrug, ist unzweifelhaft: »Die Stufe der Erbitterung des Kampfes hängt von einer Reihe innerer und internationaler Umstände ab. Je erbitterter und gefährlicher der Widerstand des niedergeworfenen Klassenfeindes ist, desto unvermeidlicher verdichtet sich das System der Repressalien zu einem System des Terrors. (54) ... Wie kann anders ... im Zustande des Bürgerkrieges gehandelt werden, wenn die Gegenrevolution, die einen bedeutenden Teil des nationalen Gebiets besetzt hält, unbewaffnete Arbeiter, ihre Frauen und Mütter ergreift, wo sie ihrer habhaft werden kann, sie erschießt und erhängt - wie kann man anders handeln, als indem man die Lieblinge oder Vertrauensmänner der Bourgeoisie als Geiseln festnimmt und dadurch die ganze Bürgerklasse unter das Damoklesschwert der gegenseitigen Haftung stellt? Es wäre nicht schwierig, an der Hand der Geschichte des Bürgerkrieges Tag um Tag zu zeigen, dass alle Grausamkeiten der Sowjetmacht abgenötigte Maßnahmen des revolutionären Selbstschutzes gewesen sind ... erinnern wir daran, dass ... die Weißgardisten im Verein mit ihren englisch-französischen Verbündeten je-

---

92 W. I. Lenin, Wie soll man den Wettbewerb organisieren? Dezember 1917, Werke Bd. 26, S. 409ff

den Kommunisten ohne Ausnahme erschießen, der ihnen in die Hände fällt ... (91)«[93]

Erklärenswert ist allerdings, warum sich der Terror, dem inzwischen seitens der Bolschewiki offen das Wort geredet wurde, nicht nur gegen die »direkten« Bürgerkriegsgegner richtete, sondern gegen *alle*, die sich als »Überbleibsel der Unorganisiertheit, Unsolidarität, des Individualismus, der Zukunftsbeschränkung, der Laster der kapitalistischen Gesellschaft in dem Verkennen der allgemeinen proletarischen Aufgaben«[94] der »Diktatur des Proletariats« entgegenstellten. Für Lenin war die Sache eindeutig: »Wer die eiserne Disziplin der Partei des Proletariats (besonders während seiner Diktatur) auch nur im geringsten schwächt, der hilft faktisch der Bourgeoisie gegen das Proletariat.«[95] Gemäß dem bolschewistischen Konzept der Unterordnung der niederen Parteiorgane und der »Arbeitermassen« unter die Zentralgewalt der kommunistischen Partei und ihres Zentralkomitees wurde so im »Interesse der Arbeiterklasse« die Kategorie des Klassenfeindes zunehmend auf *jegliche* Kritiker der offiziellen Parteilinie ausgeweitet. »Wir fürchten eine übermäßige Ausdehnung der Partei, denn in eine Regierungspartei versuchen sich unvermeidlich Karrieristen und Gauner einzuschleichen, die nur verdienen, erschossen zu werden.«[96] Für die »Avantgarde der Arbeiterklasse« in Form der Parteiführung gab es demgegenüber keinen Zweifel an den bevorstehenden Aufgaben im »Interesse der Arbeiterklas-

---

[93] Leo Trotzki, Terrorismus und Kommunismus (Juni 1920) in: H.-J. Mende, Demokratie oder Diktatur?, Dietz Verlag 1990, S. 54ff

[94] Nikolai Bucharin, Ökonomie der Transformationsperoide (Mai 1920), Rowohlt 1970, S. 156

[95] W. I. Lenin, Der »linke Radikalismus«, die Kinderkrankheit im Kommunismus (Juni 1920), Werke Bd. 31, S. 30

[96] ebenda S. 32

se«: »Die Aufgaben und Forderungen der Sowjetdiktatur, des Arbeiterstaates, ... (müssen) um jeden Preis bewältigt werden.«[97] »Die revolutionäre Herrschaft des Proletariats hat im Proletariat selbst die politische Herrschaft einer Partei mit klarem Aktionsprogramm und unverletzlicher innerer Disziplin. (100) ... Die Diktatur des Proletariats bedeutet ihrem innersten Wesen nach die unmittelbare Herrschaft des revolutionären Vortrupps, der sich auf die schweren Massen stützt und erforderlichenfalls das zurückbleibende Ende zwingt, sich nach der Spitze zu richten. Das gilt auch für die Gewerkschaften. ... Sie drücken nicht nur die Interessen der Industriearbeiter, sondern auch die Interessen der Industrie selbst aus. (103) ... der im Bau befindliche sozialistische Staat braucht die Gewerkschaften nicht zum Kampf um bessere Arbeitsbedingungen - das ist die Aufgabe der gesamten gesellschaftlichen und staatlichen Organisation -, sondern um die Arbeiterklasse zu Produktionszwecken zu organisieren, zu erziehen, zu disziplinieren, ... mit einem Wort, Hand in Hand mit dem Staat die Werktätigen gebieterisch dem Rahmen des wirtschaftlichen Einheitsplanes einzufügen. (131)«[98] Gegen breite Kreise der Arbeiterklasse, »die vom Kapitalismus vollkommen korrumpiert sind, mit einem Maximum enger egoistischer Triebe«[99], erschien in diesem Sinne selbst die Militarisierung der Arbeit als ein im Sinne der Arbeiterklasse angemessenes Mittel. »Das Prinzip der Arbeitspflicht ist für den Kommunismus vollkommen unstreitig ... Die Durchführung der Arbeitspflicht ist undenkbar ohne Anwendung der Methoden der Militarisierung der Arbeit .«[100]

---

97 Nikolai Bucharin, Ökonomie der Transformationsperiode (Mai 1920), Rowohlt 1970, S. 156

98 Leo Trotzki, Terrorismus und Kommunismus, a.a.O. S. 100ff

99 99 Nikolaj Bucharin, Ökonomie der Transformationsperiode (Mai 1920), Rowohlt 1970, S. 154

100 Leo Trotzki, Terrorismus und Kommunismus, a.a.O. S. 124/126

Nachdem beim Aufbau der Roten Armee bereits die Soldatenräte entmachtet wurden, richtete sich die von Trotzki geforderte Militarisierung der Arbeit nun im wachsenden Maße gegen die Arbeiterräte.[101] »Auf militärischem Gebiet haben wir einen entsprechenden Apparat, der in Aktion gesetzt wird, um die Soldaten zur Erfüllung ihrer Pflichten zu zwingen. Dies muss in der einen oder anderen Form auch auf dem Arbeitsgebiet geschehen. ... Diese Militarisierung ist nicht denkbar ohne die Militarisierung der Gewerkschaftsverbände als solche, ohne Fortsetzung eines solchen Regimes, bei dem jeder Arbeiter sich als Soldat der Arbeit fühlt, der nicht frei über sich verfügen kann; wenn die Order erteilt ist, ihn an einen anderen Ort zu versetzen, muss er diese Order ausführen; führt er sie nicht aus, so ist er ein Deserteur und muss bestraft werden.«[102] Nicolai Bucharin, der »Liebling der Partei« und deren angesehener theoretischer Kopf brachte den »Selbstzwang ..., den die Arbeiterklasse, als Klasse für sich, für alle ihre Teile einführt,«[103] folgendermaßen auf den Punkt: »Von einem breiteren Standpunkt aus, d. h. vom Standpunkt eines dem Umfange nach größeren historischen Maßstabes, bildet der proletarische Zwang in allen seinen Formen, angefangen mit Erschießungen bis zur Arbeitspflicht, eine, so paradox dies auch klingen mag, Methode der Bildung einer neuen, kommu-

---

[101] »Schon vor dem Mai-Kongress 1918 der Volkswirtschaftsräte hatten die Bolschewiki gefordert, dass der Betriebsleiter vollkommene Kompetenz, der Betriebsrat aber nur noch beratene Stimme haben sollte. Dieser Grundsatz ... musste aber damals noch unter dem Druck der "syndikalistischen" und "anarchistischen" Arbeiter zunächst aufgegeben werden.« Willy Huhn, Trotzki – der gescheiterte Stalin, Karin Kramer Verlag Berlin 1973, S. 110

[102] L. Trotzki, Über die Aufgaben des gegenwärtigen Aufbaus. Rede auf dem IX. Kongress der Kommunistischen Partei Russlands (April 1920), in: Die russische Arbeiteropposition, Rowohlt 1972, S. 104f

[103] Nikolai Bucharin, Ökonomie der Transformationsperiode (Mai 1920), Rowohlt 1970, S. 155

nistischen Menschheit aus dem Menschenmaterial der kapitalistischen Epoche.«[104]

Natürlich hielten sich auch Lenin und seine Genossen in der Parteizentrale nicht für unfehlbar. Die Vorstellung der Diktatur des Proletariats unter der führenden Rolle der Partei ging vielmehr von einer lebendigen Wechselwirkung zwischen dem Willen der Mitglieder und dem der Parteiführung aus. Das bewusste Sich-unterordnen der in ihrer Gesamtpersönlichkeit herangezogenen Parteimitglieder unter den Gesamtwillen der Partei sollte die Mitglieder geradezu zwingen, ihre Erfahrungen, Bedenken und Kritik gegenüber der Leitung unmittelbar zur Geltung zu bringen und damit den Gefahren der Erstarrung, des Bürokratismus, der Korruption usw. entgegenzuwirken.[105] Beseelt von dieser dialektischen Auflösung des Widerspruchs einer lebendigen Wechselwirkung zwischen dem selbstbewussten Willen der Parteimitglieder und ihrer Disziplin gegenüber der Parteiführung schrieben Lenin, Trotzki und Bucharin Mitte 1920, gegen Ende des erfolgreich geführten Bürgerkrieges: »Das Verhältnis zwischen Führer, Partei, Klasse und Masse und damit zugleich das Verhältnis der Diktatur des Proletariats und seiner Partei zu den Gewerkschaften hat bei uns jetzt konkret folgende Form angenommen: Die Diktatur wird durch das in den Sowjets organisierte Proletariat verwirklicht, dessen Führer die Kommunistische Partei der Bolschewiki ist ...«[106] »Die Diktatur des Proletariats kommt in der Aufhebung des Privateigentums über die Produktionsmit-

---

104 Nikolaj Bucharin, Ökonomie der Transformationsperoide (Mai 1920), Rowohlt 1970, S. 157

105 Vgl. hierzu: Georg Lukacs, Methodisches zur Organisationsfrage, in: Geschichte und Klassenbewußtsein, Luchterhand 9. Aufl. 1986, S. 509

106 W. I. Lenin, Der »linke Radikalismus«, die Kinderkrankheit im Kommunismus (Juni 1920), Werke Bd. 31, S. 32

tel, in der Herrschaft des Kollektivwillens der Werktätigen über den ganzen Sowjetmechanismus, zum Ausdruck, keinesfalls aber in der Form der Verwaltung der einzelnen Wirtschaftsunternehmen.«[107] »Das Prinzip der weitgehenden Wählbarkeit von unten herauf (gewöhnlich sogar durch die Arbeiter nach Fabriken) wird ersetzt durch das Prinzip der sorgfältigen *Auslese* in Abhängigkeit von dem technischen und administrativen Personal, der Kompetenz und der Zuverlässigkeit der Kandidaten. An die Spitze der Betriebsverwaltungen treten verantwortliche Personen - Arbeiter oder Fachleute. Aber sie werden gewählt und eingesetzt von den Wirtschaftsorganen der *proletarischen* Diktatur.«[108]

Wie diese *Auslese* wenige Jahre nach der Oktoberrevolution in der Praxis aussah, schilderte u.a. Augustin Souchy, der – wie viele linke Aktivisten – begeistert von der sozialistischen Revolution die Sowjetunion besuchte und enttäuscht zurückkehrte: »Die Arbeiter in einer Moskauer Munitionsfabrik, deren Namen ich vergaß, wählten als ihren Vertreter in den Moskauer Sowjet den Anarchisten Gordin. Dies war in den ersten Monaten des Jahres 1920. Gordins Wahl wurde von den Bolschewiki nicht anerkannt und für diese Fabrik neue Wahlen ausgeschrieben. Er wurde wieder gewählt. Da seine Wähler, sowie er selbst, auf der Wahl bestanden, wurde er arrestiert und war zwei Monate im Gefängnis als "Demagoge". Diese Bezeichnungen hat man schnell bei der Hand. Die Arbeiter dieser Fabrik aber hatten keinen anderen Rat gewählt und blieben während dieser Legislaturperiode ohne

107 Leo Trotzki, Terrorismus und Kommunismus, a.a.O. S. 148f
108 Nikolaj Bucharin, Ökonomie der Transformationsperoide (Mai 1920), Rowohlt 1970, S. 128

Vertretung im Moskauer Sowjet.«[109] Auch Rosa Luxemburg warnte bereits ein Jahr nach der Oktoberevolution angesichts der sich mehrenden Anzeichen für eine zunehmende Differenz zwischen Parteiführung und Bevölkerung eindringlich vor den aufziehenden Gefahren für den Erfolg der russischen Revolution. »Lenin und Trotzki haben an Stelle der aus allgemeinen Volkswahlen hervorgegangenen Vertretungskörperschaften die Sowjets als die einzige wahre Vertretung der arbeitenden Massen hingestellt. Aber mit dem Erdrücken des politischen Lebens im ganzen Lande muss auch das Leben in den Sowjets immer mehr erlahmen. ... Der Grundfehler der Lenin-Trotzkischen Theorie ist eben der, dass sie die Diktatur ... der Demokratie entgegenstellen. ... Sozialistische Demokratie beginnt aber nicht erst im gelobten Lande, wenn der Unterbau der sozialistischen Wirtschaft geschaffen ist, als fertiges Weihnachtsgeschenk für das brave Volk, das inzwischen treu die Handvoll sozialistischer Diktatoren unterstützt hat. Sozialistische Demokratie beginnt zugleich mit dem Abbau der Klassenherrschaft und dem Aufbau des Sozialismus. Sie beginnt mit dem Moment der Machteroberung durch die sozialistische Partei. Sie ist nichts anderes als die Diktatur des Proletariats. ... Jawohl: Diktatur! Aber diese Diktatur besteht in der Art der Verwendung der Demokratie, nicht in ihrer Abschaffung, in energischen, entschlossenen Eingriffen in die wohlerworbenen Rechte und wirtschaftlichen Verhältnisse der bürgerlichen Gesellschaft, ohne welche sich die sozialistische Umwälzung nicht verwirklichen lässt. Aber diese Diktatur muss das Werk der Klasse, und nicht einer kleinen, führenden Minderheit im Namen der Klasse sein, d. h. sie muss auf Schritt und Tritt aus der ak-

---

109 Augustin Souchy, Reise nach Russland 1920, Verlag europäische Ideen 1979, S. 93

tiven Teilnahme der Massen hervorgehen, unter ihrer unmittelbaren Beeinflussung stehen, der Kontrolle der gesamten Öffentlichkeit unterstehen, aus der wachsenden politischen Schulung der Volksmassen hervorgehen.«[110]

Gegen die sich häufenden Fälle, in denen die »Diktatur des Proletariats« den Willen der breiten arbeitenden Bevölkerung erdrosselte und vermeintliche Klassenfeinde gewaltsam kaltstellte, regte sich, wie theoretisch gewünscht, auch innerhalb der kommunistischen Partei von verschiedenen Seiten Widerstand. Neben der *Gruppe des demokratischen Zentralismus (Dezisten)*, die sich gegen die führende Rolle der Partei in den Sowjets und in den Gewerkschaften sowie gegen die Militarisierung der Arbeit aussprach und zugleich Freiheit für Fraktionen in der Partei forderte, bekam die sogenannte *Arbeiteropposition* landesweit verstärkten Zuspruch für ihre gegen die »Diktatur des Proletariats« gerichtete Forderung, die gemeinsame Arbeit so zu »organisieren, dass sie jetzt auf die unmittelbare Beteiligung der Arbeitermassen an der Leitung der Wirtschaft unseres Landes gerichtet ist.«[111] Ihre 1921 auf dem X. Parteitag vorgelegten Thesen geben ein gutes Bild für die dramatische Situation, in der sich die Revolution zu diesem Zeitpunkt befand: »Merkt wohl auf, Genossen! ... Das Wesen des Streits dreht sich darum, ob wir den Kommunismus mit Hilfe der Arbeiter verwirklichen werden, oder über ihre Köpfe hinweg vermittels der Sowjetbeamten. ... Man darf die unbestreitbare Tatsache nicht vergessen, dass das Wirtschaftssystem nicht durch die einzelnen genia-

110 Rosa Luxemburg, Zur russischen Revolution IV, in: Rosa Luxemburg und die Freiheit der Andersdenkenden, Dietz Verlag 1990, S. 157f
111 Die Thesen der Arbeiteropposition zum X. Parteitag (März 1921), in: Die Russische Arbeiteropposition, Rowohlt 1972, S. 124

len Menschen verändert wird, sondern durch die *Bedürfnisse der Klasse.* ... "Die Arbeiterverbände müssen von der gegenwärtigen passiven Mitwirkung zur aktiven und individuellen Teilnahme in der Verwaltung der ganzen Volkswirtschaft übergehen." ... Auf der Schwelle zum Kommunismus ist es die größte Aufgabe der Arbeiterklasse, neue Antriebe zur Arbeit zu finden. Einzig und allein die Arbeiterklasse selbst, in den Kollektiven verkörpert, kann die Aufgabe lösen. ... die Verwaltung der Volkswirtschaft muss von dem allrussischen Kongress der Produzierenden, die sich in Verbänden nach Berufen oder Industriezweigen zusammenschließen, organisiert werden. Diese wählen ein Zentralorgan, das die ganze Wirtschaft der Republik verwaltet. ... Die Arbeiteropposition glaubt an die schöpferische Kraft ihrer Klasse, der Klasse der Arbeiter. Aus diesem Grundsatz entwickelt sich folgerichtig ihr ganzes Programm. Aber gerade bei diesem Punkte beginnt das Auseinandergehen der Arbeiteropposition mit unseren leitenden Parteispitzen. *Das Misstrauen gegen die Arbeiterklasse* (natürlich nicht im politischen, sondern im wirtschaftlichen, schöpferischen Gebiete) bildet den ganzen Inhalt der Thesen, die von unseren leitenden Spitzen unterschrieben worden sind. Die Parteispitzen glauben nicht daran, dass die schwieligen Hände der technisch schlecht geschulten Arbeiter die Konturen der Wirtschaftsformen schaffen können, aus denen sich mit der Zeit ein einheitliches System der kommunistischen Produktion entwickeln wird. Es scheint den Genossen Lenin, Trotzki, Sinowjew und Bucharin, dass die Produktion etwas so "Ausgeklügeltes" sei, dass man ohne "Anleitung" nicht auskommen könne; zuerst müssen die Arbeiter "erzogen und gelehrt" werden und dann, wenn sie reifer geworden sind, kann man die

Lehrer aus dem Obersten Volkswirtschaftsrat entfernen und den Produktionsgemeinschaften erlauben, die Verwaltung der Wirtschaft zu übernehmen. ... Bürokratismus oder Selbsttätigkeit der Massen? ... Welches Verwaltungssystem des Arbeiterstaates sichert der Klasse im Augenblick der Schaffung der wirtschaftlichen Basis des Kommunismus für ihre schöpferische Tätigkeit einen größeren Spielraum: – das System der bürokratischen Staatsorgane oder das System der umfassenden praktischen Selbsttätigkeit der Arbeitermasse? ... Jedes Kind in Sowjetrussland weiß, dass eine ganz bestimmte Aufgabe vor uns steht, nämlich die Heranziehung der breiten Arbeiter- und Bauernmassen und der übrigen Werktätigen zum Aufbau der Wirtschaft und des Lebens des Staates der Werktätigen. Mit anderen Worten, es muss die *Initiative, die Selbsttätigkeit der Massen geweckt werden.* Aber was wird getan, um die Selbsttätigkeit zu erleichtern und zu beleben? Gar nichts, vielmehr das Gegenteil ... Der Bürokratismus ist direkt eine Verneinung der Selbsttätigkeit der Massen. ... Nicht nur die Initiative der unparteiischen Massen ist eingeschränkt worden (das wäre noch verständlich und eine logische Folge der gespannten Verhältnisse während des Bürgerkrieges), sondern auch die Initiative der Parteimitglieder ist bis aufs äußerste begrenzt. Jede selbsttätige Initiative, jeder neue Gedanke, der nicht durch die Zensur der leitenden Parteizentrale durchgegangen ist, wird als eine "Ketzerei" betrachtet, als ein Verstoß gegen die Parteidisziplin ... Das Wesen des Bürokratismus, seine Schädlichkeit, besteht nicht nur in der bürokratischen Verschleppung, wie uns diejenigen Genossen, die den ganzen Streit in das Gebiet der "Belebung des Sowjetapparates" verlegen, überzeugen wollen, sondern in der Entscheidung aller Fragen, nicht mit Hilfe eines Meinungsaustausches und einer lebendigen, unmittelbaren Initiative der Interessenten, sondern auf dem Wege einer formalen Entscheidung der Frage "von oben", von einer Person oder von sehr begrenzten Kollegien, in denen die Interessenten meist gar nicht anwesend sind. Irgendeine dritte Person entscheidet Euer Schicksal - das ist das Wesen des Bürokratismus. ... Die Angst vor der Kritik und der Freiheit des Denkens, die mit dem bürokratischen System verflochten ist, wird manchmal zur Karikatur. Aber welche Selbsttätigkeit kann denn ohne Meinungs- und Gedankenfreiheit bestehen! Die Selbsttätigkeit äußert sich ja nicht nur in einer bestimmten Initiative, in der Arbeit und in der Handlungsweise, sondern weit mehr in der selbständigen Gedankenarbeit. Wir fürchten die Selbsttätigkeit der Massen. Wir haben Angst, der Masse freien Spielraum für ihren Schöpfungsgeist zu geben. Wir fürchten die Kritik. Wir haben kein Zutrauen mehr zu den Massen. Da *nämlich liegt der Ursprung zu unserem Bürokratismus*. Und daher meint die Arbeiteropposition, dass der Bürokratismus unser Feind, unsere Geißel ist und auch die größte Gefahr für die Lebensfähigkeit unserer Kommunistischen Partei darstellt. Um den Bürokratismus, der sich in unseren Sowjetinstitutionen eingenistet hat, zu vernichten, muss vor allem der Bürokratismus innerhalb der Partei selbst überwunden werden. Hierin besteht nämlich der Kampf mit dem "System". Sobald die Partei die Selbsttätigkeit der Massen als Grundlage unserer Verwaltung nicht nur theoretisch, nicht nur mit Worten, sondern auch praktisch anerkennen wird, werden sich die Sowjetapparate von selber durch die Logik des Geschehens in lebendige Organe verwandeln, ... denn wir wissen besser als die "Herren in den Zentralverwaltungen", wo der Schuh drückt ... Der einfache Arbeiter beobachtet. Er sieht, dass bis jetzt die Fragen der Hygiene und des Sanitätswesens, der Verbesserung der Arbeitsbedingungen in den Werkstätten und der Gesundheitszustand der Arbeiter und Arbeiterinnen, mit anderen Worten, die ganze Organisation des Lebens und der Arbeitsbedingungen in unserer Politik an letzter Stelle stehen. ... Die Arbeiteropposition zusammen mit einer Gruppe verantwortlicher Funktionäre von Moskau verlangt im Namen der Gesundung der Partei die Vernichtung des schädlichen Bürokratismus innerhalb der Partei - die Durchführung demokratischer Prinzipien nicht nur in einer Atempause, sondern auch im Falle einer Verschärfung der inneren und äußeren Lage. Das ist die erste Grundbedingung einer Gesundung der Partei, einer Rückkehr zu den Grundsätzen ihres eigenen Programms, von dem sie unter dem Druck fremder Elemente in der Praxis immer mehr abweicht. ... Die Ernennung bestimmter Personen darf nur als Ausnahme zugelassen werden; bei uns ist sie aber zur "Regel" geworden. Das System der Ernennung, dies für den Bürokratismus charakteristische Merkmal, ist zu einer allgemein anerkannten, gesetzlichen Erscheinung geworden. Es löst in der Partei eine ungesunde Atmosphäre aus, da es das Verhältnis der Gleichheit und Brüderlichkeit erstickt; es nährt den Karrierismus und gibt der Protektion, den "guten Beziehungen" und anderen schädlichen Erscheinungen unserer Partei- und Sowjetpraxis Raum und Boden. Das Prinzip der Ernennung stumpft das Verantwortungsgefühl vor den Massen in derjenigen Person ab, die von "oben" eingesetzt wird; es vertieft die Kluft zwischen oben und unten. Der von oben Ernannte kann faktisch nicht von oben kontrolliert werden, denn die Spitzen sind nicht imstande, seine Tätigkeit zu verfolgen, und auf der anderen Seite haben die unteren Schichten nicht die Möglichkeit, den Betreffenden zur Ordnung zu rufen oder abzusetzen. Um die von oben ernannten Personen entsteht gewöhnlich eine Atmosphäre von Obrigkeitsdenken, Unterwürfigkeit und Einschmeichelei, die die Mitarbeiter ansteckt und die Partei diskreditiert. ... Der Parteitag - und das bedeutet die Partei - wird gezwungen sein, mit dem Standpunkte der Arbeiteropposition zu rechnen, und wenn er nicht mit ihr Kompromisse schließt, so wird er jedenfalls unter ihrem Druck und Einfluss eine Reihe von Konzessionen machen. ... Nicht vergeblich wird der Arbeiter aus der Masse überzeugt und versöhnend sagen: "Iljitsch (Lenin) wird denken und überdenken, auf uns hören und das Parteisteuer zur Opposition richten. Iljitsch wird dennoch mit uns sein."«[112]

Der Glaube an Iljitsch wurde bitter enttäuscht. Lenin sah in den Thesen der Arbeiteropposition weniger einen konstruktiven Ansatz als eine Gefahr für die »Willenseinheit der Avantgarde des Proletariats, als der Grundlage für den Erfolg der Diktatur des Proletariats.«[113] In seiner Antwort auf die Thesen erklärte er: »In den letzten Monaten ist in den Reihen der Partei deutlich eine syndikalistische und anarchistische Abweichung zutage getreten, welche die entschiedensten Maßnahmen auf dem Gebiet des ideologischen Kampfes sowie der Reinigung und Gesundung der Partei erfordert.«[114]

---

[112] A. Kollontai, Die Arbeiteropposition in Russland, in: Die Russische Arbeiteropposition, Rowohlt 1972, S. 147/150ff/166ff

[113] W. I. Lenin, Ursprünglicher Entwurf der Resolution des X. Parteitags der KPR über die Einheit der Partei, Werke Bd. 32, S. 246

[114] W. I. Lenin, Ursprünglicher Entwurf der Resolution des X. Parteitags der KPR über die syndikalistische und anarchistische Abweichung in unserer Partei, März 1921, Werke Bd. 32, S. 253

»Was die syndikalistische Abweichung betrifft, so braucht man nur ein paar Worte zu Schljapnikow zu sagen, der behauptet, dass der "Gesamtrussische Kongress der Produzenten" - wie es buchstäblich schwarz auf weiß in ihrer Plattform geschrieben steht und von der Kollontai bestätigt wird - mit Berufung auf Engels verteidigt werden könne. Das ist lächerlich. Engels spricht von der kommunistischen Gesellschaft. Dort wird es keine Klassen mehr geben, dort wird es Produzenten geben. Gibt es aber jetzt bei uns Klassen? Jawohl. Gibt es jetzt bei uns einen Klassenkampf? Den allerwütendsten! Und wenn man im Augenblick des wütendsten Klassenkampfes kommt und sagt: "Gesamtrussischer Kongress der Produzenten" - was ist das anderes als eine syndikalistische Abweichung, die man entschieden und ein für allemal verurteilen muss?«[115] »Sehen Sie, hier hat man erklärt, ein "Gesamtrussischer Kongress der Produzenten" solle die Produktion leiten. Es fällt mir schwer, noch Worte zu finden, um diesen Blödsinn zu kennzeichnen, aber ich tröste mich damit, dass hier alle Parteifunktionäre zugleich auch Sowjetfunktionäre sind, die bereits ein, zwei, drei Jahre revolutionäre Arbeit leisten. Vor ihnen lohnt es gar nicht, das zu kritisieren. Sie schließen deshalb auch die Debatte, wenn sie solche Reden hören, weil es langweilig, unernst ist, von einem "Gesamtrussischen Kongress der Produzenten" zu reden, der die Volkswirtschaft leitet.«[116] »Ein "Gesamtrussischer Kongress der Produzenten" - was ist das? Werden wir mit derartigen Oppositionen in der Partei noch Zeit verlieren? Mir scheint, es ist genug darüber diskutiert worden! Alle diese Betrachtungen über Freiheit des Wortes und Freiheit der

---

115 W. I. Lenin, Rede über die Gewerkschaften 14. März 1921, Werke Bd. 32, S. 214

116 W. I. Lenin, Schlusswort zum Bericht des ZK der KPR(B), X. Parteitag, 9. März 1921, Werke Bd. 32, S. 203

Kritik, von denen es in dieser Broschüre nur so wimmelt und die in allen Reden der "Arbeiteropposition" durchklingen, bilden neun Zehntel des Sinnes der Reden, die keinen besonderen Sinn haben - alles das sind Worte von gleichem Kaliber. Man soll doch, Genossen, nicht nur über Worte reden, sondern auch über ihren Inhalt. Mit Worten wie "Freiheit der Kritik" wird man uns nicht hinters Licht führen. Als man uns sagte, dass in der Partei Anzeichen einer Krankheit vorhanden sind, da erklärten wir, dass dieser Hinweis dreifache Aufmerksamkeit verdient: kein Zweifel, diese Krankheit gibt es. Helfen Sie, diese Krankheit zu kurieren. Sagen Sie doch, wie Sie sie kurieren können. Wir haben durch die Diskussion ziemlich viel Zeit verloren, und ich muss sagen, dass es jetzt viel besser ist, "mit Gewehren zu diskutieren" als mit Thesen, wie sie von der Opposition aufgetischt werden. Wir brauchen jetzt keine Opposition, Genossen, es ist nicht die Zeit danach! Entweder hier oder dort mit dem Gewehr, aber nicht mit einer Opposition. Das ergibt sich aus der objektiven Lage, ob es Ihnen passt oder nicht. Wir brauchen jetzt keine Opposition, Genossen! Und ich denke, der Parteitag wird diese Schlussfolgerung ziehen müssen, er wird die Schlussfolgerung ziehen müssen, dass es jetzt mit der Opposition zu Ende sein, ein für allemal aus sein muss, dass wir jetzt der Oppositionen müde sind! (Beifall.)«[117] Und wir müssen auf dem Parteitag unumwunden sagen: Diskussionen über Abweichungen werden wir nicht dulden, wir müssen diesbezüglich einen Schlusspunkt setzen. Das kann und muss der Parteitag tun, er muss daraus die notwendige Lehre ziehen und das dem politischen Bericht des ZK hinzufügen, es bekräftigen, verankern und zu einer Verpflichtung, zu einem Gesetz für die Partei erheben. Die Diskussions-

---

117 W. I. Lenin, Schlusswort zum Bericht des ZK der KPR(B), X. Parteitag, 9. März 1921, Werke Bd. 32, S. 200

sucht wird im höchsten Grade gefährlich, sie wird zu einer direkten Bedrohung der Diktatur des Proletariats.«[118]

Der X. Parteitag lehnte die Thesen der Arbeiteropposition entsprechend Lenins Antrag ab, erklärte »die Propaganda dieser Ideen für unvereinbar mit der Zugehörigkeit zur KPR«[119] und beschloss zugleich das Fraktionsverbot, womit ab sofort derartige Meinungsäußerungen selbst innerhalb der Partei in abgestimmter Form nicht mehr erlaubt waren. Die auch für Lenin »unbedingt notwendige Kritik an den Mängeln der Partei« durfte von nun an »auf keinen Fall vorher in Gruppen erörtert werden, die sich auf Grund irgendeiner "Plattform" bilden«, sondern sollte ausschließlich »an die örtlichen und zentralen Organe der Partei zur Erörterung und Entscheidung weitergeleitet« werden.[120] Parallel zu dem Beschluss, »die Abweichung in der Richtung zum Syndikalismus und Anarchismus« sowie darüber hinaus »jegliche Fraktionsbildung völlig auszumerzen«, wurde zwar ausdrücklich erklärt, dass hinsichtlich der Bekämpfung des Bürokratismus, der Entfaltung des Demokratismus und der Initiative der Arbeiter »alle wie immer gearteten sachlichen Vorschläge mit der größten Aufmerksamkeit geprüft und in der praktischen Arbeit erprobt werden müssen.«[121] Da aber zugleich mit dem beschlossenen Fraktionsverbot von nun an nur noch Kritik als individuelle Meinung parteikonform war, d. h. jeglicher Versuch, der Kritik zur Durchsetzung zu

---

118 W. I. Lenin, Bericht über die politische Tätigkeit des ZK der KPR(B), X. Parteitag, 8. März 1921, Werke Bd. 32, S. 177
119 W. I. Lenin, Ursprünglicher Entwurf der Resolution des X. Parteitags der KPR über die Einheit der Partei, Werke Bd. 32, S. 252

120 W. I. Lenin, Ursprünglicher Entwurf der Resolution des X. Parteitags der KPR über die Einheit der Partei, Werke Bd. 32, S. 247
121 ebenda S. 247f

verhelfen unter dem Stichwort »unsachliche fraktionelle Scheinkritik« als feindlicher Akt gegenüber der Partei gewertet wurde, war der Kampf der Arbeiteropposition gegen Bürokratismus und Karrierismus *innerhalb der bolschewistischen Partei* entscheidend geschwächt. Ein Jahr später, auf dem XI. Parteitag, konnte Lenin zufrieden verkünden: »Und hinsichtlich dieses Jahres kann das ZK mit vollem Recht sagen, dass die Partei zu diesem Parteitag weniger fraktionell gespalten und mehr geeint gekommen ist als im vorigen Jahr. Ich möchte nicht prahlen, dass alles Fraktionelle aus unserer Partei verschwunden ist. Aber dieser Fraktionsgeist ist geringer geworden, das ist eine ganz unbestreitbare, bereits bewiesene Tatsache. Sie wissen, dass die "Arbeiteropposition" nur noch ein Bruchstück der einstigen Gruppe ist.«[122]

Wie mit Ideen und Losungen entsprechend der Arbeiteropposition *außerhalb der bolschewistischen Partei* umzugehen ist, demonstrierte Lenin bereits parallel zum X. Parteitag am Kronstädter Matrosenaufstand, der unter dem Motto: »Alle Macht den Sowjets - Keine Macht der Partei« organisierte wurde: »Ich kenne noch nicht die letzten Neuigkeiten aus Kronstadt, aber ich zweifle nicht, dass dieser Aufstand, der rasch die uns bekannten Figuren weißgardistischer Generale ans Tageslicht gebracht hat, in den allernächsten Tagen, wenn nicht gar in den allernächsten Stunden, liquidiert sein wird.« [123] Die Niederschlagung des Kronstädter Matrosenaufstandes – von dem Lenin abseits seiner Propaganda selbst sagte: »Ich behaupte, dass zwischen den Ideen und Losungen dieser kleinbürgerlichen, anar-

---

122 W. I. Lenin, Schlusswort zum politischen Bericht des ZK der KPR (B), 28. März 1922, Werke Bd. 33, S. 309

123 W. I. Lenin, Bericht über die politische Tätigkeit des ZK der KPR(B), X. Parteitag, 8. März 1921, Werke Bd. 32, S. 182

chistischen Konterrevolution und den Losungen der "Arbeiter-opposition" ein Zusammenhang besteht«[124] – bedeutete parallel zum innerparteilichen Fraktionsverbot einen tiefen Einschnitt in die weitere Entwicklung der Sowjetunion. Sie zeigte, dass die bolschewistische Partei als »Avantgarde des Proletariats« auch nach der Besitzergreifung der Produktionsmittel den Aufbau der sozialistischen Gesellschaft *getrennt* von der politischen Form der Arbeiterräte als exklusive Angelegenheit der Partei *im Namen des Volkes* durchzuführen gedachte. Von der Notwendigkeit, sich gegen die eigenen Abgeordneten und Beamten zu sichern, indem die Gesellschaftsmitglieder diese, ohne alle Ausnahme, für jederzeit absetzbar erklärten, war von nun an keine Rede mehr. Lenin und Trotzki unterzeichneten vielmehr gemeinsam am 2. März 1921 den Erlass, nach dem die Kronstädter Bewegung als Meuterei gegen die kommunistischen Behörden bezeichnet und damit der Liquidierung durch die Rote Armee preisgegeben wurde. Ein am 5. März von Emma Goldman und Alexander Bergman vorgelegter Kompromissvorschlag wurde seitens der Bolschewiki nicht einmal einer Antwort wert befunden. Ihr Vorschlag lautete: »Weißgardistische Banden wünschen diese Unzufriedenheit für ihre eigenen Klasseninteressen auszubeuten und mögen Versuche dazu machen. Sich hinter den Arbeitern und Matrosen verbergend, werfen sie Schlagwörter aus von der Konstituierenden Versammlung, von Handelsfreiheit und ähnlichen Forderungen. Wir Anarchisten haben längst die Lüge dieser Schlagwörter enthüllt, und wir erklären vor der ganzen Welt, dass wir mit den Waffen gegen jeden ge-

[124] W. I. Lenin, Schlusswort zum Bericht des ZK der KPR(B), X. Parteitag, 9. März 1921, Werke Bd. 32, S. 194

genrevolutionären Versuch kämpfen werden, zusammenwirkend mit allen Freunden der Sozialen Revolution und Hand in Hand mit den Bolschewiken. Was den Konflikt zwischen der Sowjetregierung und den Arbeitern und Matrosen betrifft, sind wir der Ansicht, dass er nicht durch Waffengewalt, sondern durch einen kameradschaftlichen, brüderlichen revolutionären Vergleich beigelegt werden muss ... der Gebrauch von Gewalt durch die Arbeiter- und Bauernregierung gegen Arbeiter und Matrosen wird eine reaktionäre Wirkung auf die internationale revolutionäre Bewegung ausüben und wird überall der Sozialen Revolution unberechenbaren Schaden zufügen. Genossen Bolschewiken, überlegt wohl, bevor es zu spät ist! Spielt nicht mit dem Feuer: ihr seid im Begriff, einen sehr ernsten und entscheidenden Schritt zu tun. Wir unterbreiten euch hiermit den folgenden Vorschlag: Eine Kommission möge gewählt werden, die aus fünf Personen besteht, darunter zwei Anarchisten. Diese Kommission soll nach Kronstadt gehen, um den Streit auf friedlichem Wege beizulegen. In der gegebenen Lage ist dies die radikalste Methode. Sie wird von internationaler revolutionärer Bedeutung sein.«[125]

Am 8. März, nachdem ein Tag zuvor die ersten Schüsse gefallen waren, schrieben die Kronstädter in der letzten Nummer ihrer Zeitung Izvestia: »Knietief im Blut der Arbeiter stehend eröffnete Marschall Trotzki zuerst das Feuer gegen das revolutionäre Kronstadt, das sich gegen die Autokratie der Kommunisten er-

---

125 Petrograd, 5. März 1921, Alexander Berkman, Emma Goldman, Perkus, Petrowsky, zitiert nach Alexander Berkman, Die Kronstadt Rebellion, Verlag »Der Syndikalist« 1923, S. 24

hoben hat, um die wahre Macht der Sowjets zu begründen.«[126] »... es gibt kein Stehenbleiben auf halbem Wege! Das rote Kronstadt, der Schrecken der Konterrevolution von links und rechts, hat das Beispiel gegeben. Hier wurde der große Vorstoß der Revolution zur Tat. Hier wurde die Fahne der Revolte gegen die Tyrannei der letzten drei Jahre gehisst, gegen die Unterdrückung der kommunistischen Autokratie, die drei Jahrhunderte monarchistisches Joch verblassen ließ. Hier in Kronstadt wurde der Grundstein zur Dritten Revolution gelegt, die die letzten Ketten des Arbeiters zerbrechen und ihm den neuen und breiten Weg des sozialistischen Aufbaues eröffnen wird. Diese neue Revolution wird die arbeitenden Massen in Ost und West aufrütteln. Sie wird das Beispiel eines neuen sozialistischen Aufbaues im Gegensatz zum mechanischen und regierungsmäßigen kommunistischen "Aufbau" geben. Die arbeitenden Massen auf der anderen Seite unserer Grenzen werden durch die Tatsachen überzeugt werden, dass alles, was bei uns bis jetzt im Namen der Arbeiter und Bauern geschaffen wurde, kein Sozialismus war. Der erste Schritt in diesem Sinn wurde ohne Schuss, ohne einen einzigen Tropfen Blut gemacht. Die Werktätigen brauchen kein Blut zu vergießen. Sie werden nur dann Blut vergießen, wenn sie sich verteidigen müssen. Trotz aller empörenden Akte der Kommunisten werden wir genügend Selbstbeherrschung haben, sie nur von unserem sozialen Leben zu isolieren, um sie zu hindern, dass sie durch ihre falsche und böswillige Agitation die revolutionäre Tätigkeit schädigen. Die Arbeiter und Bauern gehen unaufhaltsam voran. Sie lassen hinter sich die Konstituante mit ihrem bürgerlichen

---

126 Alexander Berkman, Die Kronstadt Rebellion, S. 25f

Regime und die kommunistische Parteidiktatur mit ihrer Tscheka und ihrem Staatskapitalismus, der die Schlinge um den Hals der Arbeiter warf und sie zu erwürgen drohte. Die nunmehr vollzogene Änderung gibt den arbeitenden Massen endlich die Möglichkeit, frei gewählte Räte zu verwirklichen, die ohne gewaltsamen Druck einer Partei funktionieren. Diese Änderung wird ihnen auch die Möglichkeit geben, die verstaatlichten Gewerkschaften in freie Organisationen der Arbeiter, Bauern und Intellektuellen zu verwandeln.«[127] »Mögen die Arbeiter der ganzen Welt wissen, dass wir, die Verteidiger der Sowjetmacht, die Eroberungen der Sozialen Revolution bewachen. Wir werden siegen oder unter den Ruinen von Kronstadt untergehen, im Kampf für die gerechte Sache der arbeitenden Massen. Die Arbeiter der Welt werden unsere Richter sein. Das Blut der Unschuldigen wird auf die Häupter der autoritätstrunkenen kommunistischen Fanatiker fallen. Es lebe die Macht der Sowjets!«[128]

»Am 18. März feierten die Bolschewikenregierung und die Russische Kommunistische Partei öffentlich die Erinnerung an die Pariser Kommune von 1871, die von Gallifet und Thiers im Blut der französischen Arbeiter ertränkt wurde. Zur gleichen Zeit feierten sie den "Sieg" über Kronstadt.«[129] Knapp vier Jahre nach der Revolution waren damit die im Zuge der Revolution zum Leben erweck-

---

[127] Wofür wir kämpfen, Leitartikel aus Nr. 6 Iswestija, Kronstadt, vom 8. März 1921, zitiert nach: Günther Hillmann, Selbstkritik des Kommunismus. Texte der Opposition, Rowohlt 1967, S.72f

[128] Alexander Berkman, Die Kronstadt Rebellion, S. 25f
Zu den Forderungen des Kronstädter Matrosenaufstandes siehe: http://de.wikipedia.org/wiki/Kronstädter_Matrosenaufstand

[129] Alexander Berkman, Die Kronstadt Rebellion, S. 28

ten landesweiten Arbeiter- und Bauernräte tot – die laut Lenin »einzig mögliche Form der revolutionären Regierung«[130], die »von der proletarischen Revolution "endlich entdeckte" Form, unter der die ökonomische Befreiung der Arbeit sich vollziehen kann.«[131] »Ausgebrannte Asche waren sie. ... Gibt es einen schwereren Vorwurf als den, dass ... nach vier Jahren proletarischer Herrschaft die übergroße Masse »parteilos« ist? Sind sie wirklich interesselos geworden? Stehen sie gleichgültig und gesenkten Hauptes daneben, wenn um ihr Leben gespielt wird, das sie so oft in die Schanzen geschlagen haben? Sind sie gleichgültig geworden oder scheuen sie es zu sagen, was sie denken? Hüten sie ihre Zunge oder ist ihnen die Revolution zum Ekel geworden, dass sie »parteilos« sind? Ist nicht ein jeder von ihnen ein lebendiger Vorwurf? Wie dem auch sei. Die russische Revolution und ihre führende Partei hat nicht verstanden, diese Massen mit dem Geschick der Revolution zu verknüpfen. Sie stehen beiseite und nicht in der Reihe der Kämpfer. Das öffentliche Leben ist tot. Der Geist der Demokratie, der allein den Odem der Massen bildet, ist gestorben. Eine straff zentralisierte Partei, ein glänzendes Zentralkomitee, eine schlechte Bürokratie schwebt über den Wassern. Drunten aber ist alles wüst und leer.«[132]

---

130 W. I. Lenin, Aprilthesen, Werke Bd. 24, S. 5
131 W. I. Lenin, Staat und Revolution, Werke Bd. 25, S. 445
132 Paul Levi, Einleitung zu »Die Russische Revolution. Eine kritische Würdigung. Aus dem Nachlass von Rosa Luxemburg.« (1922), zitiert nach: Rosa Luxemburg und die Freiheit der Andersdenkenden, Dietz Verlag 1990, S. 227

»REVOLUTION IST KEINE PARTEISACHE.«

V.

ALLE MACHT DEN RÄTEN!

»Der Rätegedanke war die praktische Überwindung der Staatsidee und Machtpolitik in jeder Form und steht als solcher im direkten Gegensatz zu jeder Diktatur, die ja nicht nur das Machtinstrument der besitzenden Klassen, den Staat, aufrechterhalten will, sondern sogar die höchste Machtentfaltung desselben anstrebt. Die Pioniere des Rätesystems erkannten sehr wohl, dass mit der Ausbeutung des Menschen durch den Menschen auch die Beherrschung des Menschen über den Menschen verschwinden müsse. Sie wussten, dass der Staat – diese Verkörperung der organisierten Gewalt der besitzenden Klassen – niemals in ein Befreiungsinstrument für die Arbeiter umgewandelt werden könne. Daher waren sie der Ansicht, dass die Zerstörung des alten Machtapparates die wichtigste Aufgabe der sozialen Revolution sein müsse, um jede neue Form der Ausbeutung unmöglich zu machen.

Man wende uns nicht ein, dass es sich bei der Diktatur des Proletariats um etwas ganz besonderes handle, dass man dieselbe mit keiner anderen Diktatur vergleichen könne, da man es hier mit der Diktatur einer Klasse zu tun habe. Diese sophistische Deutung ist nur ein spitzfindiges Mittel, um Einfaltspinsel über den wahren Charakter der Sache hinwegzutäuschen. So etwas wie die Diktatur einer Klasse ist überhaupt undenkbar, da es sich letzten Endes nur um die Diktatur einer bestimmten Partei handelt, die sich anmaßt, im Namen einer Klasse zu sprechen; ebenso wie die Bourgeoisie noch jede despotische Handlung im Namen des Volkes gerechtfertigt hat.«

Die Sowjets wurden von den Bolschewiken nicht abgeschafft. »Zu stark war durch die vorangegangene bolschewistische Agitation unter der Parole "Alle Macht den Räten" die Idee der Sowjets mit dem Bolschewismus verknüpft worden, zu groß war gleichzeitig das Bedürfnis der Machthaber, ihre Herrschaft durch die Sowjets demokratisch zu legitimieren. Aber durch den Sieg des Bolschewismus wurde zugleich die Räteidee grundlegend verwandelt: aus Organen der proletarischen Selbstverwaltung und Trägern einer radikalen Demokratie wurden die Räte in Russland zu Organen der Massenführung durch die Elite der Partei.«[133] Den Arbeiterräten gegen die Politik der Bolschewiken Geltung zu verschaffen, war nach der Niederschlagung des Kronstädter Aufstandes und nachdem ein Jahr später die Arbeiteropposition auf dem XI. Parteitag offiziell als »illegale Fraktion« verboten worden war, nun nur noch aus der Illegalität möglich. In einem entsprechenden Versuch – dem 1923 auf dem XII. Parteitag verteilten »Manifest der Arbeitergruppe der russischen kommunistischen Partei (B)« – hieß es: »Das Proletariat ist nach der Lösung der militärisch-politischen Aufgaben (Machtergreifung und Unterdrückung des Widerstandes der Ausbeuter) zur Lösung der wichtigsten und schwersten Aufgabe übergegangen: an die wirtschaftliche Frage der Neubildung der alten kapitalistischen Beziehungen in sozialistische. Und nur nach der Lösung dieser letzten Aufgabe kann sich ein Proletariat als Sieger betrachten, sonst wird alles wieder zunichte sein und Blut, Leichen und Leichen nur den Dünger für den Boden bieten, auf dem die Welt der Exploitation und Unterdrückung, der bürgerlichen Herrschaft, wie-

[133] O. Anweiler, Die Rätebewegung in Russland 1905 - 1921, S. 303

der erstehen wird. Zur Lösung dieser Aufgabe ist es unbedingt notwendig, dass das Proletariat an der Verwaltung der Industrie wirklich teilnimmt: Wer an der Spitze der Produktion steht, steht auch an der Spitze der "Gesellschaft", des "Staates". (90) Das Schicksal aller Errungenschaften des Proletariats hängt voll und ganz davon ab, ob es ihm gelingen wird, die Produktion zu erfassen und zu organisieren. ... Denn nachdem das Proletariat zur Verwaltung in den Fabriken und Betrieben die Arbeiterräte als Grundzellen der Staatsmacht organisiert haben wird, wird es nicht stehen bleiben können; es wird zur Organisation der Verwaltung der Trusts, Syndikate und Hauptzentralbehörden einschließlich des Höchsten Rats für Volkswirtschaft übergehen und der Arbeit des Allrussischen Zentral-Exekutivkomitees neuen Inhalt geben. (97) Dazu ist notwendig: 1. die Räte der Arbeiterdeputierten in allen Fabriken und Betrieben zu organisieren; 2. die Rätekongresse wählen die Verwaltungen der Trusts, Syndikate und Zentralbehörden; 3. die Allrussische Exekutive ist in ein Organ zu verwandeln, das das Land und die Industrie verwaltet; ihr müssen die Aufgaben, die vor dem Proletariat stehen, mit Hilfe der Durchführung des Prinzips der proletarischen Demokratie näher gebracht werden. Sie muss in ein Organ verwandelt werden, das beständig arbeitet und zur Ausarbeitung aller Fragen aus ihrer Mitte entsprechende ständige Abteilungen und Kommissionen bildet. Der Rat der Volkskommissare aber, der eine Kopie eines beliebigen bürgerlichen Ministerrats ist, muss aufgehoben und seine Arbeit dem Allrussischen Exekutivkomitee der Räte übergeben werden. (90) Der Kampf ist schwer. Man hat uns zu unterirdischer Arbeit verdammt – wir sind illegal. Unser "Manifest" konnte in Russland nicht gedruckt werden; wir schrieben und schreiben es illegal auf Schreibmaschine. Die Genossen, die in den Verdacht kommen, unserer Gruppe nahezustehen, werden auf den bloßen Verdacht hin aus der Partei und der Gewerkschaft ausgeschlossen, verhaftet und verschickt. Auf dem XII. Parteitag der RKP(B) hat der Genosse SINOWJEW, unter der Zubilligung der Partei- und Sowjetbürokraten, eine neue Formel der Unterdrückung einer jeglichen Kritik seitens der Arbeiterklasse verkündet. Er sagte: "Eine jede Kritik an der Zentrale der RKP, ganz gleich von rechts oder von links, – ist Menschewismus. " ... Was bedeutet dies? Es bedeutet folgendes: Wenn irgendeinem Arbeiter-Kommunisten die Richtlinien der Zentrale nicht richtig erscheinen werden und er in seiner proletarischen Einfalt anfängt, sie zu kritisieren, so wird man ihn aus der Partei und aus der Gewerkschaft ausschließen, ihn schließlich für einen Menschewiki erklären und in die GPU (Tscheka) stecken. Die Zentrale der RKP will keine Kritik dulden, denn sie hält sich für ebenso unfehlbar wie der römische Papst. – Unsere Sorge, die Sorge der russischen Arbeiter, um das Schicksal und die Errungenschaften der Oktoberrevolution wird für konterrevolutionär erklärt.(82)«[134]

Der letzte größere Kampf um die Macht der Arbeiterräte endete wenige Monate nach der illegalen Verbreitung des Manifestes der Arbeitergruppe mit der Verhaftung ihrer führenden Mitglieder. Nicht nur der

---

[134] Manifest der Arbeitergruppe der russischen kommunistischen Partei (B), April 1923, in: Günther Hillmann, Selbstkritik des Kommunismus. Texte der Opposition, Rowohlt 1967, Seitenzahlen in Klammern.

»Geist der Demokratie« im Sinne einer von landesweiten Arbeiter- und Bauernräten unmittelbar organisierten gesellschaftlichen Produktion wurde so unter der Führung der bolschewistischen Partei erstickt. Selbst die ursprüngliche Absicht – die führende Arbeiterpartei durch regelmäßige Säuberungen vom Opportunismus fern zu halten – schlug schließlich in ihr glattes Gegenteil um. Isaak Steinberg, der als Mitglied der Linken Sozialrevolutionäre bis März 1918 in der Koalitionsregierung mit den Bolschewiki als Volkskommissar für Landwirtschaft tätig war, charakterisierte bereits 1922 die Entwicklung folgendermaßen: »Die Konstruktion der Bolschewiki besitzt aber eine ihr eigene starre, von ihnen selbst unabhängige Logik. Die "Diktatur der Partei", die später zur Diktatur einer kleinen Zahl von Parteiführern wird, zwingt die Staatsgewalt, ihre klassenbewussten und standhaften Gegner zu meiden und die Verwaltungsstellen mit Männern zu besetzen, die ihr ergeben, wenn auch innerlich fremd und feindlich sind. Das führt zur Stärkung des Beamtentums, zur Diktatur der Bürokratie ... zu einer noch größeren Trennung zwischen der Regierung und den Massen. Um aber dieses System aufrechtzuerhalten, muss die Waffe des Terrors permanent benutzt werden. .... Daher sondert sich innerhalb der Bürokratie eine besondere Schicht ab, die über die Terrorinstrumente unmittelbar verfügt und sie unmittelbar in Wirkung treten lässt. Die Diktatur der Bürokratie bedeutet unter dem Terror die Diktatur der Polizei (und der sie unterstützenden Armee). ... Da die Funktion der Polizei von ihren Agenten keine allzu hohen Tugenden verlangt, so wird der Terror unvermeidlich zu einer "Erziehungsanstalt für Schurken", die häufig an die Spitze der Staatsorgane treten. ... Der Terror ist keine Einzelhandlung, kein isolierter, zufälliger – wenn auch wiederholter – Ausdruck der Regierungswut. Terror ist ein System der zum Ausdruck kommenden oder dazu bereiten Gewaltanwendung von oben. Terror ist eine durchdachte Tabelle von Strafen, Vergeltungen und Drohungen, durch die die Regierung einschüchtert, lockt und zur Erfüllung ihres unbedingten Willens zwingt. ... Wenn die quantitative Terrorausbreitung durch den Begriff der "Verdächtigen" geschaffen wird, so beruht sein qualitativer, materieller Inhalt und dessen Steigerung ins Unendliche auf dem Prinzip "Alles ist erlaubt". ... "Alles ist erlaubt" gegenüber dem "Feind der Revolution" – das sind die beiden Grundfesten des Terrors. Das bedeutet faktisch, dass gegen jedermann jeder Weg, jedes Mittel der Gewalt und des Zwanges zulässig sind. Nicht zu vergessen, dass dieser Terror immer und ausnahmslos "im Namen der Revolution", im Namen der höchsten Ideale ausgeübt wird, die die Vernunft der Menschheit je erreicht hat.«[135]

Die uneingeschränkte Macht der bolschewistischen Partei und ihre mit dem Fraktionsverbot fortgeschrittene innere Gleichschaltung im »Interesse der Arbeiterklasse« lies der Arroganz der Macht nun freien Lauf – wie exemplarisch bereits der von Lenin vorgetragene »Politische Bericht des Zentralkomitees der KPR« verdeutlicht: »Die Wendung zur Neuen Ökonomischen Politik wurde auf dem letzten Parteitag mit außergewöhnlicher Einmütigkeit beschlossen, sogar mit größerer Einmütigkeit als andere Fragen unserer Partei (die sich, das muss man sagen, überhaupt durch große Einmütigkeit auszeichnet) ... Es ist erheiternd zu beobachten, wie dieser unser Beschluss in den ... Presseor-

135 Isaak Steinberg, Gewalt und Terror in der Revolution, Karin Kramer Verlag 1974, S. 106f/S. 23f

ganen ... eingeschätzt wird. ... In der Vergangenheit lebend, behaupten sie auch jetzt noch, die linken Kommunisten wären bis heute noch gegen die Neue Ökonomische Politik. ... Wir wissen, dass es bei uns keinerlei Meinungsverschiedenheiten gegeben hat, und zwar deshalb nicht, weil die praktische Notwendigkeit, an die Errichtung des Fundaments der sozialistischen Wirtschaft anders heranzugehen, für alle klar war. ... Dieser Tage las ich ... eine neue Broschüre Otto Bauers ... Er schreibt jetzt: "Sie ziehen sich also zum Kapitalismus zurück; wir haben immer gesagt: es ist eine bürgerliche Revolution." Sowohl die Menschewiki als auch die Sozialrevolutionäre, die allesamt solche Dinge predigen, wundern sich, wenn wir erklären, dass wir Leute, die so etwas sagen, erschießen werden. ... Wer den Menschewismus öffentlich manifestiert, den müssen unsere Revolutionsgerichte erschießen lassen, sonst sind das nicht unsere, sondern wer weiß was für Gerichte. ... Wahrhaftig, die Art von Predigt, wie sie Otto Bauer, die Führer der II. und der zweieinhalbten Internationale, die Menschewiki und die Sozialrevolutionäre vom Stapel lassen, spiegelt ihre eigene Natur wider: "Die Revolution ist zu weit gegangen. Was du heute sagst, haben wir immer gesagt. Gestattet uns, das noch einmal zu wiederholen." Wir aber antworten darauf: "Gestattet uns, euch dafür an die Wand zu stellen. Entweder unterlasst es gefälligst, eure Ansichten auszusprechen, oder aber, wenn ihr in der gegenwärtigen Lage, wo wir uns in weit schwierigeren Verhältnissen befinden als bei der direkten Invasion der Weißen, eure politischen Ansichten auszusprechen wünscht, dann werden wir, entschuldigt schon, mit euch verfahren wie mit den schlimmsten und schädlichsten weißgardistischen Elementen."«[136]

---

136 W. I. Lenin, Politischer Bericht des Zentralkomitees der KPR(B), 27. März 1922, Werke Bd.33, S. 253/269

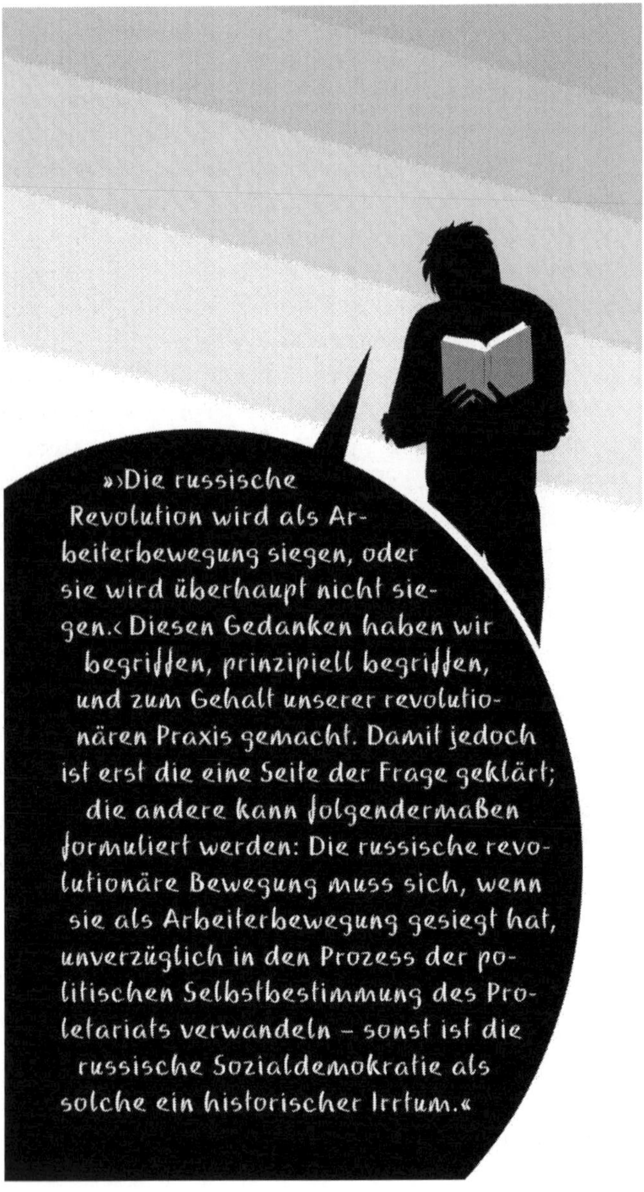
»›Die russische
Revolution wird als Ar-
beiterbewegung siegen, oder
sie wird überhaupt nicht sie-
gen.‹ Diesen Gedanken haben wir
begriffen, prinzipiell begriffen,
und zum Gehalt unserer revolutio-
nären Praxis gemacht. Damit jedoch
ist erst die eine Seite der Frage geklärt;
die andere kann folgendermaßen
formuliert werden: Die russische revo-
lutionäre Bewegung muss sich, wenn
sie als Arbeiterbewegung gesiegt hat,
unverzüglich in den Prozess der po-
litischen Selbstbestimmung des Pro-
letariats verwandeln – sonst ist die
russische Sozialdemokratie als
solche ein historischer Irrtum.«

Die persönliche Leistung *Josef Stalins* war es schließlich, Lenins Hinweis auf »die Gefährlichkeit der Fraktionsbildung vom Standpunkt der Parteieinheit und der Verwirklichung der Willenseinheit der Avantgarde des Proletariats, als der Grundbedingung für den Erfolg der Diktatur des Proletariats«[137] konsequent umzusetzen und mit der ganzen Wucht des moralischen Rechts gegen vermeintliche Abweichler zu exekutieren. Das auf dem X. Parteitag mit der Unterstützung Trotzkis durchgesetzte innerparteiliche Fraktionsverbot erwies sich dabei als äußerst wirksame Waffe, auf die sich Stalin zurecht berufen konnte: *»"Wer auch nur im geringsten", sagt Lenin, "die eiserne Disziplin der Partei des Proletariats (besonders während seiner Diktatur) schwächt, der hilft faktisch der Bourgeoisie gegen das Proletariat". Daraus folgt aber, dass das Bestehen von Fraktionen unvereinbar ist sowohl mit der Einheit der Partei als auch mit ihrer eisernen Disziplin. ... Daher die Forderung Lenins. "jegliche Fraktionsmacherei vollständig auszumerzen" und "ausnahmslos alle Gruppen, die sich auf der einen oder anderen Plattform gebildet haben, sofort aufzulösen", bei Strafe des "unbedingten und sofortigen Ausschlusses aus der Partei" (siehe Resolution "Über die Einheit der Partei"). ... Der Weg zur Entwicklung und Festigung der proletarischen Parteien führt über ihre Säuberung von den Opportunisten und den Reformisten, den Sozialimperialisten und Sozialchauvinisten, den Sozialpatrioten und Sozialpazifisten.«*[138]

Nachdem in diesem Sinne noch zu Lenins Zeiten die bolschewistische Partei erfolgreich von sämtlichen »rätekom-

---

[137] W. I. Lenin, Ursprünglicher Entwurf der Resolution des X. Parteitags der KPR über die Einheit der Partei, Werke Bd. 32, S. 246

[138] J. Stalin, Über die Grundlagen des Leninismus (Mai 1924), Werke Bd. 6, S. 161ff

munistischen« Fraktionen gesäubert wurde, richtete sich die nächste große Säuberungswelle gegen die sogenannte »Linke Opposition«, die neben der Kritik an der Außenpolitik u. a. eine schnellere Industrialisierung und Kollektivierung forderte. Ob das brutale Ende dieser Auseinandersetzung seinen Grund in der Persönlichkeit Stalins hatte – indem er einfach nach der Stellung der Genossen zu *ihm* als dem selbstdefiniertem Inbegriff der korrekten Parteilinie über ihre Konformität gegenüber der sozialistischen Sache entschied – oder ob der zunehmende Terror seinen Grund in der Radikalität des von Trotzki geführten Oppositionsblocks hatte, sei dahingestellt.[139] Tatsache ist, dass Stalin die Mehrheit der Parteimitglieder für seine Politik gewinnen konnte. »Der Oppositionsblock ist der Keim einer neuen Partei, der die Einheit unserer Partei untergräbt. Die Aufgabe besteht darin, diesen Block zu zerschlagen und ihn zu liquidieren. (Stürmischer Beifall.)«[140] Zwei Jahre später, nach dem inzwischen eingeleiteten Übergang zur zentralen Planwirtschaft und der Kollektivierung der Landwirtschaft, konnte Stalin den Sieg der bolschewistischen Partei über die sogenannten »Rechtsabweichler« verkünden, die sich gegen die Beendigung der unter Lenin eingeführten Neuen Ökonomischen Politik gewandt hatten. »Genossen! ... Auf unserem Parteitag, auf dem XVI. Parteitag, gab es nicht nur keine formell organisierte Opposition, es fanden sich nicht einmal eine kleine Gruppe oder auch nur einzelne Genossen, die sich für berechtigt gehalten hätten, hier auf der Tribüne zu erscheinen und die Parteilinie für falsch zu erklären. Es ist klar, dass die Linie unserer Partei

---

139 Vgl. hierzu: Domenico Losurdo, Stalin. Geschichte und Kritik einer schwarzen Legende, PapyRossa 2012

140 J. Stalin, VII. Erweitertes Plenum des EKKI (Dezember 1926), Werke Bd. 9 , S.129

die einzig richtige Linie ist, und zwar erweist sich ihre Richtigkeit als so offenkundig und unbestreitbar, dass sogar die ehemaligen Führer der Rechtsopposition es für notwendig hielten, in ihren Reden ohne Schwanken die Richtigkeit der gesamten Politik der Partei zu betonen. ... Woher diese Wandlung, wie ist sie zu erklären? Sie erklärt sich offenbar dadurch, dass sich in der Partei für die ehemaligen Führer der Rechtsopposition eine bedrohliche Lage ergeben hat. Es ist daher nicht verwunderlich, dass der Parteitag den bestimmten Eindruck gewonnen hat: Solange man diese Leute nicht unter Druck setzt, ist bei ihnen nichts zu erreichen. *(Allgemeine Heiterkeit, lang anhaltender Beifall).*«[141]

1935 versuchte Leo Trotzki in seinem Exil zu verstehen, was eigentlich geschehen war: In seinem Buch »Die verratene Revolution« schrieb er: »Die Degeneration der Partei war Ursache und Wirkung der Bürokratisierung des Staats. ... Freiheit der Kritik und Kampf der Ideen bildeten die Substanz der Parteidemokratie. Die heutige Doktrin, der Bolschewismus vertrage sich nicht mit Fraktionen, ist ein Mythos aus der Verfallsepoche. ... Das Fraktionsverbot war ebenfalls nur als außerordentliche Maßnahme gedacht, die hinfällig werden sollte, sobald sich die Situation wirklich verbesserte. ... Die Diktatur der bolschewistischen Partei war eines der mächtigsten Werkzeuge des Fortschritts in der Geschichte. Doch auch hier gelten die Worte des Dichters: "Vernunft wird Unsinn, Wohltat Plage". Das Verbot der Oppositionsparteien zog das Verbot der Fraktionen nach sich; das Fraktionsverbot mündete in das Verbot, anders zu denken als der unfehlbare Führer.«[142]

---

[141] J. Stalin, Schlusswort zum politischen Rechenschaftsbericht des ZK an den XVI. Parteitag der KPdSU(B), 2. Juli 1930, Werke Bd. 13, S. 1ff
[142] L. Trotzki, Verratene Revolution, Schriften 1.2, Rasch und Röhring Verlag 1988, S. 789/792/804

Dreizehn Jahre vor Trotzkis »Einsicht« zog Otto Rühle eine wesentlich radikalere Schlussfolgerung: »Die autoritär-zentralistischen Organisationen, Partei und Gewerkschaft, führen im Falle der Übernahme der Staatsmacht mit innerer Notwendigkeit zum Bürokratismus. Wie sollte es auch anders sein! Die Partei muss, will sie sich in der Macht halten, alle wichtigen Posten sofort mit zuverlässigen Leuten besetzen. Diese in ihrem Sinne zuverlässigen, das heißt in ihrem Sinne revolutionären Leute, nimmt sie aus ihren Reihen. So werden Parteibonzen zu Regierungsbonzen, und die Staatsmacht ist in Wirklichkeit nur die ins Allgemeingültige projizierte Parteimacht. Gesinnungstüchtigkeit im Parteisinne ist erste Vorbedingung der Herrschaft. Indem die Parteimachthaber nun aber als Staatsmachthaber über Polizei, Heer, Exekutive, öffentliche Meinung, Gerichte, Kerker und - last not least! – Notendruckmaschinen verfügen und eine Diktatur etablieren, entsteht die Parteidiktatur, die sich nicht bloß gegen die Bourgeoisie und die gegenrevolutionären Schichten des Proletariats, sondern auch gegen die revolutionären Schichten des Proletariats wendet, sofern diese in einem anderen als dem amtlich zulässigen, behördlich abgestempelten Parteisinne revolutionär sind. Ein einfacher demagogischer Fälschertrick, der jede von der Parteinorm abweichende revolutionäre Gesinnung als "konterrevolutionär" denunziert, schafft dafür die ethisch-politische Rechtfertigung. So sitzen in Russland die glühendsten und hingebungsvollsten Revolutionäre zu Tausenden im Kerker, nur deshalb, weil sie nicht im Sinne des Bolschewismus, das heißt der zufällig herrschenden Partei, revolutionär sind; und jeder Oktober-Bolschewist, dessen einzige revolutionäre Leistung darin besteht, dass er sich unter kluger Ausnutzung der politischen Konjunktur und unbelastet von wahrem revolutionärem Geiste an die Staatsfutterkrippe zu drängen wusste, darf diese Vorkämpfer der Revolution unter dem Beifall seiner Partei und seiner Regierung als "Konterrevolutionäre" bespeien. In Russland hat sich auch praktisch herausgestellt, was theoretisch selbstverständlich ist: dass eine zentralistische Partei – und wäre sie vom redlichsten Willen beseelt – niemals Räte zu schaffen imstande ist. Sie versackt eben im Bürokratismus. Sie existiert in ihm und durch ihn. Russland hat die Bürokratie der Kommissariate. Sie regiert. Es hat kein Rätesystem. Die in öffentlichen Wahlen, nach Parteilisten und unter unerhörtem Regierungsterror zustande kommenden Sowjets sind keine Räte im revolutionären Sinne. Sie sind Rätekulissen. Sind eine politische Täuschung. Ein Weltbetrug. Alle Herrschaft in Russland liegt bei der Bürokratie – der Todfeindin des Rätesystems. ... es gibt kein größeres Hindernis zum Sozialismus, keine größere Erschwerung der Revolution, keinen größeren Gegner des Rätesystems als – die Partei. Die Überwindung der Partei ist elementare Voraussetzung der Revolution, des Rätesystems, des Sozialismus.«[143]

So sah es auch Rudolf Rocker, der bereits drei Jahre nach der Oktoberevolution konstatierte: »Die Methode der Bolschewiki hat uns der "kommunistischen Menschheit" nicht näher gebracht, im Gegenteil, sie hat den Kommunismus heillos kompromittiert und seine Verwirklichung weiter ins Feld gerückt wie je zuvor. Anstatt zu der "kommunistischen Menschheit" zu gelangen, ist man heute wieder glücklich beim Kapitalismus angekommen.«[144]

---

143 Otto Rühle, Grundfragen der Organisation (1921), Hinkelstein-Press 1970, S. 44f

144 Rudolf Rocker, Der Bankrott des russischen Staatskommunismus, in: Der Bolschewismus: Verstaatlichung der Revolution, Underground Press, Berlin 1968, S. 116

»Die letzten Hoffnungsschimmer sind erloschen, Terror und Despotismus haben erstickt, was im Oktober geboren wurde. Die Losungen der Revolution sind verraten, ihre Ideale im Blute ertränkt. Der Lebenshauch von gestern bedeutet jetzt die Not für Millionen. Die Diktatur zertritt die Massen unter ihrem Stiefel, die Revolution ist tot, ihr Geist heult in der Wildnis.«

»An Russland lernen wir, wie der Kommunismus nicht eingeführt werden kann. Die zuerst beim Revolutionsversuch von 1905 konzipierte und in der Februarrevolution 1917 unmittelbar nach dem Zusammenbruch des Zarenregimes verwirklichte Idee der Sowjets, d. h. der das politische und ökonomische Leben des Landes kontrollierenden Arbeiter- und Bauernräte, ist eine großartige Idee. Solange ein Land aber durch eine Parteidiktatur beherrscht wird, büßen die Arbeiter- und Bauernräte offensichtlich ihre Bedeutung ein.«

Die meisten der linken Kritiker argumentierten gegen die von den Bolschewiken propagierte »Notwendigkeit der Zwangsdisziplin, deren Zwangscharakter um so fühlbarer wird, je geringer die innere freiwillige Disziplin ist, d .h. je weniger revolutionär die gegebene Gruppe oder Schicht des Proletariats ist,«[145] dass der Zweck nicht die Mittel heiligen könne, sondern nur solche, die in Einklang mit ihm stehen. Ein zweckwidriges Mittel würde durch den Zweck nicht geheiligt.[146] Der Versuch, in der Zweck-Mittel-Frage moralische rote Linien einzuziehen und gerechtfertigte bzw. ungerechtfertigte Mittel für den Zweck zu unterscheiden, geht allerdings an der entscheidenden Sache völlig vorbei. Der Zweck heiligt nicht die Mittel, er begründet die Mittel. In Bezug auf den Zweck sind die Mittel, außer bei Verrückten, allein durch ihre Zweckmäßigkeit bestimmt. Wem die Mittel nicht gefallen, sollte sich daher den Zweck genauer anschauen, der sich entsprechend seine Mittel sucht. Die entscheidende Frage angesichts des bolschewistischen Terrors ist daher gar nicht, ob ihre Mittel moralisch zu rechtfertigen sind, sondern was das eigentlich für ein Zweck ist, der im Erschießen von Arbeitern sein Mittel sieht.

Die »Arbeiterklasse« als begriffliche Unterscheidung gegenüber den Eigentümern der Produktionsmittel ist im Hinblick auf die Erklärung des kapitalistischen Produktionsverhältnisses eine richtige Abstraktion, indem sie die ökonomischen Verhältnisse der einzelnen Gesellschaftsmitglieder in ihrem wesentlichen Beziehungsmerkmal zusammenfasst. So richtig es ist, von der Mittellosigkeit der

---

145 Nikolai Bucharin, Ökonomie der Transformationsperoide (Mai 1920), Rowohlt 1970, 154

146 Karl Kautsky, Terrorismus und Kommunismus in: H-J. Mende, Demokratie und Diktatur Bd. 1, S. 331

Mehrheit auf ihren notwendigen Schaden und darüber auf ihr Klasseninteresse an der Besitzergreifung der Produktionsmittel zu schließen, so falsch wird es, wenn eine »Avantgarde der Arbeiterklasse« im Interesse der Arbeiterklasse *über die Köpfe der Arbeiterklasse hinweg* dieses Programm umsetzen will. Wenn die Produzenten nach dem Akt der Besitzergreifung der Produktionsmittel im Namen der Gesellschaft *gemeinsam* ihre Produktion organisieren, mag es Streit geben, wenn sich einige vor der für ihre Versorgung erforderlichen Arbeit drücken. Das Recht und die zu seiner Durchsetzung erforderliche Gewalt zu fordern, jemanden, der sich unabgestimmt von der Arbeit entfernt, zu erschießen, bzw. andersherum auch den anderen einem selbst gegenüber dieses Recht zuzuerkennen, auf diese Absurdität kommt aber nur jemand, der von den konkreten Personen und ihren Bedürfnissen absieht, indem er die »Interessen der Arbeiterklasse« als einen ihnen übergeordneten *höheren* Wert zum Programm erklärt. Mit einer derartigen Mission lassen sich dann – wie Bucharin und Trotzki schön formulieren – sämtliche gewaltsam aufgezwungenen Opfer im »eigenen Klasseninteresse«, zum »allgemeinen Wohl« oder gar im Sinne »der Menschheit« rechtfertigen: »Unter der proletarischen Diktatur ist der Zwang zum ersten Mal wirklich das Werkzeug der Majorität im Interesse dieser Majorität.«[147] »So bedeutet z.B. die allgemeine Arbeitspflicht im System des Staatskapitalismus eine Knechtung der Arbeitermassen; dagegen im System der proletarischen Diktatur ist sie nichts anderes als die Selbstorganisation der Arbeit durch die Massen ... alle Formen des Zwanges stellen bei der staatskapitalistischen Struktur eine Pression dar, die den Ausbeu-

---

147 Nikolai Bucharin, Ökonomie der Transformationsperoide, Rowohlt 1970, S. 156

tungsprozess sichert, ausdehnt und vertieft, während der staatliche Zwang bei der proletarischen Diktatur eine Methode des Aufbaus der kommunistischen Gesellschaft darstellt.«[148] »Unter dem Kapitalismus hatten das Stückzahl- und Akkordsystem der Bezahlung, die Anwendung der Methoden Taylors usw. die Aufgabe, die Ausbeutung der Arbeiter durch Auspressung eines Surplusprofites zu steigern. Bei der vergesellschafteten Produktion haben Stücklohn, Prämien usw. die Aufgabe, die Menge des gesellschaftlichen Produkts und somit auch den allgemeinen Wohlstand zu steigern. (137) ... Wir fangen erst an, dieses Buch mit dem Schweiß und Blut der Werktätigen zu schreiben. Wir sagen: Arbeiter, Arbeiterinnen, ... Ihr steht vor der Aufgabe ... der Steigerung der Arbeitsproduktivität auf neuer gesellschaftlicher Grundlage. Wenn ihr diese Aufgabe nicht löst, werdet ihr untergehen. Wenn ihr sie löst, werdet ihr die Menschheit fördern (138) ... Bei uns wird der Zwang von der Arbeiter-und-Bauern-Macht im Namen der Interessen der werktätigen Massen verwirklicht (157).«[149] Die Arbeiterklasse nimmt also im *»Interesse der Arbeiterklasse«* entweder die Stärkung der Arbeitsdisziplin und somit die Erhöhung der Arbeitsleistung freiwillig vor oder, wenn sie hierzu »unfähig« ist, schafft sie selbst die Institutionen, »die zur Verwirklichung dieser Notwendigkeit in der Lage sind. Im letzteren Fall schaffen sie sich eine Rechtsordnung, durch die das Proletariat seine einzelnen Individuen, die Proletarier, zwingt, ihren Klasseninteressen entsprechend zu handeln: Das Proletariat wendet die Diktatur auch auf sich selbst an.«[150]

---

148 ebenda S. 117f

149 Leo Trotzki, Terrorismus und Kommunismus, a.a.O. S. 137f

150 G. Lukács, Die Rolle der Moral in der kommunistischen Produktion (1919), in: Taktik und Ethik. Politische Aufsätze I, Luchterhand 1975, S, 162

Der höhere Wert *»Interessen der Arbeiterklasse«* enthält in seiner Abstraktion von den ihm untergeordneten Bedürfnissen der Individuen bereits das Potenzial für die Brutalität gegenüber den Menschen, von denen er in ihrem Namen absieht. Gesteigert wird diese fürchterliche Abstraktion noch in ihrer Rücksichtslosigkeit und Brutalität gegenüber den einzelnen Menschen, wenn die Durchsetzung der »Interessen der Arbeiterklasse« zugleich zu einer *historischen Mission* erklärt wird, also zur Abstraktion von den konkreten Interessen der Individuen über Generationen. Dann lässt sich auch im Sozialismus die Produktivität der Arbeit über die Verausgabung der Arbeiter im Interesse der Arbeiterklasse über Jahrzehnte auf Kosten der arbeitenden Bevölkerung steigern. Dann lohnen sich beim Aufbau der sozialistischen Gesellschaft – ähnlich wie bei den zynischen Befürwortern der kapitalistischen Verhältnisse die Opfer von Generationen immer wieder für die kommenden Generationen. Dass neben dem Vaterland und *der* Freiheit zu allem Überfluss selbst die »Interessen der Arbeiterklasse« leben sollen, auch wenn wir sterben müssen, lässt sich philosophisch dann folgendermaßen ausdrücken: »Die Berufung zur Erlösung der Gesellschaft ist die welthistorische Rolle des Proletariats, und *nur durch das Klassenbewusstsein der Proletarier* kann man zur Erkenntnis und zum Verstehen dieses Weges der Menschheit und damit zur "geistigen Führung" gelangen. ... *das Bewusstsein der weltgeschichtlichen Berufung des Klassenkampfes des Proletariats* ... dieses die welthistorische Berufung erkennende Bewusstsein ist allein dazu auserwählt, zum geistigen Führer der Gesellschaft zu werden. ... Derjenige hat das Recht und die Berufung zur Führung, der das Interesse der Gesamtheit richtig erkennt. ... Derjenige ist ein Revolutionär, bei dem das Bewusstsein dieses Interesses klar lebt, bei dem die unerschütterliche

Bereitschaft zur Selbstaufopferung lebendig ist, der zu allem bereit ist, wenn es um die Verwirklichung dieser Interessen geht. ... Ein echter Revolutionär ist derjenige, der sich ohne Bedenken, mit seinem ganzen Leben, alles aufopfernd ... in den Kampf begibt. Wer zu dieser Selbstaufopferung nicht fähig ist - den soll die Arbeiterbewegung als einen Unwürdigen aus ihren Reihen stoßen. Und sie wird ihn aus ihren Reihen stoßen. ... Die echte Einheit entsteht durch Opfer. Diese Einheit stellt aber einen solchen Wert dar, dass es sich lohnen würde, dafür alles zu opfern.«[151]

Lenins zentralisierte und auf Disziplin getrimmte Parteiorganisation und ihre für den Aufbau der sozialistischen Gesellschaft als zwingend erforderlich angesehene »Diktatur des Proletariats« führte also keineswegs zu einem *zweckwidrigen* Mitteleinsatz. Im Gegenteil! Von der Militarisierung der Arbeit über die Tscheka[152] bis zum innerparteilichen Fraktionsverbot entsprachen die Mittel hervorragend dem ökonomischen Programm der Bolschewiken, das im »Interesse der Arbeiterklasse« umgesetzt wurde: »Sozialismus ... als staatskapitalistisches Monopol, das zum Nutzen des

---

[151] G. Lukács, Taktik und Ethik (1919), S. 62; Was bedeutet revolutionäres Handeln? (April 1919), S. 100f; Die echte Einheit (April 1919), S. 107 in: Taktik und Ethik. Politische Aufsätze, Luchterhand 1975

[152] »*Die Tscheka*, die Allrussische Außergewöhnliche Kommission, ist zweifellos die dunkelste Institution des bolschewistischen Regimes. ... Ganz Russland, bis zu den entlegensten Dörfern, ist mit einem Netz von Tschekas bedeckt. ... Der Kopf der Allrussischen Außergewöhnlichen Kommission ... Dzerschinski ... erklärte: "Wir sind die Vertreter des organisierten Schreckens ... Wir terrorisieren die Feinde der Sowjetregierung ... Wir haben die Macht, Hausdurchsuchungen vorzunehmen, Gegenstände und Kapitalien zu konfiszieren, Verhaftungen anzuordnen, Untersuchungen einzuleiten, gegen diejenigen, die wir als schuldig erachten, Prozesse zu führen und sie zu verurteilen und die Todesstrafe auszusprechen."« Emma Goldman, Niedergang der russischen Revolution (1922), Kramer Verlag 1987, S. 38

ganzen Volkes angewandt wird und dadurch aufhört, kapitalistisches Monopol zu sein.«[153] Ein politökonomischer Zweck, der von vornherein unvereinbar war mit dem Aufbau einer sozialistischen Gesellschaft im Sinne einer unmittelbar von der arbeitenden Bevölkerung selbst organisierten Produktion. Der Anarchist Arthur Lehning kritisierte diesen politökonomischen Fehler der Bolschewiken bereits 1929 folgendermaßen: »Es gibt nichts Konterrevolutionäreres als die Regierung. Die bolschewistischen Jakobiner sprachen zwar bis zum letzten Augenblick von der Macht der Sowjets, aber sie träumten von nichts anderem als von der Diktatur. Ihre autoritäre und gouvernementale Auffassung des Sozialismus machte es ganz unmöglich, dass sie wirklich an die "schöpferischen Kraft" des Volkes glaubten, von der sie sprachen. Ihre dogmatische Theorie des Staatssozialismus machte es unmöglich, dass sie den Sowjets irgendeine konstruktive Bedeutung in der sozialen Revolution geben konnten. ... Wenn auch die Sowjets geeignet gewesen waren zu Organen des Aufstandes, wenn auch ohne die Sowjets die Machteroberung unter dem Schutz des II. Sowjetkongresses und unter der Losung: "Alle Macht den Sowjets" nicht möglich gewesen wäre, so waren die Sowjets doch für die Realisierung der Ziele der herrschenden Partei nicht zu gebrauchen. Diese Ziele schlossen sowohl die politische wie die ökonomische Selbsttätigkeit der Sowjets aus. Sie waren weder mit der politischen noch mit der ökonomischen Macht der Sowjets zu vereinigen. Für die Verwirklichung der staatssozialistischen Ziele der Partei konnten die Sowjets nur noch Machtorgane, d. h. bürokratische Organe der Staatsmacht, der Diktatur, d. h. Werkzeuge des Zentralkomitees der

---

[153] W. I. Lenin, Die drohende Katastrophe und wie man sie bekämpfen soll (Oktober 1917), Werke Bd. 25, S. 369

bolschewistischen Partei sein. Die Sowjets als Organe der Revolution, als politische und ökonomische Selbstverwaltungsorgane mussten vernichtet werden im selben Maßstabe, wie die Macht der politischen Partei sich befestigte, weil sie in unvereinbarem Gegensatz mit dem ökonomischen Programm dieser Partei standen, die die Übernahme der ganzen Staatsgewalt erstrebte, um dieses Programm zu verwirklichen. ... Durch die Auffassung des Sozialismus als eines "staatskapitalistischen Monopols" ist auch die Rolle des Staates bereits bedingt. Von der "Abschaffung" oder "Vernichtung" des Staates kann hier ja gar nicht die Rede sein. Im Gegenteil: sie bringt die ungeheuerste Verstärkung und Machtzunahme des Staates mit sich, eine bisher ungekannte Zentralisation. ... An dem ökonomischen Programm Lenins wird es deutlich, aus welchen Gründen von ihm die Notwendigkeit des Staates und der Staatsgewalt, "besonders in der revolutionären Periode" stets hervorgehoben wird und was eigentlich die neue "Staatsmaschine", die nach Lenin in den Räten entstanden sein sollte, ist, was Lenin darunter verstand, wenn er schrieb, dass dieser neue Staatstypus ein Modus ist, den Staat ohne die Bourgeoisie und gegen die Bourgeoisie zu verwalten. Die Räte, von der "schöpferischen Kraft des Volkes" hervorgebracht, die die Revolution durchführten, indem sie die direkte soziale Expropriation der Expropriateure organisierten, indem sie das Land und die Fabriken in Besitz nahmen, den Widerstand von Grundbesitzern und Kapitalisten brachen, das alte politische Unterdrückungsinstitut des Staates vernichteten, die Revolution in der Armee durchführten und den Frieden erzwangen – diese Räte sollten ein Apparat sein, um eine neue zentralistische Staatsmaschine zu bilden zwecks staatskapitalistischer Maßnahmen, um den Kapitalismus "vorwärts zu treiben", diese Räte sollten die Durchführung dieser staatskapitalistischen Maßnahmen ermöglichen? In der Tat! Das war die ungeheuerliche Auffassung von Lenin, das war die Rolle, die er den Räten zuschrieb, das war der Sinn der sozialen Revolution! ... Wenn Lenin schrieb: "Solange nicht die Sowjets die Macht ergriffen haben, werden wir sie nicht übernehmen,"[154] so hatte dies eben keine andere Bedeutung als diese: nur die Räte können die alte Macht stürzen, und wir, die bolschewistische Partei, können nur zur Macht kommen, wenn wir uns auf die Räte stützen. ... "Alle Macht den Räten" war deshalb auch nur eine strategische Losung, die so lange gültig war, als sie dieses Ziel fördern konnte. Als einmal die Staatsmacht erobert war, wurde die Propaganda dieser Losung von der herrschenden Regierungspartei dann auch nicht mehr geduldet: sie wurde bezeichnenderweise ... als "konterrevolutionär" gebrandmarkt. Diejenigen, die sie auch noch nach dem Oktober erhoben, wurden – wie die Kronstädter – massakriert, verhaftet, verbannt oder exiliert. ... "Alle Macht den Räten" hätte bedeutet, dass die Staatsorganisation ersetzt worden wäre durch eine neue gesellschaftliche Organisation, deren sämtliche politischen und ökonomischen Funktionen durch die Sowjets ausgeübt worden wären. Aber ein solcher Aufbau der sozialistischen Gesellschaft war mit dem *Staatssozialismus* Lenins nicht zu vereinigen.«[155]

---

[154] W. I. Lenin, Referat über die politische Lage und die Stellung zur provisorischen Regierung (April 1917), Werke Bd. 24, S. 132

[155] Arthur Müller Lehning, Anarchismus und Marxismus in der russischen Revolution (1929), Kramer Verlag, 2. Aufl. 1971, S. 77ff
Die Rolle Leo Trotzkis im Kampf der Bolschewiki gegen die Macht der Arbeiterräte ist umfangreich dokumentiert in: Willy Huhn, Trotzki – der gescheiterte Stalin, Karin Kramer Verlag Berlin 1973

Die *zweite Lehre*, die aus der Geschichte des »Realen Sozialismus« gezogen werden kann, ist daher die, dass sich der Kommunismus im Sinne einer unmittelbar von den Produzenten organisierten Produktion und Verteilung nicht getrennt von der Arbeiterklasse im Interesse der Arbeiterklasse einführen lässt. Die konkreten Bedürfnisse der Arbeiterklasse in Bezug auf *ihre* Arbeitsverhältnisse und *ihre* Konsumbedürfnisse lassen sich nur von den Produzenten selbst, d. h. von unten auf und nicht von oben herab organisieren. »Die politische Lehre ist, dass die Versuche, die Regierungsgewalt über die Produktionsmittel einer zentralen Regierungsstelle zu übergeben, die Initiative der Arbeiter immer mehr ausschalten muss. ... In der Konzentration der Verfügungsgewalt über den Produktionsapparat, die gesellschaftliche Arbeit und das gesellschaftliche Gesamtprodukt, sehen wir die Form, worin die Diktatur des Proletariats in die Diktatur über das Proletariat übergeht. ... (Entscheidend ist) darum, welchen Platz sich das Proletariat in der Gesellschaft erobert; ob mit der Arbeit in den Betrieben zugleich das Verfügungsrecht über die Produktion verbunden ist, oder ob das Proletariat erneut für unmündig erklärt, und Führer, Fachleute und Wissenschaftler mit dem Verfügungsrecht betraut werden sollen. Dieser Kampf wird in erster Linie ausgefochten werden gegen diejenigen, die glauben, das Proletariat nach der Revolution bevormunden zu müssen.«[156]

Eine »Avantgarde der Arbeiterklasse«, die sich nicht darauf beschränkt, ihr Wissen im Sinne von Aufklärung weiterzugeben, verwandelt den Kampf der Arbeiterklasse zwangsläufig in einen Kampf für eine Mission im Namen

---

[156] Gruppe Internationaler Kommunisten (Holland), Grundprinzipien kommunistischer Produktion und Verteilung, S. 172/24

der Arbeiterklasse. Diese Mission in Verbindung mit der bolschewistischen Parteiorganisation, die die »Diktatur des Proletariats« nicht als bloßen Akt der Besitzergreifung und Verteidigung der Produktionsmittel im Namen der Gesellschaft, sondern darüber hinaus als »Schule des Kommunismus« begriff, wurde so zur tödlichen Mischung. Damit wurde jedes Korrektiv, das sich gegenüber dem bolschewistischen »Programm der Arbeiterklasse« immer wieder von unten Geltung verschaffen wollte, im Keim erstickt und unter der Drohung der physischen Eliminierung vor die Alternative Tod oder Opportunismus gestellt. Mit anderen Worten: »Die Diktatur steht mit der konstruktiven Idee des Rätesystems im elementaren Widerspruch und eine gewaltsame Verbindung der beiden musste notwendigerweise zu jener verzweifelten Missgeburt der ... bolschewistischen Komissarokratie führen, die der russischen Revolution zum Verhängnis wurde. ... Das Rätesystem verträgt eben keine Diktatur, da es von ganz anderen Voraussetzungen ausgeht. In dem Bolschewismus verkörpert sich der Zwang von oben, die blinde Unterwerfung unter das geistlose Schema eines Diktats. Beide können nicht nebeneinander bestehen. In Russland siegte die Diktatur, darum gibt es dort keine Sowjets mehr. Was davon noch existiert, ist nicht mehr wie eine grausame Karikatur des Sowjetgedankens Der Rätegedanke ist der bestimmteste Ausdruck dessen, was wir unter einer sozialen Revolution verstehen und umfasst die ganze konstruktive Seite des Sozialismus. Die Idee der Diktatur ist rein bürgerlichen Ursprungs und hat mit dem Sozialismus überhaupt nichts gemein«.[157]

[157] Rudolf Rocker, Der Bankrott des russischen Staatskommunismus (1921), Underground Press, Berlin 1968, S. 103f

»Die Befreiung der Arbeiterklasse muss das Werk der Arbeiterklasse selbst sein. Wir können also nicht zusammengehen mit Leuten, die es offen aussprechen, dass die Arbeiter zu ungebildet sind, sich selbst zu befreien, und erst von oben herab befreit werden müssen.«

»Eine revolutionäre Diktatur von Klasse zu Klasse ist im Kampfzustand unerlässlich, aber diese Diktatur ist nichts anderes als die Revolution selbst.«

VI.

ALLE MACHT DEN RÄTEN!

»Der Zentralismus ist ein Organisationsprinzip, nach dem alle Betätigung einer Organisation, ihre Leitung und ihr Ziel von einem Mittelpunkte (Zentrum) ausgehen und auf ihn zurückführen. Er findet immer dort Anwendung, wo wenige über viele herrschen wollen. Im bürgerlichen Staat, der organisierten Herrschaftsgewalt einer Minderheit (Bourgeoisie) über die Mehrheit (Proletariat) findet der Zentralismus seine klassische Anwendung und Durchführung. ...

Auch die Partei verkörpert das Prinzip des Zentralismus. Sie gleicht einer Pyramide, die stufenweise aufsteigt. Unten die Masse der Mitglieder, die zu zahlen und zu gehorchen haben; von Stufe zu Stufe ein Kreis von Führern in gestaffelter Rangordnung, mit immer höheren Gehältern, größeren Kompetenzen und stärkerer Befehlsgewalt. An der Spitze (Zentrale) endlich bei ein paar Leuten oder gar einem einzigen Menschen die höchste Autorität und die letzte Entscheidung. Alle Initiative, alle Disposition aller Einfluss, alle Verfügungsgewalt ist bei den Führern; sie haben den Verwaltungsapparat, die Rednerliste, die Mandate, die Presse, die Kasse in ihren Händen. Die Masse wird gegängelt, geleithammelt, durch militärische Brutalisierung oder listige Umschmeichelung in Abhängigkeit und Unterjochung gehalten; sie bildet das Stimmvieh bei Wahlen; ihre höchste Tugend ist der Kadavergehorsam – die Parteidisziplin.

Der Zentralismus hat den Vorteil, dass er die vorhandenen Kräfte konzentriert, zur Einheit zusammengefasst , zum Ganzen verbindet und dadurch zu größerer Leistung nach einheitlichem Gesichtspunkt befähigt; aber auch den Nachteil, dass er die Einzelinitiative ertötet, den Willen der Mitglieder lahmt, die individuelle Kraftentfaltung unterbindet und damit das Individuum in seiner Entwicklung zu selbständiger Persönlichkeit, zu Selbstbewusstsein und Selbständigkeit verhindert. Er ist ein Organisationssystem für Herren über Knechte.«

3.3 Die Ökonomie des Verbunds selbstbestimmter Menschen

Der Verbund selbstbestimmter Menschen strebt keine Gerechtigkeit an. Er weiß, dass gerecht oder ungerecht eine falsche Fragestellung im Hinblick auf die Eigentumsverhältnisse ist. Er weiß, »dass der Mensch, der kein anderes Eigentum besitzt als seine Arbeitskraft, in allen Gesellschafts- und Kulturzuständen der Sklave der anderen Menschen sein muss, die sich zu Eigentümern der gegenständlichen Arbeitsbedingungen gemacht haben. Er kann nur mit ihrer Erlaubnis arbeiten, also nur mit ihrer Erlaubnis leben.«[158] Er weiß also, dass das individuelle Recht auf Eigentum an Produktionsmitteln der notwendige Schaden der Mehrheit ist. Es also im Interesse der Mehrheit der Bevölkerung ist, sich für eine auf den Zweck der Versorgung der Bevölkerung bezogene Organisation der Produktion stark zu machen, statt sich in den Dienst an der Vermehrung fremden Eigentums zu stellen. Er weiß, dass die Forderung nach Gerechtigkeit nur auf der Grundlage der mit dem Eigentum in die Welt kommenden gegensätzlichen Gewaltverhältnisse blüht. Er will die Gewaltverhältnisse nicht gerechter gestalten, sondern sie abschaffen.

Der Verbund selbstbestimmter Menschen lässt sich auch nicht blenden von der gewaltigen Entwicklung der Produktivkräfte im Kapitalismus und seiner hochgelobten Effizienz. Er weiß, dass der Inhalt von Effizienz und Produktivitätssteigerung entscheidend durch den gesellschaftlichen Zweck der Produktion bestimmt wird. Er weiß, wenn bei der Herstellung von Gebrauchsgegenständen das Geld der Zweck ist, wenn die Vermehrung des Geldes zum Ziel der Produktion wird, dann verkommen die Gebrauchsgegenstände zusammen mit der arbeitenden Be-

---

[158] Karl Marx, Kritik des Gothaer Programms, MEW Bd. 19, S. 15

völkerung zum Material dieser Sorte von Reichtumsproduktion. Dann geht Reichtumsproduktion einher mit der Zerstörung ihrer Quellen: der Erde und des Arbeiters.

Der Verbund selbstbstimmter Menschen träumt aber auch nicht von einem »zurück zur Natur« und dem vermeintlichen Idyll vorkapitalistischer Produktionsweisen, sondern setzt auf die wissenschaftliche Organisation der Produktivkräfte in der gesellschaftlichen Produktion und damit auf die bewusste Nutzung des technischen Fortschritts zur Bedürfnisbefriedigung der Gesellschaftsmitglieder. Er weiß zu unterscheiden zwischen der Maschine und ihrer kapitalistischen Anwendung. Er weiß, dass »die Maschinerie an sich betrachtet die Arbeitszeit verkürzt, während sie kapitalistisch angewandt den Arbeitstag verlängert, an sich die Arbeit erleichtert, kapitalistisch angewandt ihre Intensität steigert, an sich ein Sieg des Menschen über die Naturkraft ist, kapitalistisch angewandt den Menschen durch die Naturkraft unterjocht, an sich den Reichtum des Produzenten vermehrt, kapitalistisch angewandt ihn verpaupert.«[159]

Der Verbund selbstbestimmer Menschen hält auch nichts von *der Freiheit*, dem letzten verbreiteten Missverständnis, das es noch lohnt auszuräumen, bevor abschließend die Grundprinzipien seiner Ökonomie skizziert werden.

---

[159] Karl Marx, Das Kapital Bd. 1, MEW Bd. 23, S. 465

3.3.1 Freiheit

> Bis jetzt war die ganze Geschichte der Menschheit nur ein beständiges opfern von Millionen armer menschlicher Wesen für irgendeine unerbitterliche Abstraktion: Götter, Vaterland, Staatsmacht, nationale Ehre, geschichtliche Rechte, politische Freiheit, öffentliches Wohl.[160]

Die Freiheit des Individuums betrifft das Verhältnis von Menschen zueinander. Wer allein auf einer einsamen Insel lebt, ruft nicht nach Freiheit. Er macht, was er will, indem er schlicht seinen freien Willen betätigt bzw. gegen die Begrenzungen kämpft, die ihm die Naturgewalten setzen. Wer zusammen mit anderen Menschen auf der Grundlage gemeinsamer Produktionsmittel die notwendige Arbeit zum Zweck der gemeinsamen Versorgung arbeitsteilig organisiert, ruft ebensowenig nach Freiheit. Der gemeinsame Zweck erfordert hier vielmehr die zuverlässige Ausführung der übernommenen Aufgaben. Sich die Freiheit zu nehmen, einfach zu tun oder zu lassen, was man gerade will, wäre unvernünftig bezogen auf den *eigenen Zweck*, mit möglichst wenig gesellschaftlichem Aufwand an Zeit und Kraft die für die Befriedigung der Bedürfnisse als notwendig erkannte und beschlossene gemeinsame Arbeit zu erledigen. »Das Reich der Freiheit beginnt in der Tat erst da, wo das Arbeiten, das durch Not und äußere Zweckmäßigkeit bestimmt ist, aufhört; es liegt also der Natur der Sache

---

[160] Michail Bakunin, Gott und der Staat, Teil III, zitiert nach: www.annarchismus.at

nach jenseits der Sphäre der eigentlichen materiellen Produktion.«[161] Aber selbst jenseits der Notwendigkeiten einer von den Produzenten gemeinsam organisierten Produktion, das heißt, im privaten Verhältnis zu Freunden, ist es unsinnig, auf der Grundlage der freien Entscheidung, was und mit wem man etwas unternehmen will, sich nicht an Verabredungen, Spielregeln oder sonstige Abmachungen zu halten und sich stattdessen die Freiheit zu nehmen, einfach nach Lust und Laune zu tun oder zu lassen, was einem gerade so einfällt. Wenn sich jemand mit den Worten vorstellt, *seine* individuelle Freiheit wäre für ihn das höchste Gut, auf die würde er nichts kommen lassen, weiß jeder sofort, dass die allgemeine Forderung nach Freiheit eine Kampfansage gegen die Interessen der anderen ist. Im Verhältnis zu anderen Menschen auf seiner individuellen Freiheit zu bestehen, heißt, seinen eigenen Vorteil auf Kosten der anderen zu suchen und widerspricht somit jedem Gemeinschaftszweck. Der Verbund selbstbestimmter Menschen wird daher weder im Reich seiner ökonomischen Notwendigkeiten noch jenseits dieser *Freiheit als Programm* auf seine Fahne schreiben.

Freiheit ist ein zweischneidiges Schwert. Der Sklave fordert Freiheit gegenüber seinem Herrn, der sich die Freiheit nimmt, ihn zu versklaven. Frauen kämpfen für die Emanzipation von der Freiheit der Männer, die Frauen partriarchalisch zu unterdrücken. Gläubige nutzen ihre Religionsfreiheit für moralische Vorschriften gegenüber der individuellen Freiheit Ungläubiger. Wo sich gegensätzliche Interessen jeweils auf *ihre* Freiheit berufen, entscheidet die Gewalt. Freiheit wird daher auch nicht zusammen mit der Gleichheit zu einem Menschenrecht, weil sie vom

---

[161] Karl Marx, Das Kapital, Bd. III, MEW 25, S. 828

Himmel fällt oder irgendwo in der Natur des Menschen verankert ist, sondern als Folge einer gewaltsam eingerichteten Gesellschaftsordnung. Wenn die Freiheit der Person von einer über den gegensätzlichen Interessen der Individuen stehenden staatlichen Institution unter Androhung von Gewalt als Recht anerkannt wird, dann nicht um einfach die Willensfähigkeit des Menschen quasi wissenschaftlich zu bestätigen, sondern um die Menschen auf bestimmte Inhalte der Freiheit festzulegen. Rechte sollen Verhalten regeln, also Grenzen zwischen als »erlaubt« geltendem Handeln und als »verboten« geltenden Handeln in die Welt setzen. Eine Erlaubnis ohne jedes Verbot ergibt keinen Sinn. (»Wir erlauben euch alles; macht doch, was ihr wollt!« ist kein Rechtssatz) Insofern ist es konsequent, dass mit dem Menschenrecht der Freiheit gleich auch die gesellschaftlich gültigen Einschränkungen bzw. Grenzen des Erlaubten mitformuliert werden. Wer demgegenüber behauptet, bestimmte Rechte seien als allgemeine Menschenrechte angeboren und daher unveräußerlich, behauptet damit, dass in der Natur des Menschen bereits bestimmte Erlaubnisse und Verbote stecken. Verbote in den Genen? Wer soll denn das Subjekt dieser Verbote sein? Wer erlaubt und verbietet da? Die Natur? Der liebe Gott? Das ist keine korrekte Analyse des Rechts, sondern eine Strategie, mit der man die eigenen Rechtsvorstellungen unkritisierbar machen will. Eine Strategie, die ursprünglich den Aufklärern im 17. und 18. Jahrhundert eingefallen ist, die eine genauso wuchtige höhere Berufungsinstanz haben wollten wie ihre Gegner mit der von Gott gewollten Adelsherrschaft.

So verständlich der Ruf nach Freiheit angesichts der Unterdrückung ist, so wenig kritisiert er den Grund für die

Unterdrückung. Der Gefangene, der im Knast sitzt, und der Sklave, der von seinem Herrn gegängelt und geschunden wird, wollen frei sein von etwas, was ihnen angetan wird. Ihr Ruf nach Freiheit drückt aber nur das negative Verhältnis zu dem gegnerischen Willen aus, den sie loswerden wollen. Angesichts individueller Unfreiheiten Freiheit zu fordern, wird so zur *falschen Kritik* an dem *Inhalt* der gesellschaftlichen Gewaltverhältnisse, die der eigenen Unfreiheit zugrunde liegen. Der Gefangene sitzt schließlich nicht im Gefängnis, weil ihn jemand gefangen halten will, sondern um ihn an der Betätigung seines gegen die Verbote der herrschenden Gesellschaftsordnung gerichteten Willens zu hindern bzw. dafür zu bestrafen. Der Sklave wird nicht versklavt, um ihm seine Freiheit zu rauben, sondern weil sein Herr ihn für die Vermehrung seines Eigentums ökonomisch nutzen will. Der Zweck, sich auf Kosten anderer zu bereichern, und sein Mittel, das Eigentum an Land und Produktionsmitteln, lassen sich nicht darüber kritisieren, dass man im Hinblick auf die notwendige Folge – die Beschränkung der mittellosen Bevölkerung – Freiheit fordert. Freiheit ist im ökonomischen Verhältnis der Menschen gar nichts anderes als die individuelle Vorteilsrechnung gegenüber der gesellschaftlichen Arbeit, das heißt, es wird nicht miteinander auf der Grundlage gemeinsamer Produktionsmittel die notwendige Arbeit zum Zweck der gesellschaftlichen Versorgung organisiert, sondern jeder versucht, die anderen mittels dessen, worüber er selbst verfügt, zum Mittel seiner Interessen zu machen. Die Forderung der Verwirklichung von »Freiheit« als ein gewaltsam gesichertes Menschenrecht richtete sich daher auch historisch (wie bereits unter 2.1 bzw. 2.2 ausgeführt) nicht gegen das mit dem Eigentum in die Welt kommende gewaltsame Ausschlussverhältnis, sondern zielte lediglich auf die Aufhebung seiner Exklusivität. Mit der Unterstützung des bürgerlichen Rufes nach Freiheit von der Unterdrückung durch die exklusiven Eigentumsrechte des Adels forderte die mittellose Bevölkerung Freiheit zur Unterdrückung durch das Recht auf Eigentum *für alle*. Sie wusste das nicht, aber sie tat es. Darüber wurde eine neue Gesellschaftsordnung geboren, die das gewaltsame Eigentumsverhältnis nicht aufhob, sondern es durch das Menschenrecht auf Freiheit und Gleichheit der Person auf eine neue *verallgemeinerte* Grundlage stellte.

Die ökonomische Freiheit, Produktionsmittel zu Eigentum erklären zu können, bedeutet für die einzelnen Wirtschaftssubjekte, dass sie in der Betätigung ihrer ökonomischen Freiheit ihre Abhängigkeit von den erfolgreichen Ausnutzungsversuchen ihrer Konkurrenten erfahren. Für die Bevölkerungsmehrheit ist die ökonomische Freiheit gleichbedeutend mit der Unterordnung unter die *»Sachzwänge«*, die sich über die Verfügungs- bzw. Ausschlussmacht des Geldes ergeben. Sie tragen ihre Ohnmacht mit dem leeren Portemonnaie in der Tasche mit sich. Der Ruf nach Freiheit ist deshalb alles andere als tauglich für den Kampf gegen Ausbeutung und Unterdrückung. Mit dem Ruf nach Freiheit, die im ökonomischen Verhältnis der Menschen zueinander gleichbedeutend mit der Freiheit des Eigentums ist, wird der *Grund* für das gewaltsame Ausschlussverhältnis nicht aufgehoben, sondern umgekehrt zum *Mittel* gegen den gewaltsamen Ausschluss verklärt. Statt inhaltslos für die allgemeine Freiheit zu streiten, wäre es vernünftiger, sich für die Aufhebung der *ökonomischen* Macht einzusetzen, die gerade auf der Grundlage der Menschenrechte von Freiheit und Gleichheit ihre kapitalistischen Blüten treibt. Zur *Selbstbestimmung* ist keine rechtsstaatliche Durchsetzung der Menschenrechte erforderlich, sondern allein die Aufhebung der in der ökonomischen Freiheit begründeten ökonomischen Abhängigkeit.

Freiheit ist zurecht der globale Schlachtruf der kapitalistischen Eigentumsordnung. Und das nicht, weil hier eine *formelle* Freiheit geschickt gegen die *wirkliche* Freiheit ausgespielt wird, sondern weil Freiheit *ökonomisch* nichts anderes ist als die Konkurrenz der Privatsubjekte um die Aneignung der Produktionsmittel. Wenn daher im Kampf gegen Ausbeutung und Unterdrückung viele Kapitalismuskritiker Freiheit und Gleichheit als Menschenrecht einklagen, sich also gar nicht dafür interessieren, was Freiheit seinem Begriff nach ist, sticht der Trumpf der Parteigänger marktwirtschaftlicher Verhältnisse, der darin besteht, dass sie ihren Kritikern »Freiheit statt Sozialismus« zurufen. Statt an dieser Stelle dem inhaltslosen Lob der Freiheit die Kritik der Eigentumsfreiheit entgegenzuhalten und für die Abschaffung der gewaltsamen Eigentumsordnung zu mobilisieren, fordern sie im Namen ihres *Ideals von Freiheit* trotzig »Freiheit statt Kapitalismus«. Mit anderen Worten: Das Grundprinzip des Kapitalismus als Mittel gegen den Kapitalismus! Angesichts der nicht zu übersehenden Beschränkungen der Freiheit in Form von nicht vorhandener Zahlungsfähigkeit für die Mehrheit der Bevölkerung wollen sie die »formelle« Freiheit freier Märkte durch die »wirkliche« Freiheit regulierter Märkte ersetzen. Ein Versuch, der seit über 200 Jahren Geschichte der Arbeiterbewegung regelmäßig damit endet, angesichts der *Realität der Marktgesetze* die eigenen sozialen Ansprüche zu relativieren.

»MAN KANN NICHT ZUGLEICH IN DER GESELL-SCHAFT LEBEN UND FREI VON IHR SEIN.«

»Es ist nicht wahr, daß die Freiheit eines Individuums durch die Freiheit aller anderen begrenzt wird. Der Mensch ist nur unter in gleicher Weise freien Menschen wirklich frei, und da er nur in seiner Eigenschaft als Mensch frei ist, ist die Knechtschaft eines einzigen Menschen auf der Erde, als Verletzung des Prinzips der Menschheit selbst, eine Negierung der Freiheit aller. Die Freiheit eines jeden kann also nur in der Gleichheit aller verwirklicht werden. Die Verwirklichung der Freiheit in der rechtlichen und tatsächlichen Gleichheit ist die Gerechtigkeit.«

»Freiheit, Gleichheit und Brüderlichkeit sind seit der Französischen Revolution 1789 Grundlage liberaler Politik. Bei der Abwägung zwischen diesen drei Grundwerten steht für die Liberalen die Freiheit des einzelnen unverrückbar an erster Stelle. Sozialismus und Konservatismus kennen diesen Vorrang der Freiheit nicht.«

»Der anarchistische Kommunismus, der Kommunismus ohne Regierung – derjenige freier Menschen. Er ist die Vereinigung der beiden von der Menschheit seit alters her verfolgten Ziele: der ökonomischen Freiheit und der politischen Freiheit.«
»Ich verabscheue den Kommunismus, weil er die Negation der Freiheit ist und weil ich mir nichts Menschliches ohne Freiheit vorstellen kann.«

»Anarchismus ist die Lehre von der Freiheit als Grundlage der menschlichen Gesellschaft. Anarchie, zu deutsch: ohne Herrschaft, ohne Obrigkeit, ohne Staat, bezeichnet somit den von den Anarchisten erstrebten Zustand der gesellschaftlichen Ordnung, nämlich die Freiheit jedes einzelnen durch die allgemeine Freiheit.«

IM RUF NACH FREIHEIT SIND SICH LIBERALISMUS UND ANARCHISMUS EINIG. DER UNTERSCHIED IST: DEN EINEN REICHT DIE FREIHEIT, DIE ANDEREN WOLLEN DIE *WIRKLICHE* FREIHEIT.

»Was ist der Mensch ohne Freiheit? Nehmt den Menschen die Freiheit, und ihr werdet ihnen auch den Charakter, ihre Individualität nehmen, die Eigenschaften, durch die sie sich moralisch erhöhen.«
»WIRTSCHAFTLICHE FREIHEIT IST EINE NOTWENDIGE VORAUSSETZUNG FÜR POLITISCHE FREIHEIT.«

»Dass offenbar jeder Mensch die Freiheit als gesellschaftliches Ideal empfindet, ist ein Beweis dafür, dass die Sehnsucht nach in-dividueller Freiheit in der menschlichen Natur selber begründet ist.«
»Die indi-vidualistischen Theorien der Anarchisten und ihr individualisti-sches Ideal sind ge-rade das Gegen-teil von Sozia-lismus.«

»Indem wir die Freiheit wollen, entdecken wir, dass sie ganz und gar von der Freiheit der andern abhängt, und dass die Freiheit der andern von der unsern abhängt. Gewiß hängt die Freiheit als Definition des Menschen nicht vom andern ab, aber sobald ein Sichbinden vorhanden ist, bin ich verpflichtet, gleichzeitig mit meiner Freiheit die der andern zu wollen, und ich kann meine Freiheit nicht zum Ziel nehmen, wenn ich nicht zugleich die Freiheit der andern zum Ziel nehme.«
FREIHEIT IST EIN DUMMER ZWECK.

In Wirklichkeit besteht für die Menschen in ihrem arbeitsteiligen Produktionszusammenhang gar keine Wahl zwischen Freiheit und Zwang, Abhängigkeit und Unabhängigkeit. Wie in Bezug auf die Naturgesetze liegt auch im Hinblick auf die ökonomischen Zusammenhänge die Freiheit im Sinne von Selbstbestimmung nicht in der geträumten Unabhängigkeit von ihnen, sondern in der Erkenntnis ihrer Zusammenhänge, und in der mit dieser Sachkenntnis gegebenen Möglichkeit, sie planmäßig zu bestimmten Zwecken zu nutzen. »Freiheit des Willens heißt daher nichts andres als die Fähigkeit, mit Sachkenntnis entscheiden zu können, ... während die auf Unkenntnis beruhende Unsicherheit, die zwischen vielen verschiedenen und widersprechenden Entscheidungsmöglichkeiten scheinbar willkürlich wählt, eben dadurch ihre Unfreiheit beweist – ihr Beherrschtsein von dem Gegenstande, den sie grade beherrschen sollte.«[162] Freiheit als die, wie Hegel es formulierte, Einsicht in die Notwendigkeit verwirklicht sich gesellschaftlich im Wissen der Gesellschaftsmitglieder um die ökonomischen Zusammenhänge und der darauf gegründeten Organisation ihrer arbeitsteiligen Ökonomie zum Zwecke ihrer Bedürfnisbefriedigung. Eine Gesellschaft selbstbestimmter Individuen muss dabei auch in ihrem Reich ökonomischer Notwendigkeiten ihren arbeitsteiligen Zusammenhang und die hierfür erforderlichen Entscheidungsprozesse verbindlich regeln. Dass sich dieser *selbstbestimmte* Regelungsbedarf aber in Form und Inhalt völlig von dem zum kapitalistischen Produktionsverhältnis passenden Demokratieformen unterscheidet, soll im folgenden Abschnitt gezeigt werden.

---

162 Friedrich Engels, Anti-Dühring, MEW Bd. 20, S. 106

3.3.2 Demokratie

> »Heute geht ihr ... zur Wahl! Nichts wird euch vorgelegt, kein Gesetz, kein Entwurf, gar nichts. Ihr geht mit einem amtlichen Wahlkuvert ins Klosett, steckt behutsam einen Zettel mit vorgedrucktem Namen hinein, klebt zu, dass keiner sehe, was ihr denkt und beschließt, und werft das Briefchen in einen verschlossenen Topf. Was nun diese so gewählten Männer zu beschließen bekommen und wie sie sich entschließen, das geht euch nichts an, da habt ihr nicht mitzureden. ... Und welche Aufregung, welches Gegacker um dieses Windei alle fünf Jahre! Und wie setzt immer sofort die Enttäuschung und der Katzenjammer ein, bis nach fünf Jährlein die Narretei auflebt und so wieder und wieder. Und was sie für Worte haben für dieses feige, inhaltslose, knechtische, überdumme Getue: Wahlschlacht, Wahlsieg, Triumph ... Es wohnt viel Dummheit bei den Völkern dieser Zeiten, viel Abgeschmacktheit und viel Schamlosigkeit. Aber gibt es denn wirklich noch Einfältigeres, noch Öderes, noch Plebejischeres als das, was sie Wahl nennen?«[163]

In der freiheitlichen kapitalistischen Wirtschaftsordnung wird im Rahmen der *parlamentarischen* Demokratie politische Freiheit gewährt, indem die Bevölkerung in der Regel alle vier Jahre im Rahmen der demokratischen Parteienkonkurrenz im wahrsten Sinne des Wortes ihre Stimme

[163] Gustav Landauer - Von der Dummheit und von der Wahl (1912) aus: Der Sozialist 15.01.1912

abgibt. Mit der Stimmabgabe sind die Vertreter der gewählten Partei ermächtigt, die für den *marktwirtschaftlichen Erfolg der Nation* erforderlichen grundsätzlichen gesellschaftspolitischen Entscheidungen zu treffen. »Eine irgendwie geartete Möglichkeit, Einfluss auf den Inhalt der späteren Entscheidungen der Staatsgewalt zu nehmen, ist mit dieser Sympathiebekundung des Wählers für die Partei seiner Präferenz nicht verbunden. Aus der Wahl gehen nämlich auf jeden Fall Mandatsträger hervor, die nur ihrem eigenen Gewissen verpflichtet, an Aufträge und Weisungen nicht gebunden und damit ausdrücklich von der Bindung an den Wählerwillen freigesetzt sind (Art. 38 Abs. 1 GG). Im Wahlkreuz ist jede individuelle Überlegung oder Erwartung, die den Wähler zu seiner Stimmabgabe bewegt haben mögen, ausgelöscht in dem Ja zu einer Partei und reduziert sich damit auf eine von seinen Interessen und Ansprüchen an die Politik getrennte Zustimmung zur politischen Herrschaft über ihn.«[164] Im Rahmen der parlamentarischen Demokratie ist der Wähler somit an den Entscheidungen über die ihn betreffenden Sachfragen nicht beteiligt. Er darf lediglich das Personal seiner Herrschaft wählen: Berufspolitiker, die in politischen Parteien organisiert offensiv ihre Parteiprogramme unter dem Gesichtspunkt des Wählerfangs diskutieren und mit der dementsprechend taktischen Ausrichtung ihrer Wahlprogramme Versprechen formulieren, die sie nach der gewonnenen Wahl regelmäßig im Hinblick auf die Erfordernisse der marktwirtschaftlichen Konkurrenz bereit sind zu relativieren bzw. vollständig zu verwerfen; Berufspolitiker, die an ihren lukrativen Posten kleben und die gemäß ihrer

[164] Albert Krölls, Das Grundgesetz – ein Grund zum Feiern?, 2009, S. 189f

parteipolitischen Aufgabe in ihren Reden und Diskussionen weniger dem Sachverhalt und seiner Klärung als vielmehr der parteilichen Darstellung und Entscheidung verpflichtet sind; Berufspolitiker, denen die demokratische Pflicht zufällt, um ihrer persönlichen Karriere willen die Sicherung der kapitalistischen Eigentumsordnung sowie die Regelung der damit einhergehenden Interessengegensätze als Allgemeinwohl in rosigem Licht auszumalen. Ein ekliger Sumpf für einen Verbund selbstbestimmter Menschen – ein »schmutziges Geschäft« prinzipiell ehrenwerter Politiker für untertänige Bürger, die ihre Abhängigkeit von dem ihnen gegenüber eingerichteten kapitalistischen Produktionsverhältnis als guten Grund für eine übergeordnete Aufsichtsmacht verstehen wollen. Bei diesem Bewusstsein angelangt richtet sich Kritik anlässlich der für die arbeitende Bevölkerung notwendigen Einschränkungen und Entbehrungen konsequenterweise nicht gegen den Zweck der Herrschaft – den in Geld gemessenen Reichtum der *Nation* –, sondern gegen vermeintliche Fehler und Unterlassungen der Regierungsvertreter. Über das dieser Kritik zugrunde liegende *Ideal einer guten Herrschaft* können daher auch endlos und immer wieder aufs Neue Verfehlungen gegeißelt werden, ohne dass es jemals einer ernsthaften kritischen Auseinandersetzung mit den *Zwecken der Herrschaft* und dem von ihr eingerichteten Produktionsverhältnis bedarf. Von Zeit zu Zeit das Personal der Herrschaft abwählen zu können, reicht hier völlig aus.

Die parlamentarische Demokratie bewährt sich in dem auf Freiheit und Gleichheit der Person beruhenden kapitalistischen Produktionsverhältnis damit als die passende Herrschaftsform. Sie organisiert die Zustimmung der lohnabhängigen Gesellschaftsmitglieder zu einer Eigentumsordnung, die ihr notwendiger Schaden ist, indem sie zwischen der *ökonomischen Nutznießerschaft* und der *politischen Herrschaft* trennt. Im Unterschied zum absolutistischen oder realsozialistischen Staat bevorzugt der bürgerliche Staat keine Bevölkerungsgruppe. Niemand hat Privilegien, allen Bürgern gewährt er gleichermaßen das Grundrecht der Freiheit von Eigentum und Person. Ein Grundrecht, das zugleich die Verpflichtung aller Bürger beinhaltet, auf der Grundlage ihres Eigentums und ihrer persönlichen Möglichkeiten unter gleichzeitiger Respektierung der Freiheit von Person und Eigentum der anderen ihren persönlichen ökonomischen Vorteil zu suchen. In dieser gegensätzlichen ökonomischen Konkurrenz dient der bürgerliche Staat gleichermaßen *allen* seinen Bürgern, indem er ihre Freiheit von Eigentum und Person gegenüber unrechtmäßigen Übergriffen ihrer Konkurrenten verteidigt. Zugleich verwirklicht er auf dieser freiheitlichen Grundordnung im Gegensatz zum »Realen Sozialismus« die Identität des Volkswillens mit der Staatsgewalt, wenn auch in *abstrakter* Form: Indem der bürgerliche Staat von der Zustimmung der Privatsubjekte zu *konkreten* Gesetzen und ihrer Ausführung absieht, gewährt er allen Wahlbürgern einschließlich der lohnabhängigen Bevölkerung die allgemeine und gleichberechtigte Teilhabe am politischen Entscheidungsprozess der parlamentarischen Demokratie. Nicht durch seine Parteinahme für das Interesse bestimmter Teile der Gesellschaft wird er so zum Diener *einer* Klasse, sondern praktisch darüber, dass die allen garantierten »Menschenrechte« von Freiheit und Gleichheit der Person in der Konkurrenz auf dem Markt notwendig den Vorteil der

Stärkeren und den bleibenden Nachteil der minder bemittelten Bürger bedeuten.[165]

Falls sich dann doch einmal eine politische Partei nicht bloß konkurrierend in die der kapitalistischen Eigentumsordnung entspringenden Sachfragen einmischen will, sondern grundsätzlich die Wirtschaftsordnung als notwendigen Schaden der Mehrheit der Bevölkerung in Frage stellt, kennt noch jeder bürgerliche Staat die erforderlichen Verfahren, um die Verfassungswidrigkeit einer Partei und darüber ein Verbot ihrer Betätigung auszusprechen. »Nicht zur Wahl steht ... die Existenz des politischen Herrschaftsverhältnisses selbst: die prinzipielle Scheidung der Mitglieder des politischen Gemeinwesens in die politischen Machthaber und die große Masse derjenigen, die der politischen Führung und den von ihr beschlossenen Gesetzen zu gehorchen haben. Der Auswahl der Amtsträger vorgelagert ist die Existenz des Staatsapparates selbst und der Katalog der Staatsaufgaben: die kapitalistische Staatsräson, die in der Verfassung fixiert ist und deren Essentials durch das Verbot von Verfassungsänderungen (Art. 79 Abs. 3 GG) mit Ewigkeitsrang versehen sind. Die staatliche Herrschaft kann man also ebenso wenig abwählen wie die kapitalistische Marktwirtschaft. Insofern ist der anarchistischen Parole Recht zu geben: Wenn der Staat und das kapitalistische Staatsprogramm zur Disposition des Wählers stehen würden, würden Wahlen erst gar nicht stattfinden.«[166]

---

[165] vgl. hierzu: Karl Held (Hg.), Der bürgerliche Staat, Gegenstandpunkt Verlag 2008, S. 22f

[166] Albert Krölls, Das Grundgesetz – ein Grund zum Feiern?, VSA Verlag 2009, S. 188

Neben der politischen Wahlfreiheit besteht im kapitalistischen Arbeitsleben für die Mehrheit der Bevölkerung ihre wesentliche Entscheidungsfreiheit darin, welchem »Arbeitgeber« sie ihre Arbeitskraft zum Kauf anbieten. Im kapitalistischen Produktionsverhältnis ist die Mehrheit der Bevölkerung damit nicht nur von den Entscheidungen bezüglich des Zweckes der Verwendung der privatisierten Produktionsmittel ausgeschlossen, sondern mit dem Verkauf ihrer Arbeitskraft ebenso von den Entscheidungen bezüglich der Bedingungen ihrer Arbeit. Daran ändert im Rahmen des kapitalistischen Produktionsverhältnisses die Forderung nach mehr Wirtschaftsdemokratie auch nichts. Mitbestimmung beim Zweck der privaten Geldvermehrung kann auf nichts anders hinauslaufen als darauf, die der Konkurrenz um Marktanteile entspringenden Sachzwänge zu berücksichtigen und zur Sicherung des Unternehmenserfolges bezogen auf den Kostenfaktor Arbeit verantwortungsvoll an sich selbst zu exekutieren. Das gleiche Argument gilt für die Forderung nach mehr Bürgerbeteiligung an den Entscheidungen, die *im Rahmen der marktwirtschaftlichen Eigentumsordnung* nur als Standortfragen der Konkurrenz diskutierbar sind. Wo der Bezugsrahmen einer kapitalistischen Eigentumsordnung als »zivilisatorische Errungenschaft und Menschenrecht« verankert ist, werden die Verfahren, in deren Rahmen die mittellose Bevölkerung Betroffenheit einbringen soll, lediglich zum Mittel, um die Alternativlosigkeit der anstehenden wirtschaftspolitischen Entscheidungen mit zusätzlicher demokratischer Legitimation zu bestätigen. Im Idealfalle kann so im Volksentscheid die Umsetzung *marktwirtschaftlicher* Effizienz auf der Grundlage scheinbar objektiver ökonomischer Sachzwänge vollständig demokratisiert werden.

»Auch die freieste Wahl kann den offenkundigen Unterschied zwischen besitzenden und nichtbesitzenden Klassen in der Gesellschaft nicht verwischen. Sie kann lediglich der Unterdrückung der arbeitenden Massen den Stempel der Legalität aufdrücken.«

Ja, aber es ist ein Fehler, über die Kritik an der parlamentarischen Demokratie die demokratischen Prinzipien gleich mit über Bord zu werfen.

Anders als im kapitalistischen Produktionsverhältnis und dessen parlamentarischer Demokratie entscheidet auf der Grundlage vergesellschafteter Produktionsmittel der *Verbund selbstbestimmter Menschen* über die Frage, wie die Arbeit der Gesellschaftsmitglieder zur Befriedigung ihrer Bedürfnisse organisiert werden soll. Dieselben Menschen, deren Arbeit und Bedürfnisse im Kapitalismus Mittel zum Zweck fremder Geldvermehrung sind, werden hier ihre Fähigkeiten und Kenntnisse auf den Zweck richten, *ihr* Verhältnis von Arbeitsaufwand zu Arbeitsertrag zu *ihrem* Nutzen zu regeln. Obwohl dabei das *gemeinsame Interesse* – die für ihre Bedürfnisbefriedigung notwendige Arbeit effektiv zu organisieren – das einigende Band ihres arbeitsteiligen Zusammenhanges ist, sind auch in einer Kooperation selbstbestimmter Menschen Interessenkonflikte nicht zu vermeiden. Angefangen bei den Prioritäten der Produktionsplanung über die Frage, ob der Aufwand für bestimmte Dinge im Verhältnis zum individuellen Nutzen steht, bis hin zu diversen Fragen der innerbetrieblichen Organisation sind unterschiedliche Präferenzen abzusehen. Die Kooperation selbstbestimmter Menschen steht daher vor der Frage, in welcher *organisatorischen Form* ihre Mitglieder ihre Angelegenheiten untereinander eigenständig klären und darüber regeln können, ohne sich einer übergeordneten Instanz zu unterwerfen, die ihnen verbindlich sagt, wo es lang geht.[167]

---

167 Natürlich kann auch von oben alles richtig und von unten alles falsch gemacht werden. Nicht zuletzt angesichts der Lehren aus dem »Realsozialismus« kann es aber nur heißen: Warum sollten die Menschen, die in der Revolution die Kontrolle über ihre Produktionsmittel übernehmen, diese wieder abgeben, wenn sie auch selbst ihren arbeitsteiligen Zusammenhang regeln können.

Auch jenseits von Ware und Geld wird der arbeitsteilige gesellschaftliche Zusammenhang – wie in der Marktwirtschaft – zum Wechselspiel zwischen dezentralen und zentralen Organisationsformen. So werden z. B. regelmäßige Abstimmungen im Hinblick auf Produktion und Distribution zwischen der lokalen Produktionsplanung einzelner Betriebe, ihren Zulieferern, den lokalen und überregionalen Konsumgenossenschaften sowie allgemeinen zentralen Planungs- und Koordinierungseinheiten erforderlich sein. Da es natürlich nicht möglich und sinnvoll ist, dass jeder in jeder Sachfrage kompetent mitentscheidet, wird es auch in einer von den Gesellschaftsmitgliedern organisierten Produktion zweckmäßig und notwendig sein, Detailfragen verantwortlichen Abgesandten bzw. Experten zu überlassen. Ausgehend von den unmittelbaren Arbeits- und Lebensbeziehungen, d. h. den Arbeitern eines Betriebes oder den Bewohnern eines Bezirks, wählen hierbei die Beteiligten ihre Abgesandten für die übergreifenden gesellschaftlichen Planungs- und Regelungsangelegenheiten, die an grundlegende Weisungen gebunden und jederzeit von *ihnen* abrufbar sind. Auf der Produktionsseite sind damit die einzelnen Betriebe der Ausgangspunkt, von dem aus sich die Betriebsräte in Funktion der Betriebsvertretung oder spezifischer Projektleiter im Rahmen ihres Mandats mit den betriebsübergreifenden Planungsorganisationen in Verbindung setzen. Auf der Konsumtionsseite sind die lokalen Wohngebiete der Ausgangspunkt, von dem aus deren Vertreter im Rahmen ihres Mandats mit den bezirksübergreifenden Planungsorganisationen die ihren Vertretungsbereich betreffenden Angelegenheiten regeln. In den föderalistisch nach Themenbereichen organisierten Planungsorganisationen werden so Produktion und Konsumtion zusammengeführt. Die Vorstellung, hier müssten Millionen von Menschen Millionen von Themen direkt miteinander regeln, geht am grundsätzlichen Inhalt des Regelungsbedarfes vorbei. Ähnlich wie sich ein Aufsichtsrat im Kapitalismus bezogen auf den Zweck der Kapitalvermehrung auf die grundsätzlichen Fragen konzentriert und die operativen Aufgabenstellungen an Personen delegiert, denen er hierfür die nötige Qualifikation zutraut bzw. ihnen das Mandat entzieht, wenn er das Vertrauen verloren hat, steuert der Verbund selbstbestimmter Menschen seinen arbeitsteiligen Zusammenhang bezogen auf den Zweck, die für die gesellschaftliche Bedürfnisbefriedigung notwendige Arbeit zu organisieren, ohne dass es hierzu erforderlich ist, dass alle Beteiligten alle operativen Fragen im Einzelnen verstehen und an ihrer Entscheidung mitwirken. Als »Aufsichtsrat« ihrer arbeitsteiligen Kooperation lassen sich die Gesellschaftsmitglieder auf ihren Betriebs- bzw. Lokalversammlungen lediglich die grundsätzlichen Fragestellungen ihres Betriebes bzw. ihrer Kommune sowie die sie betreffenden übergreifenden Planungen und Entscheidungsvorlagen ihres gesellschaftlichen Zusammenhanges zwecks Klärung und Kontrolle präsentieren und treffen die erforderlichen Entscheidungen. Die Einsicht in die Zweckmäßigkeit der betriebsübergreifenden Planung reicht völlig aus, wo die Gesellschaftsmitglieder anders als unter kapitalistischen Verhältnissen über *ihr* gemeinsames Verhältnis von Aufwand zu Ertrag bestimmen und wo sich ihr persönliches Interesse ganz darauf richten wird, in gesellschaftlicher Arbeitsteilung Wissenschaft und Technik zum gemeinsamen Vorteil zu nutzen. Technischer Fortschritt und Produktivitätssteigerung bedeutet als Frucht ihrer gesellschaftlichen Arbeitsteilung schließlich nicht Arbeitslosigkeit und Verarmung für die einen und Intensivierung und Überstunden für die anderen, sondern die Verringerung der Arbeitszeit für alle bei gleicher Versorgungsleistung bzw. die Verbesserung der Versorgung für alle bei gleichem Arbeitsaufwand für ihre Gemeinschaft. Im Hinblick auf den *gemeinsamen Zweck* der Bedürfnisbefriedigung ist es daher völlig ausreichend, wenn bezogen auf die wesentlichen Grundsatzfragen ein gesellschaftlicher Konsens hergestellt wird. Ob dabei für bestimmte Sachverhalte Mehrheitsentscheidungen akzeptabel oder Vetorechte erforderlich sind bzw. wo qualifizierte Mehrheiten gelten sollen, werden die Gesellschaftsmitglieder im Hinblick auf die angestrebte Zusammenarbeit als Grundregeln selbst festlegen und je nach Bedarf entsprechend anpassen. Auf der Grundlage dieser Übereinkunft kann der Verbund selbstbestimmter Menschen es dann den einzelnen Betrieben und Kommunen überlassen, in Zusammenarbeit mit den übergreifenden Organisationen sämtliche operative Detailfragen in Projektgruppen sachlich zu klären.

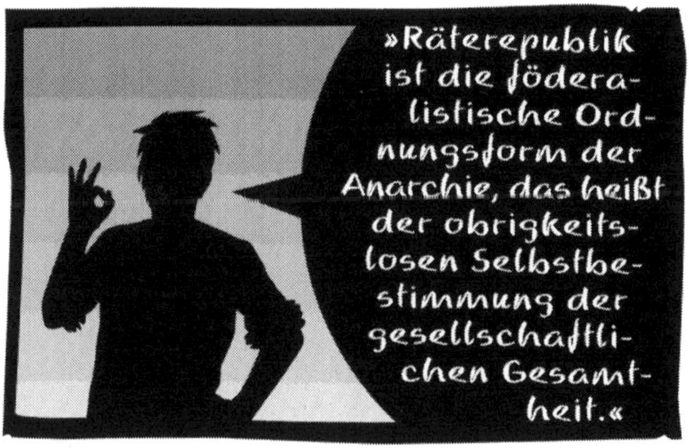

Die Verwaltung des Gemeinwesens durch die von den Arbeitsstätten und Kommunen von unten nach oben wirkende föderative Organisation der Räte bedeutet damit zugleich die Auflösung des Staates. Im *Verbund selbstbestimmter Menschen* sind die Räte in den Betrieben die organisatorischen Waffen, worüber die ökonomische Macht der Produzenten zugleich ihre politische Macht wird. Nicht die zentrale Planungsbehörde setzt die Betriebsleitungen ein, die wiederum die Abteilungsleitungen einsetzen, die wiederum den Produzenten vorschreiben, was zu tun ist, sondern umgekehrt. Die von den Produzenten delegierten Räte beauftragen die erforderlichen betriebsübergreifenden Planungsinstanzen. Mit der Konsolidierung und Abstimmung von Einzelplänen sowie dem überbetrieblichem Controlling wird keine Macht im Sinne von Anweisung und gewaltsamer Durchsetzung übergeordnet. Die betriebsübergreifenden Organisationen sind nichts anderes als das Mittel der Produzenten, mit dem sie ihren Entscheidungsgremien die »Notwendigkeiten« ihres arbeitsteiligen Produktionszusammenhanges transparent machen. Die Produzenten akzeptieren keine von zentralen staatlichen Stellen eingesetzten Betriebsleiter, welche unabhängig vom Willen der Produzenten die Arbeitszeiten und -organisation festlegen. Sie selbst schaffen und kontrollieren über ihre Räteorganisation die für ihre Produktion erforderliche zentrale Planungs- und Steuerungsorganisation, mit der sie den Zusammenhang zwischen ihren Produktionszielen und dem dafür erforderlichen Arbeitsaufwand festlegen. So bleiben die Betriebe und Kommunen die selbstständigen Organisationsformen der Bevölkerung, zum Zweck gemeinsam ihren arbeitsteiligen Zusammenhang zu regeln. So bleibt es eine Frage der sachlichen Klärung und nicht eine Frage der übergeordneten Entscheidung. Im Verbund selbstbestimmter Menschen kann niemand etwas verbindlich (d. h. notfalls mit Polizeigewalt und Gefängnis) durchsetzen. Alles steht und fällt mit dem sachlichen Konsens über die grundsätzlichen Fragen ihres Produktionszusammenhanges.

»Staat setzt Regierung voraus, das ist obrigkeitliche Befehlsgewalt und Rangordnung. Die Räterepublik ist charakterisiert in der Forderung …: Alle Macht den Räten! Räte sind die aus den Produktionsbetrieben unmittelbar entsandten, für jede Einzelfrage nach besonderer Eignung ausgesuchten, stets abberufbaren und auswechselbaren, unter dauernder Kontrolle der Werktätigen nach deren eigenen bindenden Beschlüssen handelnden Delegationen der industriellen und landwirtschaftlichen Betriebsbelegschaften. In den Räten ist die gesamte städtische und ländliche arbeitende Bevölkerung zur direkten Ausübung aller Verwaltungsfunktionen des Gemeinwesens zusammengeschlossen. Die Leitung der Verwaltungsaufgaben in den gemeinsamen Angelegenheiten weiterer und weitester Bezirke geschieht durch Unterdelegationen dieser Räte zu Kreis-, Provinzial-, Landesräte-Kongressen nach dem gleichen Grundsatz der Verantwortung nach unten, der Abberufbarkeit, des gebundenen Mandats, bis hinauf zu den höchsten Exekutivorganen, dem Zentralexekutivkomitee und dem Rat der Volksbeauftragten ….«[168] Wenn »Gruppen aus allen Himmelsrichtungen sich zu irgendeinem Zweck organisieren wollen, wählen sie nicht mehr ein internationales Parlament von Deputieren, die sich für alles eignen und denen man nur zu sagen braucht: "Ihr beschließt Gesetze, und wir werden uns fügen." Sie gehen

---

[168] Erich Mühsam, Staatsverneinung« (Oktober 1926) in: FANAL Bd. 1, Impuls Verlag, S. 3f

anders vor. Wo es nicht möglich ist, sich direkt zu treffen oder per Korrespondenz zu einem Übereinkommen zu gelangen, dort entsendet man sachverständige Delegierte mit dem Auftrag: "Bemüht Euch um Verständigung über diese Frage und kommt nicht mit einem Gesetz in der Tasche, sondern mit einem Verständigungsvorschlag zurück, den wir akzeptieren mögen oder auch nicht.«[169]

Das einzige ungeschriebene Gesetz, das der *Verbund selbstbestimmter Menschen* auf diese Weise akzeptiert, besteht in dem Wissen darum, dass Eigentum – egal ob privat, genossenschaftlich oder staatlich – ein Gewaltverhältnis ist, und dass der ihm entspringende Warentausch die Selbstbestimmung der Menschen aufhebt und sie stattdessen einer fremden Macht unterwirft, dem Geld. Wenn Menschen mit diesem Wissen ausgerüstet in einen gesellschaftlichen Zusammenhang treten, dann auf der Grundlage, dass ihre Produktionsergebnisse prinzipiell allen gehören. Dann werden sie denen, die ein Stück Land mit einem Zaun umgeben wollen und auf den Gedanken kommen, zu sagen »Dies gehört mir«, zurufen: »vergesst nicht, dass zwar die Früchte allen, aber die Erde niemandem gehören« und werden gemeinsam die Pfähle ausreißen. Dann werden sie diejenigen, die sich an der gesellschaftlichen Arbeitsteilung beteiligen wollen, in die gesellschaftliche Bedürfnisplanung sowie die daraus abgeleitete Organisation der Produktion integrieren. Dann wird es vollkommen gleichgültig sein, »ob sich die Räte ein zentrales Exekutivkomitee und einen Rat der Volksbeauftragten schaffen oder nicht. Tun sie es, so müssen sie achtgeben, dass es in der Tat ausführende Organe bleiben und nicht auf

[169] Peter Kropotkin, Die Eroberung des Brotes, Carl Hanser, S. 105f

Schleichwegen eine Gesetzgeberei aus ihren Funktionen machen; unterlassen sie es aber, so müssen sie eben ein andres Mittel finden, um die Aufgaben der Gesamtheit wie Beleuchtung der Dörfer und Städte, Verkehrswege, Brückenbauten, Medizinal- und Schulwesen, kurz alle die Dinge zu regeln, die nicht von einem Betriebe oder einem Stadtviertel aus allein geordnet werden können.«[170]

170 Erich Mühsam, Alle Macht den Räten!, Fanal Bd. 5, S. 56

»Der Rätegedanke bedeutet Selbstorganisation, Selbstständigkeit und Selbstständige Initiative der arbeitenden Massen, ohne die ein sozialistischer Aufbau der Gesellschaft nicht möglich ist.«

»Räte in der Revolution bilden sich aus dem Willen, das politisch und wirtschaftlich Notwendige von den Arbeitsstätten aus unter Ausschaltung regierender Beamter in freiwilliger gegenseitiger Verständigung der Revolutionäre selbst zu tun.«

»Räte **nach** dem Siege der Revolution sind die beschließenden und verwaltenden Organe der Gesamtheit, die die ganze Gesellschaft umfassen und das Gefüge der ganzen Gesellschaft zusammenhalten.«

VII.

ALLE MACHT DEN RÄTEN!

Der Verbund selbstbestimmter Menschen verabscheut eine Führerschaft mit Befehlsgewalt, »also jede Staatsregierung, Beamtenschaft und Parteizentrale, jede Diktatur und jede Klüngelherrschaft. Aber wir leugnen weder die Nützlichkeit des Spielleiters im Theater noch des Vorsitzenden einer Versammlung oder des Kapitäns auf einem Schiff. Hier teilen persönliche Eigenschaften dem Geeigneten bestimmte Aufgaben in bestimmten Fällen zu. Im politischen Kampf und ebenso beim Aufruhr oder in der Abwehr bewaffneter Angriffe gilt dasselbe. Wie eine wandernde Herde dem Leittier folgt, das nicht gewählt ist, sondern voran geht, weil es sich die beste Witterung zutraut, aber ermüdet sogleich von jedem anderen Tier abgelöst werden kann, so verhält es sich bei den Menschen auch. Es gibt Wortführer, es gibt Rädelsführer, das sind Personen, denen gefolgt wird, weil sie am klarsten den Willen aller zum Ausdruck bringen oder am entschlossensten ans Werk des Handelns gehen. Führer ist, wer vormacht, nicht wer Gesetze gibt oder eine Gefolgschaft am Halfter hinter sich herzieht.«

Leitungsfunktionen und Hierarchien im Sinne von Weisungsbefugnissen wird es auch in einer kooperativen Produktionsgemeinschaft geben. Auch in einem von den Produzenten organisierten Kraftwerk, an einem Hochofen oder in einer Raffinerie wird nicht jeder machen können, was er gerade will. »Es ist folglich absurd, vom Prinzip der Autorität als einem absolut schlechten und vom Prinzip der Autonomie als einem absolut guten Prinzip zu reden.«[171] Es kommt sehr wohl auf ihren Inhalt an. In einer Welt jenseits von Eigentum und Geld entfällt das *Mittel* wie das *Motiv,* zwecks eigener Bereicherung machtvolle Hierarchien gegenüber anderen aufzubauen und gegen Konkurrenten zu verteidigen. Entscheidungsbefugnisse werden in einer Kooperation selbstbestimmter Produzenten gemeinsam von den betroffenen Produzenten übertragen oder auch wieder entzogen. Das Motiv für die Übernahme hierarchischer Leitungsfunktionen und besonderer Verantwortung begründet sich hier aus dem materiellen Interesse an der Sache, d. h. dem Gelingen der gemeinsamen Produktion. Sollte jemand zu viel persönliche Eitelkeit mit einer derartigen Funktion verbinden, mag das einige stören. Im schlimmsten Fall wird einfach jemand anderem die Aufgabe übertragen. Bewerben kann sich im Verein selbstbestimmter Menschen jeder auf alles, ob die anderen ihm aber dafür das nötige Vertrauen schenken, entscheiden sie untereinander selbst. Natürlich wäre es schön und im Interesse aller Produzenten, wenn jeder jederzeit jede Aufgabe übernehmen könnte. In einer industrialisierten Welt ist aufgrund der Vielzahl der Funktionen und der Komplexität der Aufgaben dies jedoch unrealistisch. Dessen ungeachtet wird sich aber über das *gemeinsa-*

---

171 Friedrich Engels, Von der Autorität, MEW Bd. 18, S. 307

me Interesse der Produzenten an der Schaffung abwechslungsreicher motivierender Tätigkeiten sowie an der Verbreitung von Bildung und Kompetenz das Arbeitsleben im Verbund selbstbestimmter Menschen gewaltig verändern. Dummheit und Vereinseitigung kann schließlich kein Mittel *gemeinsamer* Produktion sein, sondern allein ihr Schaden. Ganz anders als in der Marktwirtschaft, wo der *Wert* der Arbeitskraft das entscheidende Kriterium ist und darüber der Einsatz billiger Arbeitskräfte – die ohne Gelegenheit, ihren Verstand zu üben, lebenslang wenige einfache Operationen verrichten müssen – zum Geschäftsmittel wird; wo für den Zweck privater Geldvermehrung im Hinblick auf Konsum und Arbeit zwischen lohnenden und überflüssigen Teilen der Bevölkerung unterschieden wird; wo je nach der Lage auf dem Arbeitsmarkt oder mit anderen Worten, je nach der Nachfrage nach gewinnbringend einsetzbaren Arbeitskräften entweder ein Bildungsnotstand oder ein Einsparungspotenzial im Ausbildungswesen festgestellt wird; wo die Auslese über das Notensystem zusammen mit dem Umfang der Betreuung der Schüler (Anzahl Lehrer pro Schüler etc.) dafür sorgt, dass dem Arbeitsmarkt genug gebildete (teure) und weniger gebildete (billige) Arbeitskräfte zugeführt werden. Im Verbund selbstbestimmter Menschen ist demgegenüber die Vervielfachung der Ausbildungskapazitäten ein Mittel dafür, die Qualität der Arbeitsergebnisse zu erhöhen sowie die notwendige Arbeit *aller* zu erleichtern bzw. zu verringern. Wo die Kalkulationsgrundlage für den Nutzen billiger Arbeitskräfte entfällt, wird die möglichst umfassende Ausbildung und Befähigung zur Übernahme vielseitiger Tätigkeiten zum selbstverständlichen Vorteil für *alle* Gesellschaftsmitglieder.

»An die Stelle der Organe von Staat und Kapitalismus müssen die produktiven Assoziationen der Arbeiter treten, als Träger des ganzen wirtschaftlichen Lebens. Die Grundlage muss der Betrieb sein, die Betriebsorganisation muss die Keimzelle bilden für die neue ökonomische gesellschaftliche Organisation.«
Ja, aber die freie, selbstbestimmte Assoziation der Produzenten bleibt solange eine hohle Phrase, wie ihre materielle Grundlage nicht bestimmt ist.

3.3.3 Grundprinzipien gemeinschaftlicher Produktion und Verteilung

> »Die Durchführung der sozialen Revolution ist im Wesen nichts anderes als die Durchführung der Arbeitsstunde als Maßstab im gesamten Wirtschaftsleben. Sie dient als Maß in der Produktion und zugleich wird mit ihr das Recht der Produzenten auf gesellschaftliches Produkt gemessen. Das Wesentliche hierbei aber ist, dass diese Kategorie von den Produzenten und Konsumenten selbst durchgeführt wird.«[172]

In der Revolution übernehmen die Arbeitnehmer die Kontrolle über ihre Betriebe. Die von den Eigentümern der Produktionsmittel eingesetzte Unternehmensleitung wird ersetzt durch die von den Arbeitnehmern gewählten, beauftragten und jederzeit von ihnen absetzbaren Betriebsräte. Sämtliche Wirtschaftsbeziehungen – von den Vorlieferanten zu den Produzenten, von den Produzenten zu den Konsumenten – werden Bestandteil der sich vernetzenden Räteorganisationen. Dabei muss die unter der Kontrolle der Räte stehende Gesellschaft ihre grundlegende Wirtschaftsorganisation nicht erst auf dem Reißbrett neu erfinden. Sie findet von der Landwirtschaft über die Industrie bis zur Logistik sämtliche Mittel ihrer Versorgung vor. Sobald mit der Vergesellschaftung der Produktionsmittel die Übernahme und Fortführung der Produktion durch die Räteorganisationen gesichert ist, kann daher die *Umgestaltung* der vorhandenen Arbeitswelt zum Nutzen der Gesellschaftsmitglieder beginnen.

---

[172] Gruppe Internationaler Kommunisten (Holland), a.a.O. S. 176

Mit der Durchsetzung der individuellen Arbeitsstunde als Maß des Anteils der Produzenten an ihrem gesellschaftlichen Produkt wird dabei zunächst sichergestellt, dass jeder nur seine *eigene* Arbeit geben kann. Niemand kann sich über die abstrakte Zugriffsmacht des Geldes Arbeitsprodukte fremder Arbeit aneignen. Über den Besitz individueller Konsumgüter hinaus können keine Produktionsmittel in das Privateigentum einzelner übergehen. Die durch die Ausnutzung fremder Arbeit im Geld angesammelte und ständig erweiterte Zugriffsmacht auf zukünftige fremde Arbeitsleistungen entfällt und damit der Grund für die Bereitstellung einer Vielzahl von Gütern und Diensten, die sich dem Reichtum einer Minderheit auf Kosten der Mehrheit verdanken. Was produziert wird, wie produziert und wo produziert wird, ist von nun an nicht mehr eine Frage des lohnenden Geschäfts der Produktionsmittelbesitzer, sondern wird darüber entschieden, ob in der von den Produzenten kontrollierten Produktion *ihr* Aufwand in einem angemessenen Verhältnis zum *ihrem* Nutzen steht. Die Bedürfnisse und Arbeitsbedingungen der Gesellschaftsmitglieder sind also nicht länger bloßes Mittel zum Zweck der Tauschwertproduktion, d. h. des Geldes und seiner Vermehrung als Profit. Der Zweck, das Verhältnis von Aufwand zu Ertrag für die Gesellschaftsmitglieder zu optimieren, bestimmt von nun an die Gestaltung der Arbeitsorganisation und zieht sich in Umkehrung der unter 2.2 beschriebenen notwendigen Folgen kapitalistischer Warenproduktion, angefangen bei Forschung und Entwicklung über Produktmanagement bis zur Verteilung, wie ein roter Faden durch den von den Produzenten bestimmten gesellschaftlichen Produktionsprozess.

Für die erforderliche Umgestaltung der übernommenen Wirtschaftsorganisation reicht den einzelnen Betriebsorganisationen im ersten Schritt das negative Ausschlusskriterium völlig aus: Alles, was von der übernommenen kapitalistischen Arbeitsorganisation nicht den Produzenten, die zugleich die Konsumenten sind, nützt, wird eingestellt und aufgelöst. Wer wird jetzt noch Arbeitskraft und Mühe in die Konzeption von Joghurtbechern investieren wollen, die den Konsumenten einen größeren Inhalt vorgaukeln, oder in die Entwicklung von ernährungswissenschaftlich minderwertigen Lebensmitteln, die mit diversen chemischen Geschmacks- und Farbstoffen oberflächlich aufpoliert werden, oder in gentechnisch verändertes Saatgut, das sich von den Bauern nicht selbst vermehren lässt, oder in die Gestaltung und Verbreitung von Werbung, die niemand in seinem Briefkasten oder als lästige Unterbrechung im Kino oder Fernsehen haben will? Sobald der Tauschwert, das Geld und seine Vermehrung, nicht mehr der alles bestimmende Zweck jeder Betriebsorganisation ist, werden die sachlichen Kriterien der Gebrauchsgüterproduktion im gesamten Produktionsprozess automatisch in den Fokus rücken und den Umgestaltungsprozess der gesamten Wirtschaft bestimmen. Wenn nach der Vergesellschaftung der Produktionsmittel nicht mehr Konkurrenz um den privaten Vorteil, sondern Zusammenarbeit die Maxime ist, werden die Betriebsräte der im Kapitalismus gegeneinander konkurrierenden Unternehmen sich unmittelbar darüber ins Benehmen setzen, wie sich aus dem vorhandenen Wissen und den gegeneinander aufgebauten Produktionskapazitäten Synergien zum gemeinsamen Nutzen ziehen lassen. Wo die Produzenten ihre Arbeitskraft nicht mehr meistbietend auf dem Arbeitsmarkt verkaufen müssen, wird die Frage, wo produziert wird, nicht über den unterschiedlichen Wert lokaler Arbeitskräfte entschieden, sondern an den sachlichen Kriterien der jeweiligen Gebrauchsgüterproduktion. In dem Moment, in dem die Arbeitsplatzgestaltung nicht mehr Kostenfaktor in der Gewinnkalkulation der Produktionsmittelbesitzer ist, werden die Produzenten über Ausstattung und Organisation ihrer Arbeit selbst bestimmen. Da Arbeitslosigkeit in einer von den Produzenten organisierten Ökonomie nicht mehr existenzielle Not bedeutet, sondern die Möglichkeit, den anderen bei der verbleibenden Arbeit zu helfen, stehen sämtliche im Zuge der betrieblichen Umgestaltung freigesetzten Ressourcen und Arbeitskräfte entweder zur Verringerung der gesamtgesellschaftlichen Arbeitszeit oder für die Umsetzung zusätzlicher Aufgaben zur Verfügung. Der erste Schritt einer bedürfnisorientierten Umgestaltung der kapitalistischen Produktion lässt sich somit in den selbstbestimmten Betriebsorganisationen von den Produzenten unmittelbar aus der veränderten Zwecksetzung ableiten und umsetzen.

Parallel hierzu bedarf es jedoch im Hinblick auf die planmäßige Organisation der Produktion entsprechend der Bedürfnisse der Gesellschaftsmitglieder einer über den Horizont der einzelnen Betriebe hinausgehenden, umfassenden gesellschaftlichen Koordination. Die Produzenten, die zur Verwaltung in den Fabriken und Betrieben die Arbeiterräte als Grundzellen der politischen Ordnung organisiert haben, können hier nicht stehen bleiben. Sie müssen sich im Rahmen ihrer betriebsübergreifenden Räteorganisation – wie im vorangegangenen Abschnitt skizziert – die *von ihnen kontrollierten* Planungs- und Entscheidungsinstanzen schaffen, um angefangen bei der Bedarfsermittlung über die Festlegung von Prioritäten des Mitteleinsatzes bis zur Verteilungsfrage ihren gesellschaftlichen Produktionszusammenhang organisieren zu können. Da auch im Verbund selbstbestimmter Menschen nur konsumiert werden kann, was über die von den Produzenten verausgabte Arbeitszeit sowie die in ihrer gesellschaftlichen Arbeitsteilung erzielte Produktivität produziert wird, steht die Gesellschaft mit der Übernahme der Produktionsmittel vor der Herausforderung, die Gestaltung ihrer Arbeitsbedingungen (die Ausstattung der Arbeitsplätze wie auch den Umfang der Arbeitszeiten und -intensität) mit ihren Konsumbedürfnissen arbeitsteilig in Einklang zu bringen. Die hohle Phrase, die Produzenten würden nach der Vergesellschaftung der Produktion ihre Produktion und Konsumtion rational zum Zwecke ihrer Bedürfnisbefriedigung regeln, bedarf also einer Konkretisierung.

Wer ist DIE GESELLSCHAFT? Die Menschen selbst müssen entscheiden, wie viel Arbeit sie für welches Bedürfnis bereit sind zu leisten.
Dazu müssen die Produzenten mit der Organisation ihrer Arbeit zugleich das Verhältnis zwischen ihrem Aufwand und ihrem Ertrag festlegen.

Mit der Vergesellschaftung der Produktionsmittel entfallen das Tauschverhältnis der Privatproduzenten und damit das Geld als die versachlichte Form, in der sich ihr gewaltsames Ausschlussverhältnis betätigt. Was jedoch nicht verschwindet, ist die Notwendigkeit einer Wirtschaftsrechnung. Ohne ein den Produktionsprozess verbindendes Maß ist rationales Wirtschaften nicht möglich. Auch eine von den Produzenten bestimmte Gesellschaft muss wissen, wie viel Arbeit jeder Gebrauchsgegenstand zu seiner Herstellung bedarf. Sie muss ausgehend von den einzelnen Betrieben die lokalen Produktionspläne zeitlich einrichten und entsprechend die Arbeitskräfte einteilen. Sie benötigt darüber hinaus im Hinblick auf die Bemühungen zur Steigerung der betrieblichen wie auch der gesamtgesellschaftlichen Produktivität, d. h. zur Verbesserung ihres Verhältnisses von Aufwand zu Ertrag, einen detaillierten Überblick über den für die einzelnen Arbeitsabschnitte erforderlichen Zeitaufwand. Eine von den Produzenten bestimmte Gesellschaft wird also wissen müssen, wie viel gesellschaftliche durchschnittliche Arbeitszeit für die unterschiedlichen Güter und Dienste aufzuwenden ist, um die Produktivität ihrer Arbeitsprozesse messen zu können. Ebenso wird für die einzelnen Gesellschaftsmitglieder die Information erforderlich sein, welcher gesellschaftliche Aufwand mit bestimmten Gütern und Diensten verbunden ist, um *selbst* abschätzen zu können, ob für *sie* der Nutzen im Verhältnis zum erforderlichen Aufwand steht, um also eine *vernünftige* Kopplung zwischen Geben und Nehmen zu ermöglichen. Der Verbund selbstbestimmter Menschen benötigt daher ein Maß, das an die Stelle des Geldes tritt, um überhaupt die von den Gesellschaftsmitgliedern festgelegten Produktionsziele mit ihrer Bereitschaft, den hierfür erforderlichen Arbeitsaufwand zu tragen, in einem *schrittweisen Annäherungsprozess* abstimmen zu können. Darüber hinaus benötigen die Produzenten eine sachliche Grundlage, die ihnen erlaubt, ihren gesellschaftlichen Reproduktionsprozess *selbst* zu regeln, ohne dass eine ihnen übergeordnete staatliche Instanz – wie im Realsozialismus – von oben herab Arbeitsbedingungen und Konsum festlegt. Dieses verbindende Maß, über das die Produzenten zusammen mit den von ihnen geschaffenen betriebsübergreifenden Planungsinstanzen den Reproduktionsprozess ihrer arbeitsteilig vernetzten Produktionseinheiten optimieren und zugleich den Zugang zu den bereitgestellten Gütern und Diensten selbst bestimmen können, ist die gesellschaftlich durchschnittliche Arbeitszeit je Produkt auf der einen sowie die individuelle Arbeitszeit der Produzenten auf der anderen Seite. Sie wird ermittelt über die *»offene Buchführung aller Betriebe über ihre Arbeitszeit.«*[173]

Was oberflächlich betrachtet wie der Tauschwert der Ware bzw. das von den Waren losgelöste selbst als Warenwert neben ihnen existierende Geld erscheint, ist in einer Gesellschaft jenseits von Eigentum und Warenhandel ein völlig anderer Sachverhalt. Zwar ist auch hier Arbeitszeit

173 Die den folgenden Ausführungen zugrundeliegenden »Grundprinzipien kommunistischer Produktion und Verteilung« wurden als eine Ableitung aus der marxschen Kapitalismuskritik bereits 1930 als Kollektivarbeit der »Gruppe Internationaler Kommunisten (Holland)« veröffentlicht. Eine über die Grundprinzipien einer auf Arbeitszeitrechnungen gegründeten sozialistischen Planwirtschaft in vielen Detailüberlegungen hinausgehende Darstellung wurde 1993 von Paul Cockshott und Allin Contrell vorgelegt (»Towards a New Socialism«). Während die Holländer, ebenso wie die vorliegende Schrift, die entscheidende Bedeutung der Macht gesellschaftlich zusammengeschlossener Räte betonen, propagieren die Letzteren eine staatliche Planungsbehörde, die über basisdemokratische Verfahren kontrolliert wird.

eine Abstraktion vom zuvor bewusst festgelegten Inhalt der Arbeit und lässt sich mathematisch als gesellschaftlicher Durchschnitt ausdrücken. Anders als im Tauschverhältnis der Privatproduzenten wird hier aber die abstrakte Arbeit nicht zum *Zweck* der Produktion. Hier entscheidet sich auch nicht erst hinter dem Rücken der Produzenten im konkurrierenden Vergleich zur gesellschaftlich durchschnittlichen Arbeitszeit, ob die individuelle Arbeit überhaupt als gesellschaftliche anerkannt wird. In einer Gesellschaft, in der mit dem Eigentum das Tauschverhältnis abgeschafft ist – in der die Gesellschaftsmitglieder im Rahmen ihrer gemeinsamen Planung mit der Qualität der gewünschten Güter sowie der konkreten Gestaltung ihrer hierfür erforderlichen Arbeit den gesellschaftlichen Charakter ihres Produkts und ihrer Arbeit festgelegt haben – ist die in Zeiteinheiten ausgedrückte abstrakte Arbeit allein das Maß für die notwendige Arbeit, die zum Zwecke der Bedürfnisbefriedigung der Gesellschaftsmitglieder verrichtet werden muss. Hier ist die gesellschaftlich durchschnittliche Arbeitszeit nichts anderes als die Tatsache, dass hundert Quadratmeter Tuch meinetwegen tausend Arbeitsstunden zu ihrer Produktion erfordern. Es ist eine notwendige Information, um den gesellschaftlichen Reproduktionsprozess sicherzustellen, indem es den Gesellschaftsmitglieder vor Augen hält, dass die Konsumtion von hundert Quadratmeter Tuch tausend Arbeitsstunden voraussetzen.[174]

Ebenso ist die individuelle Arbeitszeit als das direkte Maß des individuellen Anteils des Produzenten an der von ihnen selbst geregelten Gemeinschaftsarbeit, d. h. am konsumierbaren Teil der gemeinsam produzierten Güter und Dienste nicht zu verwechseln mit dem aussichtslosen Ver-

---

[174] Vgl. hierzu: Friedrich Engels, Anti-Dühring, MEW Bd. 29, S. 288f

such der Frühsozialisten das Geld abzuschaffen, ohne zugleich seinen Ausgangspunkt, den Warenhandel, zu überwinden. Arbeitszeitzertifikate, die *jenseits* von Markt und Warenhandel die Anzahl der Arbeitsstunden repräsentieren, sind kein als Geldware neben einer Warenwelt existierender Tauschwert. »Innerhalb der genossenschaftlichen, auf Gemeingut an den Produktionsmitteln gegründeten Gesellschaft tauschen die Produzenten ihre Produkte nicht aus; ebenso wenig erscheint hier die auf die Produkte verwandte Arbeit *als Wert* dieser Produkte, als eine von ihnen besessene sachliche Eigenschaft, da jetzt, im Gegensatz zur kapitalistischen Gesellschaft, die individuellen Arbeiten nicht mehr auf einem Umweg, sondern unmittelbar als Bestandteile der Gesamtarbeit existieren.«[175] Hier wird nicht erst über den Warenhandel der gesellschaftliche Nutzen der individuellen Arbeit ermittelt, da bereits vor der Produktion sowohl das gesellschaftliche Produkt wie auch der individuelle Anteil planmäßig festgelegt wurden. Arbeitszeitzertifikate dienen für die mit gemeinschaftlichen Produktionsmitteln kooperierenden Produzenten lediglich dazu, die auch für eine Kooperation notwendige Transparenz darüber zu schaffen, inwiefern die *Beiträge* der Gesellschaftsmitglieder in einem angemessenen Verhältnis zum konsumierbaren gesellschaftlichen Produkt stehen. Mit anderen Worten: »Das Arbeitszertifikat konstatiert nur den individuellen Anteil des Produzenten an der Gemeinarbeit und seinen individuellen Anspruch auf den zur Konsumtion bestimmten Teil des Gemeinprodukts.«[176] Was oberflächlich betrachtet dem Warentausch ähnelt, hat Inhalt und Form verändert, »weil unter den veränderten Umständen niemand etwas geben kann außer seiner Ar-

[175] Karl Marx, Kritik des Gothaer Programms, MEW Bd. 19, S. 19f
[176] Karl Marx, Das Kapital Bd. 1, MEW Bd. 23, Fußnote 50 S. 109

beit und weil andererseits nichts in das Eigentum der einzelnen übergehen kann außer individuellen Konsumtionsmitteln.«[177]

Wie es in einer von den Produzenten selbst bestimmten Gesellschaft mit Hilfe der *offenen Buchführung aller Betriebe über ihre Arbeitszeit* praktisch möglich ist, sowohl den Produktionsprozess der horizontal und vertikal zu einem planmäßigen Ganzen vernetzten Betriebe und Industrien zu optimieren als auch parallel dazu das Verhältnis zwischen den Produzenten und ihrem individuell zu konsumierenden Teil des gesellschaftlichen Gesamtproduktes unmittelbar, d. h. ohne staatliche Zuteilung festzulegen, soll im Folgenden grob skizziert werden. Dabei wird zur Vereinfachung des Gedankenganges zunächst unterstellt, dass die Produzenten über den Maßstab ihrer individuellen Arbeitszeit den vollen Ertrag ihrer Arbeit erhalten. Die darüber hinausgehende Berücksichtigung erforderlicher Rücklagen, z. B. für Investitionen in die Erweiterung der Produktionsmittel, für aus Alters-, Krankheits- oder Ausbildungsgründen nicht am Arbeitsprozess teilnehmende Gesellschaftsmitglieder sowie für die Bereitstellung öffentlicher Güter, wird im Anschluss daran dargestellt. Im abschließenden Abschnitt – »Jeder nach seinen Fähigkeiten, jedem nach seinen Bedürfnissen!« – wird dann gezeigt, wie mit der zunehmenden Bereitstellung öffentlicher Güter sich die Arbeitszeit als Maßstab für den individuellen Konsum in immer größerem Umfang überwinden lässt.

---

[177] Karl Marx, Kritik des Gothaer Programms, MEW Bd. 19, S. 20

1) Die vollständige Verteilung des gesellschaftlichen Produkts am Maßstab individueller Arbeitszeit

Der gesellschaftliche Aufwand eines beliebigen Produktes entspricht der Summe der verausgabten Arbeitsstunden in den anteilig verbrauchten festen Produktionsmitteln [p] (Maschinen, Gebäude etc.), in den zirkulierenden Produktionsmitteln [r] (Roh- und Hilfsstoffe) sowie in den für das Produkt in den jeweiligen Betrieben direkt anfallenden Arbeitsstunden [a]. Im Rahmen der offenen Buchführung kann jeder Betrieb in der Kette von Teilarbeiten, in der das Endprodukt eines Betriebes als Produktionsmittel in andere Betriebe eingeht, die auf sein Endprodukt verbrauchte Arbeitszeit durch die Produktionsformel p+r+a exakt berechnen. Genauso wie innerhalb einer Betriebseinheit die unterschiedlichen individuellen Arbeitszeiten bezogen auf ihr gemeinsames Endprodukt zum Durchschnitt ihrer Arbeitszeit zusammengefasst werden, lassen sich im Rahmen der offenen Buchführung auch die unterschiedlichen durchschnittlichen Arbeitszeiten verschiedener Betriebe bezogen auf gleiche Endprodukte zum gesellschaftlichen Durchschnitt zusammenfassen. Für jedes Betriebs-Endprodukt, sei es ein Produktionsmittel für einen anderen Betrieb oder bereits Konsumartikel, lässt sich so der gesellschaftlich notwendige Aufwand pro Einheit anhand seiner gesellschaftlich durchschnittlichen Arbeitszeit genau berechnen.

Um den gesellschaftlichen Reproduktionszusammenhang sicherzustellen – die Gesellschaftsmitglieder können nicht mehr konsumieren, als sie bereit sind zu produzieren – wird der anhand der tatsächlich angefallenen Arbeitszeit errechnete gesellschaftlich durchschnittliche Aufwand an Arbeitszeit pro Stück den individuellen Arbeitszeitkonten gegenübergestellt. Die unterschiedliche Produktivität der einzelnen Betriebe spielt bei dieser Kopplung zwischen Geben (*individuelle* Arbeitszeit) und Nehmen (*gesellschaftlicher* Aufwand pro Stück) keine Rolle. Die Konsumenten beziehen im Verhältnis zu ihren individuellen Arbeitszeitkonten bei *allen* Betrieben zur gesellschaftlichen durchschnittlichen Produktionszeit des jeweiligen Produkts, womit das Resultat *jeder* Veränderung der Produktivität *allen* Gesellschaftsmitgliedern gleichermaßen zufällt. Der Gegensatz von betrieblich und gesellschaftlich durchschnittlicher Arbeitszeit – der im Kapitalismus hinter dem Rücken der Produzenten darüber entscheidet, in welchem Umfang bzw. ob überhaupt die im Produkt enthaltene individuelle Arbeit als Tauschwert gesellschaftlich anerkannt wird – findet jenseits von Markt und Tauschwert seine Aufhebung im kooperativen Produktionszusammenhang der Produzenten. Die Konkurrenz zwischen den Betrieben ist aufgehoben. Ihre Reproduktion wird über den geplanten kooperativen Zusammenhang geregelt und nicht über die Verfügung über Geld. Die Koppelung zwischen der individuellen Arbeitszeit und dem durchschnittlichen gesellschaftlichen Aufwand pro Stück ist keine *Bezahlung* der Betriebe in Form von Geld, dessen Besitz wiederum die Voraussetzung für den Bezug bei ihren Lieferanten wäre, sondern allein eine *Information* im Rahmen der offenen gesellschaftlichen Buchführung. Die Optimierung der Produktion ist eine bewusste Angelegenheit zwischen den betriebsübergreifenden Planungs- und Steuerungsorganisationen und den einzelnen Betrieben. Die unterschiedliche Produktivität der einzelnen Betriebe – die im Rahmen der offenen

Buchführung aller Betriebe zeigt, inwieweit der einzelne Betrieb von der gesellschaftlichen Durchschnittszeit abweicht – dient im *kooperativen* Produktionszusammenhang allein als Hinweis auf eventuell mögliche Effizienzsteigerungen im Rahmen der *gemeinsamen* Produktion. Auch wenn es oberflächlich sehr ähnlich aussieht, ist der entscheidende Unterschied, dass hier nicht hinter dem Rücken der Produzenten über den Zwang der ökonomischen Verhältnisse entschieden wird. Ihre gemeinsame gesellschaftliche Tätigkeit wird also nicht zu einer Bewegung von Sachen (Ware und Geld) unter deren Kontrolle sie stehen. Die Assoziation der Produzenten entscheidet vielmehr bewusst miteinander, was, wie und wo sie gemeinsam produzieren wollen und damit auch was sie für Schlüsse aus unterschiedlicher Produktivität ziehen wollen. Die so für alle Gesellschaftsmitglieder erkennbaren Potenziale für Prozessoptimierungen – sei es über den Fortschritt der Technik oder Verbesserungen der Arbeitsorganisation – zeigen dem Verbund selbstbestimmter Produzenten die Möglichkeiten, wie über die Steigerung der Produktivität bei unveränderter Arbeitszeit mehr Produkt oder bei gleichem Konsumtionsniveau mehr Freizeit für alle zu gewinnen wäre. Es wird also auch in einem von den Produzenten selbst bestimmten Produktionszusammenhang »Messungen der Arbeitshandlungen und Mechanisierung des Arbeitsprozesses wie laufendes Band usw. geben, aber das sind technische Maßnahmen zur Ermittlung und Durchführung der besten Arbeitsmethoden, von den Arbeitern der betreffenden Betriebe selbst gewollt und angewandt. Das ist deshalb so, weil hinter diesen Maßnahmen nicht die Peitsche der an Überschüssen interessierten zentralen Kommandogewalt steht, sondern das eigene Interesse der Produzenten, die mit der Steigerung ihrer eigenen Produktivität zugleich den Gesamt-Gütervorrat der Gesellschaft vermehren, an dem alle Arbeiter gleiches Anrecht haben.«[178]

»Bei diesem Gang von Produktion und Distribution wird von niemand "zugewiesen", welcher Teil des gesellschaftlichen Produkts für jeden zur Verfügung steht. Es ist keine Verteilung durch Personen, sondern diese erfolgt durch die sachliche Produktion selber. Das Verhältnis der Produzenten zum gesellschaftlichen Produkt liegt in den Dingen selbst und gerade dadurch hat keiner etwas "zuzuweisen". Das ist dann auch die Erklärung des Geheimnisses, dass ein Staatsapparat in der Wirtschaft nichts zu suchen hat. Die ganze Produktion wie Distribution stehen auf reellem Boden, weil die Produzenten und Konsumenten gerade durch dieses Verhältnis den ganzen Prozess selbst leiten und verwalten können.«[179] Um die herrschaftslose Gesellschaft zu verwirklichen, in der an die Stelle der Regierung über Personen die Verwaltung von Sachen und die Leitung von Produktionsprozessen tritt, müssen die Produzenten ihre eigene Arbeitszeit als Maßstab für ihren Anteil am gesellschaftlichen Arbeitsprodukt durchsetzen. Sie müssen in ihren Betrieben, über die Berechnung, wie viel Arbeitszeit in ihrem Produkt absorbiert ist, selbst ihr Verhältnis als Produzent zum gesellschaftlichen Produkt festlegen. Nur dann bleibt die Vorstellung von der selbstbestimmten Assoziation der Produzenten keine hohle Phrase, sondern ist gefestigt in ökonomischen Realitäten.

---

[178] Gruppe Internationaler Kommunisten (Holland), a.a.O. S. 99
[179] ebenda. S. 68

WO SICH LEISTUNG NICHT LOHNT, WIRD DIE ALL-GEMEINE FAUL-HEIT GE-FÖRDERT!

Die offene Buchführung aller Betriebe über ihre Arbeitszeit liefert dem Verbund selbstbestimmter Menschen zugleich das sachliche Kontrollinstrument, um sowohl den Reproduktionsprozess der kooperierenden Betriebe gemeinsam steuern, als auch um Fehlhandlungen selbstständig korrigieren zu können. Die Betriebsorganisationen führen öffentlich Buch über das ihnen im Rahmen der Lieferbeziehungen von der Gesellschaft anvertraute Inventar an Rohstoffen, Halbfabrikaten und Produktionsmitteln und die hierin enthaltene gesellschaftliche Arbeitszeit. In der Kette der arbeitsteiligen Lieferbeziehungen ergeben sich wechselseitig Ansprüche und Verpflichtungen: Ansprüche auf die ökonomische Verwendung der im Vorprodukt erbrachten Arbeitsleistung durch den weiterverarbeitenden Betrieb und umgekehrt eigene Verpflichtungen gegenüber den von anderen im Vorprodukt bezogenen Arbeitsleistungen. In Hinblick auf die planmäßige Verwendung der gesellschaftlichen Ressourcen werden die Produzenten sich aus eigenem Interesse an der für ihre Versorgung zweckmäßigen Organisation der Arbeit nicht nur um die Effizienz ihrer eigenen innerbetrieblichen Arbeitsprozesse kümmern, sondern genauso einen Blick darauf werfen, wie mit den Ergebnissen ihrer Arbeit im weiteren Produktionsverlauf umgegangen wird. Eine Betriebsorganisation, die z. B. an der Arbeitszeitrechnung der nachfolgenden Produktionsstufe erkennt, dass mit den Ergebnissen ihrer Arbeit verschwenderisch umgegangen wird, wird sich im eigenen Interesse mit Unterstützung der überbetrieblichen Planungs- und Controllingorganisation zu Wort melden.

Bei Meinungsverschiedenheiten werden die Produzenten innerhalb eines Betriebes ihre Angelegenheiten im direkten kritischen Austausch miteinander regeln. Zwischen den kooperierenden Betrieben sowie in Hinblick auf übergeordnete Angelegenheiten ihres Produktionszusammenhanges werden die Produzenten ihre Angelegenheiten über die von ihnen abgesandten und jederzeit abrufbaren Räte regeln lassen. Die einzelnen Betriebsorganisationen werden dabei unterstützt durch die gesamtgesellschaftliche Kontrolle der von ihnen hierfür gemeinsam geschaffenen zentralen Planungs- und Steuerungsorganisationen, allerdings immer nach dem Motto: »*Selbstständige Leitung und Verwaltung* bleibt die gebieterische Forderung, von der, allen schönen Phrasen zum Trotz, die freien Produzenten nicht abweichen dürfen. Der Betrieb tritt als selbstständige Einheit auf, die selber ihre Verbindungen mit den übrigen Betrieben und Konsumgenossenschaften anbahnt. Dann sind die Produzenten voll verantwortlich. Es gibt dann Raum für die aufbauenden Kräfte und der der Masse entspringenden Initiative.« [180] Die transparente Verbuchung der eingehenden und ausgehenden Arbeitsstunden in der Kette vom Rohstoff bis zum Endprodukt liefert hierfür den Produzenten die sachliche Grundlage für Verbesserungsvorschläge oder Kritik. »Die gesellschaftlich durchschnittliche Produktionszeit (als Einheit der Produktivität) erweist sich als Kontrolleur in der Produktionsgenossenschaft.«[181] Als Kontrolleur nicht nur bezogen auf die einzelnen Lieferbeziehungen, sondern bezogen auf den gesamtgesellschaftlichen Reproduktionsprozess, der in der Formel $p+r+a$ = *gesellschaftlich durchschnittliche Produktionszeit pro Einheit* für alle offen liegt. Aber dieser »Kontrolleur« ist weder ein ihnen übergeordnetes Subjekt noch ein Sachzwang einer hinter ihrem Rücken wirkenden öko-

---

[180] Gruppe Internationaler Kommunisten (Holland), a.a.O., S. 101
[181] ebenda S. 100

nomischen Gesetzmäßigkeit, sondern ihr eigener produktiver Zusammenhang, den sie im Konsens miteinander zu ihrem gemeinsamen Nutzen steuern können. Während im Kapitalismus – wo die Ergebnisse der Produktivitätssteigerungen allein den Besitzern der Produktionsmittel gehören – Leistung sich im Wesentlichen nur für eine Minderheit lohnt, lohnt sich Kontrolle und Anreiz zur Produktivitätssteigerung im Verbund selbstbestimmter Menschen für alle: Entweder der Verbund leistet sich mehr Freizeit bei gleichem Produkt oder mehr Konsum bei gleicher Arbeit.

2) Die Kombination von individueller und vergesellschafteter Verteilung

In den vorangegangenen Ausführungen wurde davon ausgegangen, dass die Produzenten über den Maßstab der Arbeitszeit den vollen Ertrag ihrer Arbeit erhalten. Damit ist unterstellt, dass in einer Periode die gesamte gesellschaftliche Arbeit für den Konsum verausgabt wurde. Mit anderen Worten: die gesamte gesellschaftlich verausgabte Arbeit ist in der Produktionskette über Produktionsmittel, Roh- und Hilfsstoffe sowie direkte Arbeit in *Endprodukte* eingeflossen, die über die in ihnen enthaltenen Arbeitszeiten pro Einheit gegen die auf den Arbeitszeitkonten zur Verfügung stehenden Arbeitszeiten abgerechnet werden können. Der Anteil individueller Konsumtion, ausgedrückt als Verhältnis von Gesamtprodukt zu Arbeitszeitkonten, beträgt damit 100%.

In Wirklichkeit ist demgegenüber davon auszugehen, dass für unterschiedliche Reservefonds Arbeitsleistungen erforderlich sind, die zwar im Gesamtprodukt der Periode als

Arbeitsstunden enthalten sind, aber nicht für den individuellen Konsum zur Verfügung stehen. Der Anteil der individuellen Konsumtion am Gesamtprodukt verringert sich daher für den Zeitraum, in dem Arbeitsleistungen in diverse Reservefonds einfließen. Betragen beispielsweise die erforderlichen Investitionen 20% der für das Gesamtprodukt einer Periode erforderlichen Arbeitsstunden, so stehen nur 80% der in der betreffenden Periode auf den Arbeitszeitkonten gutgeschriebenen Arbeitsstunden für den individuellen Konsum zur Verfügung. Werden zudem weitere 20% der in einer Periode geleisteten Arbeitsstunden für Transferleistungen verwandt – z. B. zum Zwecke der Versorgung von Teilen der Bevölkerung, die aufgrund von Alter, Gesundheit oder Ausbildung nach den von der Gesellschaft festgelegten Regeln von der Arbeit freigestellt sind – dann verringern sich für diesen Zeitraum die auf den Arbeitszeitkonten für den individuellen Konsum zur Verfügung stehenden Arbeitszeitgutschriften um weitere 20 Prozentpunkte. Gleiches gilt für die Bereitstellung von öffentlichen, d. h. für alle Gesellschaftsmitglieder frei zugänglichen Gütern und Diensten. Mit der Entwicklung des Kooperationszusammenhanges innerhalb des Verbunds selbstbestimmter Menschen wird – angefangen bei der medizinischen Versorgung, dem Bildungswesen sowie den grundlegenden Infrastrukturleistungen – die *Vergesellschaftung der Verteilung* einen immer größeren Teil der produzierten Güter und Dienste umfassen. »Diese Entwicklung ist ein Prozess, der sich, soweit es sich um die technische Seite der Aufgabe handelt, schnell vollziehen kann. Je mehr die Gesellschaft in diese Richtung wächst, je mehr Produkte nach diesem Prinzip verteilt werden, desto weniger wird die individuelle Arbeit das Maß für die individuelle Konsumtion sein,«[182] desto geringer wird dementsprechend der Anteil individueller Konsumtion werden. Werden beispielsweise neben den genannten Reservefonds zusätzlich 50% der Arbeitsstunden für frei zugängliche Leistungen aufgewandt, reduziert sich das erworbene Arbeitszeitguthaben auf 10% der in dieser Periode geleisteten Arbeitsstunden.

»Während die Verteilung fortlaufend mehr vergesellschaftet wird, ist die Arbeitszeit immer nur das Maß für den individuell zu distribuierenden Teil des gesellschaftlichen Produkts.«[183] Mit der Entwicklung und Festigung des von den Produzenten selbst bestimmten Produktionszusammenhanges kann daher auch der enge bürgerliche Rechtshorizont, der noch am Maßstab der individuellen Arbeitszeit haftet, weitgehend überschritten werden. Mit anderen Worten, die Gesellschaft kann – wie Karl Marx es ausdrückte – zunehmend auf ihre Fahne schreiben: »Jeder nach seinen Fähigkeiten, jedem nach seinen Bedürfnissen!«[184]

182 Gruppe Internationaler Kommunisten (Holland), a.a.O., S. 68f
183 ebenda S. 69
184 Karl Marx, Kritik des Gothaer Programms, MEW Bd. 19, S. 21

VIII.

ALLE MACHT DEN RÄTEN!

»Die individuelle Arbeitszeit des einzelnen Produzenten ist der von ihm gelieferte Teil des gesellschaftlichen Arbeitstags, sein Anteil daran. Er erhält von der Gesellschaft einen Schein, dass er soundso viel Arbeit geliefert ..., und zieht mit diesem Schein aus dem gesellschaftlichen Vorrat von Konsumtionsmitteln soviel heraus, als gleich viel Arbeit kostet. Dasselbe Quantum Arbeit, das er der Gesellschaft in einer Form gegeben hat, erhält er in der andern zurück. ... Trotz dieses Fortschritts ist dieses gleiche Recht stets noch mit einer bürgerlichen Schranke behaftet ... die Gleichheit besteht darin, dass an gleichem Maßstab, der Arbeit, gemessen wird. Der eine ist aber physisch oder geistig dem andern überlegen, liefert also in derselben Zeit mehr Arbeit oder kann während mehr Zeit arbeiten ... Dies gleiche Recht ist ungleiches Recht für ungleiche Arbeit. ... Aber diese Missstände sind unvermeidbar in der ersten Phase der kommunistischen Gesellschaft ...«

Wäre es nicht gerechter – schlägt die Minderheit derer vor, die schlauer, geschickter, stärker, gesünder oder einfach nur fleißiger sind – wenn denen, die mit der höheren Potenz ihrer Arbeit in einer Arbeitsstunde mehr leisten, auch ein größerer Anteil am gesellschaftlichen Produkt zustände? So geht das mit der Gerechtigkeit, antwortet die Mehrheit der anderen. Nein, die individuelle Arbeitszeit als soziales Maß unserer Zusammenarbeit lassen wir uns nicht nehmen. Uns reicht unsere Einigkeit im Willen zur Kooperation jenseits von Eigentum und Geld völlig aus. Wir wissen schon, wer in eurer gerechten Kooperation wieder die Drecksarbeit machen würde.

3) Jeder nach seinen Fähigkeiten, jedem nach seinen Bedürfnissen!

In einer entwickelten Gesellschaft selbstbestimmter Menschen werden Nahrung, Kleidung, Unterkunft inklusive Mobiliar und gesellschaftliche Infrastrukturleistungen wie Heizung, Wasser, Strom, Telekommunikation, öffentliche Verkehrsmittel, medizinische Versorgung, Bildung, Kinder-, Alten- und Behindertenbetreuung sowie Güter für diverse Sport- und Freizeitaktivitäten, kurz gesagt, alles, was man für ein angenehmes Leben braucht, planmäßig produziert und frei zur Verfügung gestellt. Einwände, dies sei aufgrund der Knappheit der Ressourcen, der Unmöglichkeit der Planung bzw. aufgrund des menschlichen Charakters nicht möglich, gehen aus folgenden Gründen an der Sache vorbei:

Wer innerhalb der Rationalität der Marktwirtschaft gefangen ist, denkt Bedarfsdeckung nicht *güterwirtschaftlich*, sondern *finanzwirtschaftlich*. Nichts verdeutlicht dies mehr als die »Wirtschaftskrise«. Güterwirtschaftlich, d. h. bezogen auf die Bedürfnisse der Bevölkerung, denkt man an Überschwemmungen, Feuer, Erdbeben oder sonstige Unglücksfälle, durch die Ernten vernichtet und Produktionsmittel zerstört werden. In der Marktwirtschaft ist *Überproduktion* das Synonym für Wirtschaftskrise. Es wurde nicht zu wenig produziert, sondern zu viel. Zu viel nicht bezogen auf die vorhandenen Bedürfnisse, sondern bezogen auf den marktwirtschaftlichen Zweck der Geldvermehrung. Nur unter diesem Zweck – es soll für den Eigentümer ein lohnendes Geschäft sein – macht es z. B. Sinn, einen Großteil der Weltbevölkerung als sogenannte Arbeitslose von der Möglichkeit zu arbeiten gewaltsam auszuschließen. Nur unter diesem Zweck ist es sinnvoll, neben vorhandener Armut eine »Überproduktion« einschließlich kompletter Fabriken zu vernichten und in der Landwirtschaft zur Stabilisierung der Preise Brachlandförderung zu betreiben. Innerhalb der Rationalität einer auf Eigentum und Geld bezogenen Gesellschaft gilt konsequenterweise der schlichte Gedanke, einfach die vorhandenen Arbeitskräfte und die darüber erschließbaren Reichtümer auf der Grundlage des technischen Fortschritts zur systematischen Befriedigung der Bedürfnisse einzusetzen, als absurd, naiv und weltfremd.

Weltfremd? Für die Versorgung der gesellschaftlichen Bedürfnisse im oben genannten Sinne würden mit der Überwindung der Marktwirtschaft erhebliche zusätzliche Kapazitäten entstehen. Die freiwerdenden Ressourcen aus der Umverteilung der Einkommen und der der Einkommensverteilung nachgelagerten exklusiven Luxusgüterproduktion wären dabei der kleinste Teil. Den weitaus größeren Beitrag würde die Einstellung der umfangreichen und allein für die *Wertproduktion* erforderlichen »Dienstleistungen« von Banken, Börsen, Versicherungen, Anwaltskanzleien, Wirtschaftsprüfgesellschaften, Finanz- Arbeits- und

Sozialämtern sowie des zur Sicherung der Eigentumsrechte erforderlichen staatlichen Gewaltapparates liefern. Der *größte* Teil der in der Marktwirtschaft im Hinblick auf ein angenehmes Leben der Bevölkerung ungenutzten Ressourcen ließe sich darüber hinaus im Bereich der produzierenden Unternehmen selbst mobilisieren. Angefangen bei Forschungs- und Entwicklungsabteilungen sowie den globalen Einkaufs- und Logistikorganisationen über Produktmanagement, Marketing und Werbung bis zu den umfangreichen Verkaufsorganisationen und ihren angeschlossenen Händlern beschäftigen sich – wie bereits unter 2.2 ausgeführt – schließlich auch in den produzierenden Unternehmen mindestens fünfzig Prozent der Mitarbeiter in der Konkurrenz um die Marktanteile mehr mit Fragen des erfolgreichen Verkaufs als mit Fragen der bedürfnisbezogenen Gebrauchsgüterherstellung. Wenn daher in einer Ökonomie selbstbestimmter Produzenten die vorhandenen Ressourcen, die in der Marktwirtschaft im Dienst der Geldvermehrung stehen, stattdessen in Forschung und Entwicklung, Produktion und Distribution nützlicher Dinge investiert würden, könnte allein hierüber der gleiche physische Reichtum mit ungefähr der Hälfte der Arbeitszeit bzw. der nahezu doppelte Reichtum bei gleicher Arbeitszeit geschaffen werden.[185]

---

[185] Ausführliche Berechnungen im Hinblick auf die freiwerdenden und damit für eine Güterversorgung einsetzbaren Ressourcen liefert Darwin Dante in : 5 Stunden sind genug.

IX.

ALLE MACHT DEN RÄTEN!

»Stellen wir uns vor, dieses riesige Heer von Arbeitslosen, welches heute aus marktwirtschaftlichen Gründen dazu verurteilt ist, Däumchen zu drehen, kommt in den industriellen Produktionsbereich und kurbelt (durch den Bau von neuen Industrieanlagen ...) die Herstellung aller möglichen Güter so an, dass es zu einer Überproduktion kommt. Ich weiß nicht was Sie jetzt denken. Die meisten, denen ich diese Frage stelle, antworten in etwa so:

Unmöglich! Dies ist doch völlig absurd! Mit einer entstehenden Überproduktion fallen die Preise für die hergestellten Güter ins Bodenlose. Das, was die Menschen in den Fabriken herstellen, wäre wertlos. Die Fabrikbesitzer könnten nichts mehr verkaufen, weil sie für ihre Güter auf dem Markt kein Geld mehr bekämen. Sie könnten ihre Beschäftigten nicht mehr bezahlen und müssten diese entlassen. Die Folge wäre Armut, Elend und Hunger.

Richtig! Unsere Güter verschimmeln und die Menschen verhungern. Lachen Sie nicht, das Problem ist ernst.

Kurze Frage: Wenn es zu einer Überproduktion kommt, so dass wesentlich mehr Güter auf dem Markt angeboten werden, als wir alle jemals verbrauchen können, dann könnte sich doch jeder einzelne frei nach seinen Bedürfnissen bedienen, ohne dass irgendeiner benachteiligt wird und ohne dass wir hierzu Geld benötigen! Hiermit wird Geld das, was es wirklich ist:

Überflüssig!«

Von knappen Ressourcen, die einer unmittelbar gesellschaftlichen Produktion und der direkten Verteilung der für ein angenehmes Leben aller erforderlichen Güter im Wege stehen würden, kann also keine Rede sein. Selbst eine gewisse Überproduktion an Gütern und Diensten des gehobenen Grundbedarfs, die sicherstellt, dass sämtliche Gesellschaftsmitglieder frei nach ihren Bedürfnissen Zugriff haben und nicht über temporäre Engpässe ungewollte Schwarzmarktaktivitäten entstehen, ließe sich planmäßig organisieren. Die verbreitete »volkswirtschaftliche« Rechtfertigung von Eigentum, Geld und Preis als rationellen Verteilungsinstrumenten eines quasi-natürlichen Gütermangels trifft daher den Sachverhalt nicht. »Das einschlägige "Knappheitstheorem" der Volkswirtschaft basiert auf der Behauptung eines prinzipiell unaufhebbaren Missverhältnisses zwischen den menschlichen Bedürfnissen und den zu ihrer Befriedigung zur Verfügung stehenden sachlichen Mitteln, also der Behauptung eines natürlichen Gegensatzes zwischen Produktion und Konsumtion. Ideologisch ist diese Konstruktion darin, dass jenseits und unabhängig von Inhalt und Umfang konkreter menschlicher Bedürfnisse und der zu ihrer Erfüllung erforderlichen Mittel dem Bedürfnis die Unersättlichkeit als dessen Naturbestimmung unterschoben wird. Mit der Konstruktion des unersättlichen Bedürfnisses, das per Definition seine (vollständige) Befriedigung ausschließt, entheben sich die Knappheitstheoretiker der Beantwortung der Frage, welche Güter in welchem Umfange zur Befriedigung von Bedürfnissen *nicht* zur Verfügung stehen.«[186] Das Bedürfnis nach Käse, Wurst, Fernsehern, Mobiltelefonen, Waschmaschinen, Druckerpatronen oder Toilettenpapier wäre auf

[186] Albert Krölls, Das Grundgesetz. Eine Streitschrift gegen den Verfassungspatriotismus, VSA 2009, S. 41f

jeden Fall nicht unersättlich. Das heuchlerische – »Ja, deine Kritik an Ware und Geld schön und gut, aber aufgrund der Knappheit der Güter leider nicht umsetzbar« – ist daher in seiner Parteilichkeit für die Marktwirtschaft lediglich der Ausdruck für das Desinteresse an einer sachlichen Klärung. Ein nicht nur gegenüber einer Milliarde von Hungersnot betroffener Menschen äußerst zynischer Standpunkt.

Sollte der Verbund selbstbestimmter Menschen tatsächlich daran scheitern, dass seine Mitglieder ihre eigenen Bedürfnisse nicht kennen bzw. nicht in der Lage sind, diese in organisierter Form zum Ausdruck zu bringen? Sollte es ohne Markt gar kein Mittel geben, diese Bedürfnisse bei den einzelnen Menschen zu erfassen und in den Produktionsprozess einzubringen? Wer hier ein Problem sieht, hat nicht verstanden, was es bedeutet, dass in der Marktwirtschaft das Geld Angebot und Nachfrage regelt. Wie im Rahmen der Argumente gegen den Markt unter 2.2 bereits ausgeführt wurde, interessieren auf dem Markt die Bedürfnisse der Bevölkerung nur im Zusammenhang mit ihrer Zahlungsfähigkeit. Die akademisch gebildeten Produktmanager, die sich im Kapitalismus auf die Ausnutzung der vorhandenen Zahlungsfähigkeit konzentrieren – indem sie z. B. ungesunde Lebensmittel über ansprechende Verpackungen nicht nur für Kinderaugen attraktiv erscheinen lassen – müssten sich in der Tat gehörig umstellen. Sie müssten sich in einer Gesellschaft jenseits von Ware und Geld im eigenen Interesse schlicht um Wünsche und Kritik der Konsumenten kümmern. Dass – angefangen bei der Kundenbefragung über Produktentwicklung und Qualitätsmanagement bis zur Absatzplanung – sich die vorhandenen ausgefeilten Methoden und Mittel der geschäftlichen Ausnutzung der vorhandenen Zahlungsfähigkeit nicht auf den geänderten Produktionszweck individueller Bedürfnisbefriedigung anpassen ließen, kann niemand ernsthaft behaupten. Wo es Menschen gelingt, eine komplexe industrielle Produktion zu organisieren, werden sie kaum daran scheitern, ihre Bedürfnisse ihren produzierenden Einheiten zur Kenntnis zu bringen. Der Zweck, alle Gesellschaftsmitglieder zu versorgen, ist planungstechnisch nicht aufwendiger oder komplizierter als der Zweck, nur die zahlungsfähigen Menschen mit Lebensmitteln, Wasser, Strom, Bildung, Medizin und sonstigen Konsumgütern zu versorgen. Der Verbund selbstbestimmter Menschen wird allerdings »erst die Organe, durch die die Wünsche und Forderungen der Konsumenten hervortreten, schaffen müssen. Was der Kapitalismus nicht kennt, die Bedürfnisse der Arbeiter, wird für den Kommunismus Richtlinie der Produktion.«[187]

[187] Gruppe Internationaler Kommunisten (Holland), Grundprinzipien kommunistischer Produktion, a.a.O. S. 78

Probleme, den Umfang und die gewünschte Qualität gemäß der gesellschaftlichen Bedürfnisse zu planen, sind ebenfalls nicht absehbar. Komplexe computergestützte Planungsinstrumente für eine weltweite Just-in-time-Produktion und -Distribution sind im 21. Jahrhundert kein Geheimnis, sondern tägliche Praxis. Darüber hinaus verringert sich die Planungskomplexität, wenn neben der Anzahl der Gesellschaftsmitglieder und dem jeweiligen Produkt nicht auch noch unabschätzbare Faktoren wie Marktanteil, Zahlungsfähigkeit oder die konjunkturelle Entwicklung als Variablen in der Planungsrechnung Berücksichtigung finden müssen. Dass man sich bei der zweckmäßigen Herstellung von diversen Gebrauchsgütern besser nicht auf die »Anarchie des Marktes«, sondern auf eine gut organisierte Planung verlässt, führen die weltweit erfolgreichen Konzerne zudem selbst vor. Unternehmen wie Siemens, Proctor & Gamble, Volkswagen, Shell oder Toyota organisieren ihre weltweiten Mitarbeiter schließlich aus gutem Grund auch nicht wie kleine gegeneinander konkurrierende Privateigentümer, die sich mit ihren Leistungen auf internen Warenmärkten bewähren müssen. Es herrscht kein Abteilungseigentum, sondern »kollektives Firmeneigentum«. Die Personalabteilung, die Buchhaltung oder die Produktion müssen nicht zunächst intern, womöglich gegen gleichnamige Konkurrenzabteilungen, erfolgreich Leistungen verkaufen, um erst darüber berechtigt zu sein, erforderliche Leistungen z. B. vom Einkauf, der EDV oder dem Controlling zu erhalten. In der Marktwirtschaft verfahren die Unternehmen im Hinblick auf die für ihren Zweck der Geldvermehrung erforderliche Güterproduktion intern durchaus planwirtschaftlich. Versuche, über sogenannte »Profit Center« die marktwirtschaftliche Konkurrenz als Leistungsstachel zu nutzen, sind zwar weit verbreitet, werden aber aufgrund der negativen Folgen der darüber veränderten *Zwecksetzung* gewöhnlich auch schnell wieder begrenzt oder gänzlich eingestellt.

Warum sollten sich also in einer Ökonomie selbstbestimmter Menschen die vorhandenen technischen Planungsinstrumente nicht zum Zweck der Gesellschaftsmitglieder nutzen lassen? Zentral versus dezentral ist eine völlig falsche Charakterisierung für den Unterschied zwischen einer auf Geldvermehrung und einer auf Bedürfnisbefriedigung bezogenen Gesellschaftsordnung. Die Organisation der gesellschaftlichen Produktion von den Arbeitsstätten und Arbeitsbeziehungen aus, in der die Belegschaften die Betriebe dirigieren und über die Wahl von Räten die zur Steuerung erforderlichen Funktionen aufbauen, wird selbstverständlich dezentrale Jahres-, Monats- Wochen- oder Tagespläne mit bereichsübergreifenden Plänen und strategischen Grundsatzentscheidungen zusammenführen. Auf die unsinnige Vorstellung, jemand wolle den weltweiten Bedarf an Brötchen, Bekleidung oder Möbeln zentral an einem Ort planen, kommt nur jemand, der mit seinem heuchlerischen »Ja, aber ...« nicht konstruktiv an der Umsetzung des Zwecks der Bedarfsdeckung weiterdenken will, sondern in seiner Parteilichkeit für die Marktwirtschaft andere Vorstellungen diskreditieren will.

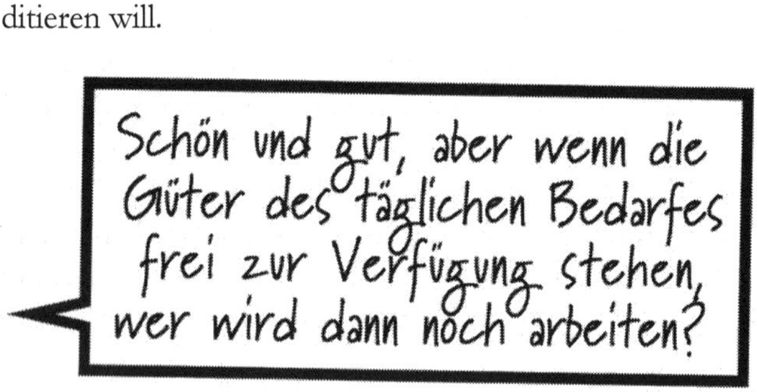

Mit der Selbstbestimmung der Produzenten über die Frage, *wie* ihre Arbeit zur Befriedigung *welcher* gesellschaftlichen Bedürfnisse beitragen soll, das heißt, mit der planmäßigen, unmittelbar gesellschaftlichen Produktion und damit der direkten Verteilung der gemeinschaftlich hergestellten Güter, wäre der marktwirtschaftlichen Produktionsweise die Grundlage entzogen. Beitragen statt Tauschen würde nun den gesellschaftlichen Zusammenhang einer Gesellschaft regeln, in der die Kontrolle über die Produktionsmittel und das Produkt in den Händen der Produzenten liegt. Dabei müsste eine Ökonomie selbstbestimmter Produzenten natürlich erwarten, dass – abgesehen von den von der Produktion befreiten Gesellschaftsmitgliedern (Kinder, in der Ausbildung Befindliche, Kranke, Alte) – in etwa alle das Gleiche, das heißt, die für die Bereitstellung der Güter und Dienste gesellschaftlich notwendigen Arbeitsstunden beitragen. Aber gäbe es dann überhaupt noch Anreize, sich an der erforderlichen Arbeit zu beteiligen? Gäbe es dann nicht lauter Trittbrettfahrer? Gegenfrage: Wenn die *Mehrheit* der Bevölkerung für die Abschaffung der Marktwirtschaft und die Einführung einer Ökonomie selbstbestimmter Produzenten ist, warum sollen *diese* Menschen sich dann nicht für *ihre* Zwecke an der erforderlichen Arbeit beteiligen wollen? Warum sollten sich Menschen, die in der Marktwirtschaft als working poor bis zu zehn und mehr Stunden arbeiten, nicht an einer Produktion beteiligen wollen, die zu *ihrem* Nutzen organisiert ist, statt zur Vermehrung des Reichtums ihrer Arbeitgeber? Der Hinweis auf die »Faulheit der Menschennatur«, den die Verfechter der Marktwirtschaft an dieser Stelle gerne vorbringen, ist so falsch wie verräterisch: Verräterisch, weil der Inhalt der hochgelobten marktwirtschaftlichen *Freiheit* des Individuums plötzlich der gegenüber der faulen Menschennatur heilsame *Zwang* ist, arbeiten zu müssen, um sich das nötige Geld für die im Privatbesitz anderer befindlichen Lebensmittel zu verdienen. Falsch, weil selbst der Zwang, Geld verdienen zu müssen, nicht erklärt, warum sich die überwiegende Mehrheit der Menschen um Arbeit bemüht, statt sich nur um das Nötigste zu kümmern und von staatlicher Sozialhilfe zu leben.

»Man befürchtet also die Masse wolle ohne Zwang nicht arbeiten. ... Haben uns nicht gerade die Ökonomen gelehrt, dass der Lohnarbeiter seine Arbeit nur recht und schlecht verrichtet, dass aber nur solche Menschen intensive und produktive Arbeit leisten, die ihren Wohlstand proportional zu ihren Bemühungen wachsen sehen? All die zu Ehren des Eigentums angestimmten Lobgesänge sind exakt auf dieses Axiom zu reduzieren. Denn es ist doch auffallend, dass Ökonomen, wenn sie den Segen des Eigentums zu rühmen trachten und uns zeigen, wie ein bäuerlicher Eigentümer unkultivierten sumpfigen oder steinigen Boden im Schweiße seines Angesichts in ein mit üppigen Ernten bedecktes Land verwandelt, damit keineswegs ihre These zugunsten des Eigentums beweisen. Indem sie einräumen, die einzige Garantie, nicht der Früchte seiner Arbeit beraubt zu werden, gebe der Besitz der Arbeitsgeräte – was stimmt – , beweisen sie damit lediglich, dass allein der Mensch wirklich produziert, der in voller Freiheit arbeitet, unter seinen Tätigkeiten eine gewisse Wahl treffen kann, hinter dem kein Aufseher steht, der ihn behindert, und der endlich sieht, dass seine Arbeit ihm und denjenigen, die es ihm gleichtun, zugute kommt und nicht irgendeinem Müßiggänger. Das allein lässt sich aus den Argumenten der Ökonomen ableiten, und dasselbe behaupten auch wir. ... Wohlstand, d. h. die Befriedigung der physischen, künstlerischen und moralischen Bedürfnisse, und die Sicherheit dieser Befriedigung sind für die Arbeit stets die mächtigsten Stimulantien gewesen. Während ein Lohnarbeiter kaum das absolut Notwendige produziert, entfaltet der freie Arbeiter, der sieht, wie Wohlstand und Luxus für ihn selbst und die übrigen Menschen proportional zu seinen Bemühungen wachsen, unendlich viel mehr Energie und Intelligenz und stellt erstklassige Produkte in weit größerer Zahl her. Der eine fühlt sich ans Elend gekettet; der andere darf auf Muße und Genuss in der Zukunft hoffen. Das ist das ganze Geheimnis. Eine Gesellschaft, die den Wohlstand aller und die Möglichkeit für jeden visiert, das Leben in allen Manifestationen zu genießen, wird deswegen mit freiwilliger Arbeit eine außerordentlich viel bessere und umfangreichere Produktion zuwege bringen, als sie bisher mit den Treibstacheln der Sklaverei, der Leibeigenschaft und des Lohnsystems erreicht worden ist.«[188]

Die »Faulheit der Menschennatur«, die angeblich zu ihrer Überwindung der gewaltsamen Ausschlussmacht des Eigentums bedarf, ist bei Licht betrachtet nichts als eine interessierte Verdrehung von Ursache und Wirkung: »Die Einstellung der Gleichgültigkeit, welche die Gesellschaftsmitglieder auf der Grundlage ihrer (realsozialistisch oder kapitalistisch) aufgeherrschten Trennung von der Verfügung über den Produktionsprozess einnehmen, wird in die

188 Peter Kropotkin, Die Eroberung des Brotes (1892), Carl Hanser Verlag 1973, S. 216f

Ursache der privat- oder staatseigentumsmäßigen Organisation der Ökonomie verkehrt.«[189]

Dass es in jeder Gesellschaft vielleicht 1% (und seien es 5% oder 10 %) der Gesellschaftsmitglieder gibt, die sich nicht an einen gesellschaftlichen Konsens halten, mag ein Grund zum Ärgernis und zur Diskussion sein oder wenn das nicht hilft, für die Einführung von Arbeitsmarken als eine Übergangsform zur vollständigen Gemeinschaft und freien Benutzung der gesellschaftlichen Ressourcen (entsprechend der Überlegungen im vorangegangenen Abschnitt). Der Verbund selbstbestimmter Menschen wird sich aber weder von einer Minderheit der Privateigentümer noch von der Minderheit eventueller Trittbrettfahrer von der Verwirklichung seiner auf die Bedürfnisbefriedigung aller ausgerichteten Ökonomie abhalten lassen.

[189] vgl. hierzu: Albert Krölls, Das Grundgesetz. Eine Streitschrift gegen den Verfassungspatriotismus, VSA 2009, S. 43

In der Marktwirtschaft ist es das Interesse des Privatbesitzers der Produktionsmittel, die Arbeitskräfte möglichst lange, intensiv und kostengünstig für sich arbeiten zu lassen. In einer von den Produzenten selbst bestimmten Produktionsweise relativiert der individuelle Aufwand, der zu leisten ist, den Nutzen der produzierten Güter und Dienste. Im Verbund selbstbestimmter Menschen ist es zweckmäßig, den notwendigen Arbeitsaufwand wegzuautomatisieren, angenehmer zu gestalten oder soweit wie möglich zu verkürzen. In der Marktwirtschaft wird in Maschinen und Anlagen zur Erleichterung oder Automatisierung der Arbeit investiert, wenn das Verhältnis von Vor- zu Überschuss sich *für den Produktionsmittelbesitzer* im Vergleich zu alternativen Investments lohnt. Wenn die Lohnkosten für die auf dem Arbeitsmarkt miteinander konkurrierenden Arbeitskräfte günstiger sind als die Investition in Maschinen, lohnt sich Automatisierung für die Unternehmen nicht. In der Marktwirtschaft sind bezogen auf die Entscheidung, wie der Arbeitsprozess organisiert wird, die Arbeitsmühe und der physische Verschleiß der Produzenten nicht ausschlaggebend. »Bei der gemeinsamen Produktion sieht das ganz anders aus – wenn alle Mitglieder eines ... Projekts bestimmte Aufgaben vermeiden wollen, können sie erhebliche Anstrengungen auf sich nehmen, um sie loszuwerden oder (wenn sich die Arbeit noch nicht wegautomatisieren lasst) sie zumindest weniger umfangreich oder weniger unangenehm zu machen. ... Dafür gibt es viele Möglichkeiten, ja nach Art der Aufgabe: unsichere Arbeitsbedingungen kann man sicherer machen; unbeliebte Arbeitszeiten können aufgegeben werden ... Zahlreiche Aufgaben können unterhaltsamer, interessanter oder anspruchsvoller gemacht werden als sie heute sind, wenn diejenigen, die die Aufgabe erledigen, auch entscheiden, *wie* sie erledigt wird ... «[190]

Im Kapitalismus wird die notwendige Arbeit darüber verteilt, dass die mittellosen Arbeitskräfte auf dem Arbeitsmarkt um die Arbeitsplätze konkurrieren. Wer krank ist, weniger gebildet oder aus welchen Gründen auch immer das Pech hat, keinen der attraktiven, gut bezahlten Arbeitsplätze zu bekommen, muss weniger attraktive Arbeit für wenig Geld verrichten. Wer das Pech hat, überhaupt keine lohnende Verwendung zu finden, lebt als Arbeitsloser neben den Reichtümern der Gesellschaft am Existenzminimum und außerhalb der reichsten Industriestaaten der Welt auch darunter. Auf dieser Grundlage regelt der Markt über Angebot und Nachfrage, dass selbst für die schlechtesten Löhne die größte Drecksarbeit gemacht wird. Im Verbund selbstbestimmter Menschen, wo über den freien Zugang zum gesellschaftlichen Produkt niemand gezwungen ist, aus Not für andere die Drecksarbeit zu machen, müssen unangenehme Aufgaben, die nicht über verbesserte Arbeitsabläufe erleichtert oder verkürzt werden können, attraktiv gemacht werden. »Eine unangenehme Aufgabe wird angenehmer, wenn man weniger Zeit damit verbringen muss, so dass einem mehr Zeit für andere Aktivitäten verbleibt. ... Wenn ich mich entscheiden muss, ob ich eine vorgegebene Zeitspanne mit einer Aufgabe verbringe, die mir gefällt (sagen wir Programmieren), oder aber mit einer, die ich nicht mag (z. B. Müllabfuhr), wird mir die Wahl nicht schwerfallen. Aber wenn ich mich zwischen zwanzig Wochenstunden Programmieren und fünf Wochenstunden Müllabfuhr entscheiden muss, könnte meine Entscheidung anders ausfallen – die

[190] Christian Siefkes, Beitragen statt tauschen, S.26f

unbeliebte Tätigkeit ist plötzlich um einiges attraktiver geworden.«[191] Für den Zweck, den Anspruch des Konsumenten (bestimmte Aufgaben sollen erledigt werden) mit der Perspektive des Produzenten (manche Aufgaben sind beliebt, andere weniger) in Einklang zu bringen, kann in einer Produktion unter Gleichen ein Aufgabenversteigerungssystem eingerichtet werden: »Dieses System listet alle zu erledigenden Aufgaben auf und ermöglicht es allen Projektmitgliedern, sich Aufgaben, die ihnen am besten gefallen, auszusuchen. Gibt es nicht genügend Freiwillige für eine Aufgabe, wird das *Gewicht* dieser Aufgabe erhöht: Wer diese Aufgabe übernimmt, muss weniger Zeit für das Projekt aufbringen. Umgekehrt wird das Gewicht von Aufgaben, für die sich mehr Freiwillige als nötig interessieren, reduziert – man muss also mehr Zeit für das Projekt aufbringen, wenn man sie übernehmen will. ... Die Beiträge zu einem Projekt werden also nicht einfach in Arbeitszeit, sondern in gewichteter Arbeitszeit gemessen. ... Ein solches Aufgabenversteigerungssystem stellt also sicher, dass alle relevanten Aufgaben übernommen werden und dass sich alle Projektmitglieder gemäß ihrer Präferenzen entscheiden können – niemand wird gezwungen etwas zu tun oder zu lassen.«[192]

---

[191] Christian Siefkes, Beitragen statt tauschen, S.28f

[192] Christian Siefkes, Beitragen statt tauschen, S.29f.
Bezüglich verschiedener denkbaren Varianten sowie der mathematischen Details der Auktionsmodelle vgl. ebenda S. 155ff

Ja, aber wer will schon einen sozialistischen Einheitsbrei! Die mannigfachen Bedürfnisse, welche der besonderen Eigenart der verschiedenen Menschen entspringen, werden wohl kaum in die gesellschaftliche Verteilung aufgenommen werden können?

Bezüglich der Art und des Umfangs einer Grundversorgung, die öffentlich zur Verfügung gestellt werden könnte, sollte es unproblematisch sein, innerhalb der Gesellschaft Einigkeit darüber zu erzielen, wie viel gesellschaftlich notwendige Arbeitszeit dies von jedem erfordert. Die Frage, ob bzw. in welchem Umfang darüber hinaus zusätzliche Arbeitszeit z. B. für den Ausbau des Flugverkehrs, Hotelkapazitäten, aufwendige Varianten von Sportausrüstungen, Musikinstrumenten oder Elektronikgeräten erforderlich ist, wird demgegenüber je nach den individuellen Bedürfnissen unterschiedlich beantwortet werden. Die individuelle Beurteilung, ob der zusätzliche Nutzen im Hinblick auf aufwendige Freizeitgüter im angemessenen Verhältnis zum hierfür zu erbringenden Arbeitsaufwand steht, wird anders als bei den Grundbedürfnissen keineswegs mehr einheitlich ausfallen.

Mit der Reduzierung der notwendigen Arbeit für die gesellschaftliche Grundversorgung infolge von Produktivitätsfortschritten wird aber gerade das »Reich der Freiheit« wachsen und damit das individuelle Interesse diverse Luxusbedürfnisse zu befriedigen. Da der eine dies will und der andere jenes und eine Bereitstellung von allem für alle zu aufwendig wäre bzw. aufgrund des Aufwandes nicht von allen gewollt wird, stellt sich aufs Neue die Frage der Kopplung zwischen individuellem Geben und Nehmen, die mit der zunehmenden Vergesellschaftung der Verteilung im Bereich der Grundbedürfnisse überwunden schien. Es sei denn, die von den Produzenten bestimmte Gesellschaft will im Bereich der gehobenen Freizeitgüterproduktion auf die Produktivkraft einer planmäßigen (weltweiten) gesellschaftlichen Arbeitsteilung verzichten. Aber warum sollten sie darauf verzichten, wo doch gerade die gesellschaftliche Arbeitsteilung zusätzlichen Luxus ermöglicht, der in isolierter Einzel- oder Gruppenarbeit nie zu erreichen wäre.

Da der einer überregionalen Arbeitsteilung unterstellte Konsens – derjenige, der etwas über den pauschal zur Verfügung gestellten Grundbedarf hinaus bestellt, übernimmt in ungefähr gleichem Umfang zusätzliche Aufgaben für die Gesellschaft – nicht in direkter Absprache erfolgen kann, wird die öffentliche Buchführung über die Arbeitszeiten wieder zum Mittel, um diesen Konsens für alle Beteiligten transparent zu machen. Die Leistungen, die zusätzlich zum öffentlich zur Verfügung stehenden gehobenen Grundbedarf in gesellschaftlicher Arbeitsteilung hergestellt werden, werden so – wie oben gezeigt wurde – je Produktart auf der Basis der für ihre Herstellung erforderlichen Arbeitszeit in Verrechnung der individuellen Arbeitszeitguthaben zur Verfügung gestellt. Dabei steht es natürlich jedem Gesellschaftsmitglied frei, ob es sich überhaupt und wenn, in welchem Umfang es sich über die Sicherstellung der »Grundbedürfnisse« hinaus an der Produktion von Gütern und Diensten zur Befriedigung gehobener Freizeitbedürfnisse beteiligen will. Soweit dies der Fall ist und die Güter und Dienste zur Befriedigung individueller Freizeitbedürfnisse nicht aus Einzel- oder Gruppeninitiative direkt zum Eigenbedarf erstellt werden können, sie also eines industriellen gesellschaftlichen Produktionsprozesses bedürfen, fließen sie in die allgemeine gesellschaftliche Produktionsplanung mit ein, ohne dass hierfür eine separate Produktionsorganisation erforderlich ist. Die Entwicklung und Herstellung zusätzlicher *Produktionslinien* setzt lediglich voraus, dass sich genügend Interessenten für die Aufrechterhaltung der hierfür erforderlichen gesellschaftlichen Arbeitsteilung finden.

Mit der Befriedigung der gesellschaftlichen »Grundbedürfnisse« – die im 21. Jahrhundert aufgrund des Standes der Wissenschaft sowie der bereits vorhandenen Technologie für alle Gesellschaftsmitglieder auf hohem Niveau realisierbar ist – hätte die Mehrheit der Weltbevölkerung bereits gegenüber den kapitalistischen Produktionsverhältnissen gewonnen. Darüber hinaus – d. h. im Hinblick auf die arbeitsteilige Bereitstellung von Gütern des individuellen Freizeitbedarfs – wäre jenseits des Reiches der Notwendigkeit die Organisation der über die »Grundbedürfnisse« hinausgehenden Produktion ein reines »Luxusproblem«. Inwiefern Arbeitszeitkonten zur Regelung der über die Befriedigung der gesellschaftlichen »Grundbedürfnisse« hinausgehenden individuellen Güterproduktion letztlich erforderlich sind oder die Menschen andere Möglichkeiten zur Organisation ihrer gesellschaftlichen Arbeitsteilung finden, ob also die Arbeitszeitkonten »nur eine Übergangsform zur vollständigen Gemeinschaft und freien Benutzung der gesellschaftlichen Ressourcen«[193] darstellen, ist für die Mehrheit der Menschen nicht wirklich entscheidungsrelevant. Sobald sie verstanden haben, dass Eigentum und Warenproduktion ihr *notwendiger* Schaden sind, ist die Frage nach der Alternative zur kapitalistischen Weltordnung beantwortet und mit dem *Willen* der Mehrheit erledigt sich die Frage der Machbarkeit von selbst. So bleibt nur noch die Frage: Was tun?

---

[193] Friedrich Engels, Anti-Dühring, MEW Bd. 20, S. 285

X.

ALLE MACHT DEN RÄTEN!

»Nein, der Wohlstand für alle ist kein Traum mehr. Damals mochte er es sein, als es dem Menschen nur unter unsäglichen Mühen gelang, 8 oder 10 Hektoliter Getreide pro Hektar zu ernten oder mit seiner Hand die für die Landwirtschaft oder Industrie erforderlichen mechanischen Gerätschaften anzufertigen. Er ist kein Traum mehr, seit der Mensch den Motor erfunden hat, der ihm mit ein wenig Eisen und einigen Kilo Kohle die Kraft eines folgsamen und gefügigen Pferdes leiht und die komplizierteste Maschine in Bewegung zu setzen vermag.

Damit aber der Wohlstand Wirklichkeit werde, ist es notwendig, dieses ungeheure Kapital – Städte, Häuser, bestellte Felder, Fabriken, Verkehrswege, Bildung – nicht mehr als Privateigentum zu betrachten, über das der Monopolherr nach Belieben verfügen kann. Es ist notwendig, dass diese mühselig von unseren Vorfahren erworbene, gebaute, angefertigte, erfundene reiche Produktionsgerätschaft Gemeineigentum werde, damit der Kollektivgeist den größtmöglichen Vorteil für alle daraus ziehe. Das bedingt Enteignung. Wohlstand für alle als Zweck, Enteignung als Mittel.«

»Unter der
Gefahr des Untergangs
sind die menschlichen Ge-
sellschaften gezwungen, auf
folgende Fundamentalprinzipien
zurückzukommen: die Produktions-
mittel müssen als Kollektivprodukt
der Menschheit wieder in Kollektiv-
besitz der Menschheit gelangen; alles
soll allen gehören, da alle dessen be-
dürfen, da alle nach MaSSgabe ihrer
Kräfte den Reichtum haben schaffen
helfen, und da es faktisch unmöglich
ist, den Anteil zu bestimmen, der
in der gegenwärtigen Produk-
tion einem jeden zu-
fallen könnte.«

4. Was tun?

Wem die Argumente gegen Eigentum, Ware, Geld und Kapital nicht einleuchten, den werden die folgenden Ausführungen nicht weiter interessieren. Der wird sich im Glauben, jeder sei in der freiheitlichen kapitalistischen Wirtschaftsordnung seines Glückes Schmied, weiter an der Jagd nach dem Geld beteiligen wollen. Der wird dem schäbigen Traum nachjagen, selbst auf der Seite der Nutznießer der Eigentumsordnung zu stehen, und nicht auf der Seite der Mehrheit der Bevölkerung, die gezwungen ist, täglich den Reichtum der Minderheit zu vermehren.

Wer dagegen verstanden hat, dass Eigentum und Warenhandel der notwendige Schaden für die Mehrheit der Bevölkerung sind, für den gibt es nur eines zu tun: er muss die Mehrheit für dieses Wissen gewinnen. Er muss die erforderliche kritische Aufklärung organisieren, für die sich jede Menge Anlässe, Aktionsformen und Bündnisse finden lassen. Jede Initiative ist hier eine Bereicherung in dem Versuch, die politische Mehrheit zu gewinnen, solange die drei grundsätzlichen Prinzipien des Verbundes selbstbestimmter Menschen dabei nicht aus den Augen verloren werden: die Abschaffung des Eigentums an Produktionsmitteln und des daraus entstehenden Warenhandels, die Durchsetzung der individuellen Arbeitsstunde als Maßstab für den Anteil am gesellschaftlichen Produkt und die aus den Betriebsorganisationen hervorgehenden Arbeiterräte als die organisatorischen Waffen, womit die Gesellschaftsmitglieder ihren ökonomischen Zusammenhang selbstständig leiten und verwalten müssen.

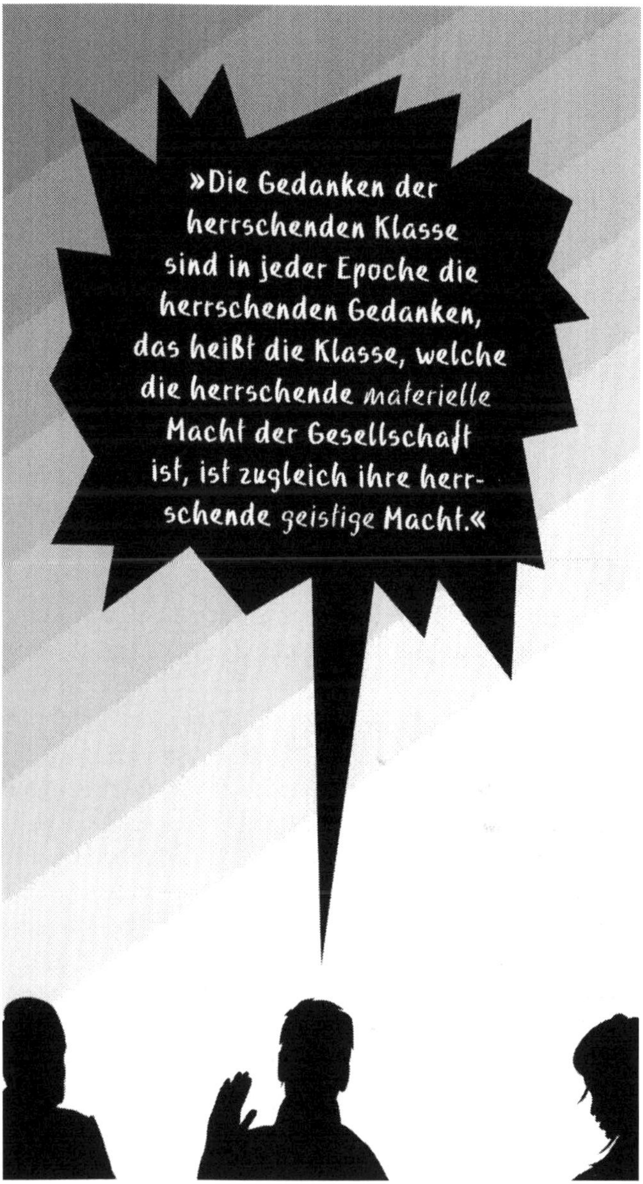
»Die Gedanken der herrschenden Klasse sind in jeder Epoche die herrschenden Gedanken, das heißt die Klasse, welche die herrschende materielle Macht der Gesellschaft ist, ist zugleich ihre herrschende geistige Macht.«

Eigentum ist ein Gewaltverhältnis, und so werden sich die Eigentümer gewaltsam gegen ihre Enteignung wehren. Gegengewalt und damit die Eskalation der Gewalt ist nicht im Interesse derer, die Eigentum als Gewaltverhältnis abschaffen wollen. Gewaltanwendung ist auf der Grundlage, dass die Mehrheit nicht verstanden hat, wofür es sich zu kämpfen lohnt, sogar ein Fehler. Eine Revolution lässt sich nicht gegen die Bevölkerungsmehrheit, sondern nur mit ihr gewinnen. Wenn die Mehrheit für die Abschaffung der Eigentumsverhältnisse und für die unmittelbare Organisation der Produktion durch die Produzenten eintritt, ist von *dieser* Seite Gewalt nicht erforderlich. Wenn die überwiegende Mehrheit der arbeitenden Bevölkerung verstanden hat, dass Alters- und Kinderarmut kein Marktversagen, sondern die notwendige Folge der Marktwirtschaft und ihrer freiheitlichen Eigentumsordnung sind, wer sollte sie dann ernsthaft daran hindern, die Organisation der Produktion in ihre eigenen Hände zu nehmen? Wer sollte sie daran hindern, den Zweck der Geldvermehrung durch den Zweck der allgemeinen Bedürfnisbefriedigung zu ersetzen? »Vergessen wir nie, dass kein Herrschaftssystem sich lediglich auf die brutale Gewalt stützt, wie dies so oft gedankenlos behauptet und immer wieder behauptet wird. Jede Autorität stützt sich in erster Linie auf den Glauben der breiten Massen an ihre Notwendigkeit und Unabänderlichkeit. Erst wenn dieser Glaube unterminiert ist, beginnt eine Epoche des revolutionären Geschehens.«[194]

Das Problem sind daher in erster Linie nicht die sogenannten »ein Prozent« der Nutznießer der Eigentumsord-

---

194 Rudolf Rocker, Organisation und Freiheit, in: Fanal Bd. 2, S. 104

nung, sondern die 99%, die in ihrer Mittellosigkeit nur eine verpasste Gelegenheit sehen wollen, statt den einfachen Gedanken zu fassen, dass Eigentum an Produktionsmitteln gleichbedeutend mit der Mittellosigkeit der Mehrheit ist. Solange 99% soziale Gerechtigkeit fordern – das heißt einen Kapitalismus in idealisierter Fassung – verbleibt die vorhandene Unzufriedenheit in einer untertänigen Loyalitätserklärung gegenüber den als Menschenrechte anerkannten Grundprinzipien der freiheitlichen Eigentumsordnung. Solange die notwendigen Folgen der Marktwirtschaft als Resultat eines sich eigentlich nicht gehörenden Verstoßes gegen die Grundprinzipien der »sozialen Marktwirtschaft« missverstanden werden, können die »ein Prozent« auch die nächsten 200 Jahre gut schlafen.

Die Notwendigkeit des falschen Bewusstseins der »99%« besteht allein darin, dass es den Kapitalismus ohne dieses falsche Bewusstsein gar nicht geben kann. Sobald auch nur fünf Prozent der Bevölkerung – der Arbeiter und Angestellten, der Betriebsräte und Gewerkschaftler –, anstatt an eine in ihrem Interesse *regulierbare* Marktwirtschaft zu glauben, keine Gelegenheit auslassen würden, ihre Mitmenschen im Hinblick auf diesen Idealismus aufzuklären, würde sehr schnell deutlich werden, dass mit der zunehmenden Überwindung des falschen Bewusstseins der Kapitalismus keinen dauerhaften Bestand haben kann. Wenn immer mehr Menschen begreifen, dass Eigentum an Produktionsmitteln nichts anderes als die Ausbeutung der Mehrheit durch eine Minderheit bedeutet und dass Warenhandel und Geld keine natürlichen Formen »der Wirtschaft«, sondern allein die sachliche Form des mit diesem Eigentum in die Welt kommenden Gegensatzes sind, dann werden die Statussymbole der Nutznießer dieses

Produktionsverhältnisses schnell ihren Glanz verlieren. Dann werden ihre teuren Luxusautos, ihre millionenschweren Jachten und Villen statt Neid und Bewunderung immer häufiger faule Eier als Antwort hervorrufen. Dann wird den Angestellten in den Büros und den Arbeitern in den Betrieben immer weniger der »Sachzwang der Konkurrenz« als Grund dafür einleuchten, dass sie am Produktivitätsfortschritt nicht teilhaben können, dass ein niedriger Lohn für sie besser sei als kein Arbeitsplatz, dass freier Zugang zu Bildung und medizinischer Versorgung im 21. Jahrhundert immer weniger finanzierbar und *deshalb* nicht möglich sei. Wenn in zunehmendem Maße die arbeitende Bevölkerung versteht, dass Niedriglöhne, Arbeitslosigkeit und Altersarmut kein verdientes Schicksal sind, sondern sie für eine bessere Welt nur ihre eigene Arbeitszeit als Maßstab für ihren Anteil am gesellschaftlichen Produkt *durchsetzen* müssen, dann werden sie auch begreifen, dass dies nur möglich ist, wenn sie ihre Produktionsverhältnisse jenseits von Eigentum und Markt selbst verwalten. Wenn ein Großteil der Bevölkerung versteht, dass ihre ökonomische Macht ihre politische Macht ist, dann wird die Verachtung der Reichen für das »einfache Volk« der Vergangenheit angehören. Die Nutznießer der Armut werden dann vielmehr fürchten, dass ihnen jemand ihre auf fremde Arbeit gegründeten Reichtümer nehmen will. Dann werden sie plötzlich zu Kompromissen bereit sein, die sie vorher als überzogene und völlig unrealistische Forderungen abgetan haben. Dann wird es ihnen plötzlich nicht mehr reichen, dass Pressefreiheit im globalisierten Kapitalismus die Freiheit bedeutet, Zeitungen zu kaufen und die öffentliche Meinung im Sinne der herrschenden Klasse zu fabrizieren. Dann werden sie sich zunehmend darauf besinnen, dass Meinungsfreiheit in ihrer freien marktwirtschaftlichen Gesellschaftsordnung ihre Grenzen hat. Dann werden sie damit drohen, dass die Freiheit der Meinungsäußerung, insbesondere die Pressefreiheit, die Lehrfreiheit, die Versammlungsfreiheit, die Vereinigungsfreiheit sowie das Brief-, Post- und Fernmeldegeheimnis nicht für diejenigen gelten, die meinen, diese Grundrechte zum Kampfe gegen die freiheitliche marktwirtschaftliche Grundordnung »missbrauchen« zu können.[195] Dann werden sie Rädelsführer verhaften lassen und ins Gefängnis werfen. Dann werden sie die auf Selbstbestimmung drängende Bevölkerung warnen, dass die parlamentarische Demokratie ihre Grenzen hat. Dann wird dem vaterlandslosen Kapital die faschistische Diktatur im Namen der Nation lieber sein als das Gespenst des Kommunismus. Da aber auch der Faschismus der Unterstützung bzw. Duldung der Mehrheit der Bevölkerung bedarf, wird selbst die Bereitschaft der Kapitalistenklasse zur äußersten Gewalt ihre Eigentumsordnung nicht retten können. Sobald sich die aktive Mehrheit der Bevölkerung in allen Bereichen ihres beruflichen und gesellschaftlichen Lebens gegen das zu ihrem bleibenden Nachteil eingerichtete Produktionsverhältnis stemmt und damit beginnt, die Produktion auf Grundlage freier und gleicher Assoziation der Produzenten neu zu organisieren, wird der Kapitalismus zusammen mit seiner herrschenden Staatsgewalt dahin versetzt, wohin beide dann gehören werden, ins Museum der Altertümer, neben das Spinnrad und die bronzene Axt.[196]

---

[195] Grundgesetz, Bundesrepublik Deutschland, Artikel 18
[196] Friedrich Engels, Der Ursprung der Familie, des Privateigentums und des Staates, MEW Bd. 21, S. 168

Die Durchführung der sozialen Revolution ist nichts anderes als die Durchsetzung der Arbeitsstunde als Maßstab in dem von den Produzenten selbst bestimmten Kooperationszusammenhang jenseits von Eigentum, Ware, Geld und Kapital. Die Räteorganisation ist hierfür ihre revolutionäre Organisationsform. »Diese entsteht unmittelbar in den Betrieben. Sie entsteht, ohne dass sie geschaffen zu werden braucht. Denn sie ist bereits da. Sie ist da, seit es einen Kapitalismus gibt. Der Kapitalismus hat sie um seiner selbst willen geschaffen. Er schuf sie als Arbeitsorganisation, als geltende Ordnung für den Arbeitsprozess im Betrieb. Und sie dient als Betriebsorganisation dem Interesse der Produktion, des Werkes, des Profits, des Unternehmers. Aber so sehr diese Organisation heute noch ein Organ in den Händen des Kapitalisten ist, so sehr kann sie morgen schon das revolutionäre Organ in den Händen des Proletariats sein. Man braucht sie nicht umzubilden, sondern nur umzudenken. Denn sie lässt sich automatisch, wie sie ist, ohne etwas hinzuzufügen oder abzustreifen, einfach durch ein anderes Vorzeichen in ihr Gegenteil verwandeln. Der ganze Vorgang erschöpft sich in einer einzigen Achsendrehung.

Alle im Betrieb vereinigten Werktätigen gehören ihr an. Ohne Mitgliedsbuch, ohne Parteinummer, ohne Syndikatsabzeichen. Denn die Betriebsorganisation ist keine Parteizelle, keine Gewerkschaftsfiliale. Sie ist ein autonomes Gebilde. Kein Außenstehender hat Zugang zu ihr. Kein Fremder hat in ihre Angelegenheiten hineinzureden. Sie umschließt nicht nur quantitativ den gesamten Bestand der Belegschaft, natürlich ohne den Unternehmer und Chef, sie verkörpert auch die Keimzelle der künftigen Wirtschaftsorganisation. Denn in den Betrieben hat die Revolution ihren eigentlichen Sitz. Von hier aus gehen die ersten Spuren und Konturen der revolutionären Entwicklung. Von hier kommt die erste Initiative, die erste Formgebung, kommt das neue Element der neuen Wirtschaft, die neue Struktur, der neue Geist der sozialistischen Gesellschaft.

Die Arbeiterschaft, die heute den kapitalistischen Verwertungs- und Wertbildungsprozess in den Betrieben mechanisch, sklavisch, als bloßes Instrument vollzieht, braucht sich ihrer revolutionären Aufgabe und des Organs zu deren Durchführung nur bewusst zu werden – und schon wird sie sich der Betriebsorganisation bemächtigen, sie für ihre Zwecke gebrauchen, sie in den Dienst der Revolution stellen. Die Belegschaft bemächtigt sich damit ihrer selbst. Sie gibt sich selbst eine neue Konstitution. Die kapitalistische Betriebsorganisation wird eine revolutionäre Betriebsorganisation. Die Stätte der Profitgewinnung eine Stätte der Profitbekämpfung. Die Waffe gegen das Proletariat eine Waffe gegen den Kapitalismus.

Die Arbeiter führen ihre Kämpfe nicht mehr, indem sie auf die Straße gehen, Barrikaden bauen, sich mit Polizei und Militär herumschlagen, dem Tränengas und den Flugzeugbomben ein Ziel bieten. Nichts davon. Die Räteorganisation bringt eine neue Taktik des Kampfes mit. Die Arbeiter stehen in ihren Werkstätten, an ihren Arbeitsplätzen, Maschinen, in Verbindung mit ihren Funktionen. Ihr Betrieb ist ihre Festung. Hier besprechen sie die Angelegenheiten des Werks, ihrer Arbeit, ihrer Forderungen, ihre Stellung zum Unternehmer, zu ihrer revolutionären Aufgabe, zum Sozialismus. Der Arbeitsapparat wird ein politischer, ein revolutionärer Apparat. ... Die einzelnen Betriebsorganisationen bestehen natürlich nicht für sich allein. Sie geben sich ihre Vertretung und setzen sich durch diese mit allen anderen Betriebsorganisationen ihrer Branche, ihrer Region, ihres Bezirks oder Landes in Verbindung. Die Mitglieder wählen ihre Leiter und Funktionäre, nur von Fall zu Fall, mit gebundenem Mandat, mit stetiger Abberufbarkeit und ohne Sonderlohn. Alle Beschlüsse kommen von unten nach oben. Die Führer sind bloße Ausführer von Aufträgen geworden. Bei Fragen, die über die Sphäre eines Werkes hinausgehen, treten die Delegierten der Werke des ganzen Wirtschaftsgebiets zusammen. Ebenso bei Fragen, die ganze Industrien betreffen oder sich mit den Aufgabenkreisen anderer Gebiete des sozialen Lebens berühren. Es bildet sich mit der Zeit ein vielfältig gestaffelter Aufbau heraus, der äußerlich einer Pyramide gleicht. Nur mit dem Unterschied, dass hier – im Gegensatz zu den autoritärzentralistischen Organisationen – die dirigierende Bewegung nicht mehr von der Spitze zur Basis, sondern umgekehrt von der Basis zur Spitze verläuft. Es ist der Wille der Massen, der jetzt entscheidet. Wie im einzelnen Betriebsrat, so im Parlament der Betriebsräte, dem Rätekongress, der kein Parlament nach bürgerlichem Muster mehr ist, sondern Legislative und Exekutive in einem. In ihm findet das Rätesystem ebenso seine Krönung, wie das organisatorische, verwaltungstechnische, gesellschaftsbildende Prinzip der sozialistischen Epoche im Rätesystem seine Verwirklichung und Erfüllung findet.«[197]

---

[197] Otto Rühle Weltkrieg, Weltfaschismus, Weltrevolution (Oktober 1940) in: Schriften, Rowohlt 1971, S. 170ff

Gewalt ist das Mittel der Ausbeuter und derer, die der Illusion verfallen, sie könnten gegen die Mehrheit der Bevölkerung in deren Interesse die Revolution auf die Tagesordnung setzen. Politische Aufklärung – welche Form und Gelegenheit sie auch immer nutzt – ist daher der *einzig mögliche und in jeder Situation unbedingt notwendige* Kampf für einen Verbund selbstbestimmter Menschen als Alternative zum Kapitalismus. Gerade in den Zeiten, in denen der Kampf um die Aufklärung aussichtslos erscheint, ist er besonders wichtig. Sobald die Unzufriedenheit gegenüber dem Elend des Kapitalismus aus irgendeinem Grund plötzlich bei Teilen der Bevölkerung zu Ausschreitungen führt, ist es schon zu spät, mit der Aufklärung zu beginnen. Es kommt schließlich entscheidend darauf an, *wogegen* sich die Unzufriedenheit richtet. Ein Aufstand, der an einem falschen Ziel scheitert und damit der blutigen Säuberung der Konterrevolution ausgesetzt ist, führt keineswegs automatisch zur »Ent–Täuschung«, sondern eher dazu, die mögliche Alternative völlig aus den Augen zu verlieren.

»WER
ZU HAUSE
BLEIBT, ...

… wenn der Kampf beginnt / Und lässt andere kämpfen für seine Sache / Der muss sich vorsehen: denn / Wer den Kampf nicht geteilt hat / Der wird teilen die Niederlage. / Nicht einmal den Kampf vermeidet / Wer den Kampf vermeiden will: denn / Es wird kämpfen für die Sache des Feinds / Wer für seine eigene Sache nicht gekämpft hat.«

»Ich bin der Überzeugung, dass eine relative liberale Wirtschaft eine notwendige Bedingung fur Freiheit ist. Aber es gibt Beweise, dass eine demokratische Gesell-schaft, wenn es sie denn gibt, eine liberale Wirtschaft zerstört.«
»Ihr müsst euch nämlich darüber im klaren sein, dass es zweierlei Arten der Auseinandersetzungen gibt: die mit Hilfe des Rechts und die mit Gewalt. Die erstere entspricht dem Menschen, die letztere den Tieren. Da die erste oft nicht zum Ziele führt, ist es nötig, zur zweiten zu greifen.«

»Die
Frage mag
heikel erscheinen, aber
man kann sie mit wenigen
Worten beantworten.Damit
zwei in Frieden miteinander leben
können, müssen beide den Frieden wol-
len; besteht nämlich einer der beiden
darauf, den anderen mit Gewalt zwingen
zu wollen, für ihn zu arbeiten und ihm zu
dienen, dann wird dem anderen – trotz
seiner Friedfertigkeit und seiner Bereit-
schaft zu gegenseitiger Übereinkunft –
nichts übrig bleiben, als der Gewalt
mit entsprechenden Mitteln Wider-
stand entgegenzusetzen, sofern
er seine Menschenwürde behal-
ten und nicht zu allernied-
rigster Sklaverei
verurteilt sein
will.«

»Wo es sich um eine vollständige Umgestaltung der gesellschaftlichen Organisation handelt, da müssen die Massen selbst mit dabei sein, selbst schon begriffen haben, worum es sich handelt, für was sie mit Leib und Leben eintreten. Damit aber die Massen verstehen, was zu tun ist, dazu bedarf es langer ausdauernder Arbeit.«

»Gewalt ist gerecht-fertigt, wenn es um die Zerstörung der al-ten Welt geht, sie ist je-doch kontrarevolutionär und asozial, wenn sie als Methode der Neu-ordnung Verwen-dung findet.«
»Das ein-zige Gewalt-mittel,das zum Sieg führen wird, ist die politische Aufklärung im alltäglichen Kampf.«

»Die Anarchisten sind frei von Heuchelei. Gewalt muss mit Gewalt beantwortet werden: heute gegen die Unterdrücker von heute, morgen gegen die Unterdrücker, die versuchen sollten, den Platz der heutigen einzunehmen.«
»... aber vergessen wir nie, das wir ... weder Rächer noch Richter sein können, wir wollen Befreier sein und als solche muss unsere Aktion in Aufklärungsarbeit und beispielhaften Taten bestehen.«

»Die Waffe der Kritik kann allerdings die Kritik der Waffen nicht ersetzen, die materielle Gewalt muss gestürzt werden durch materielle Gewalt, allein auch die Theorie wird zur materiellen Gewalt, sobald sie die Massen ergreift.«
»Die Anarchisten müssen einsehen: ein Ziel lässt sich nur erreichen, wenn das Mittel schon in der Farbe dieses Zieles gefärbt ist. Nie kommt man durch Gewalt zur Gewaltlosigkeit.«

»Ich gebe zu, dass Gewalt, in welcher Form sie sich auch immer äußert, ein Scheitern ist. Aber es ist ein unvermeidbares Scheitern, weil wir in einer Welt der Gewalt leben; und wenn es wahr ist, dass der Rückgriff auf Gewalt gegen Gewalt sie zu verewigen droht, so ist auch wahr, dass sie das einzige Mittel ist, sie enden zu lassen.«

»Es kann nicht genug betont werden, dass Revolution umsonst ist, wenn sie nicht von ihrem Endziel inspiriert ist. Revolutionäre Methoden müssen im Gleichklang sein mit revolutionären Zielen. Die Mittel, die man anwendet, um die Revolution zu fördern, müssen mit deren Zielen harmonisieren. Kurz, die ethischen Werte, die die Revolution in der neuen Gesellschaft etablieren möchte, müssen schon mit den revolutionären Aktivitäten der sogenannten Übergangsphase zum Tragen kommen.«

»Die Abscheu gegen Gewalt ist verständlich. ... Aber sie kann – solange wir in der Welt leben, in der wir leben – notwendig und sinnvoll sein, um ihrerseits Gewalt zu überwinden.«

»ICH BIN DER MEINUNG, DASS GEWALT AUS HUMANITÄREN GRÜNDEN GERECHTFERTIGT SEIN KANN.«

»An der Schaffung einer Kampf Organisation arbeiten und politische Agitation treiben ist unbedingt notwendig in jeder Situation, mag sie auch noch so ›alltäglich, friedlich‹ sein, in jeder Periode, mag in ihr der ›revolutionäre Geist‹ auch noch so ›gesunken‹ sein; mehr als das: gerade in einer solchen Situation und in solchen Perioden ist die genannte Arbeit besonders notwendig, denn in der Zeit der Explosionen und Ausbrüche ist es schon zu spät, eine Organisation zu schaffen.«

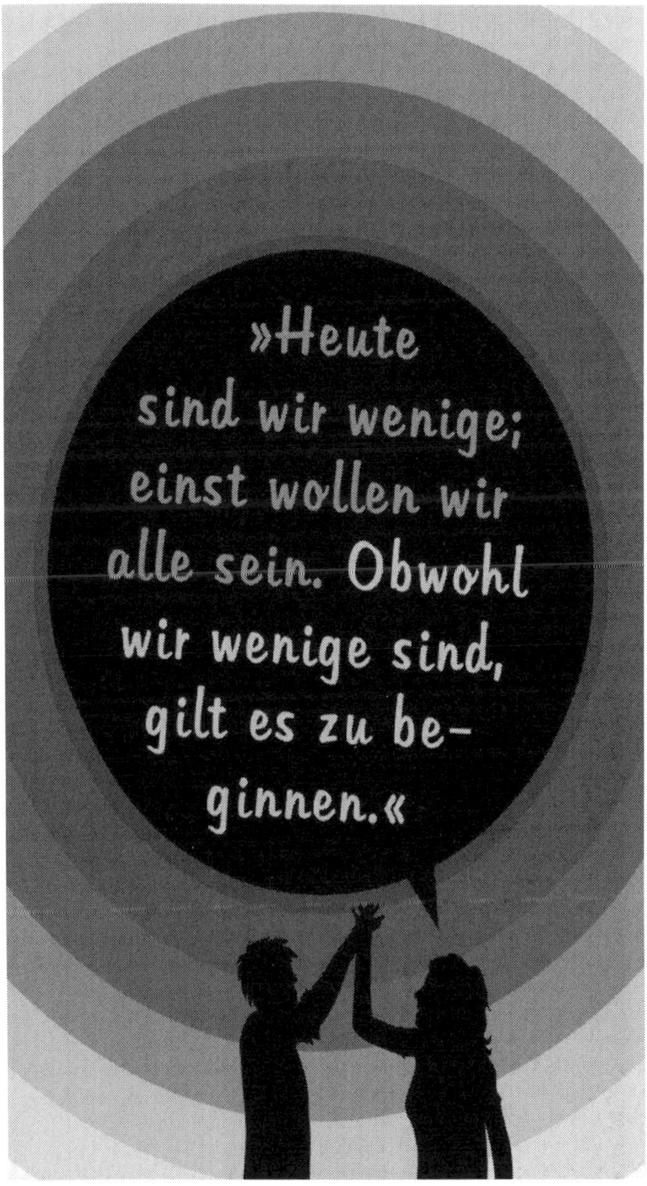
»Heute sind wir wenige; einst wollen wir alle sein. Obwohl wir wenige sind, gilt es zu beginnen.«

DA SIND SIE. ERGREIFT SIE!

Zitate in den Sprechblasen

Zur Vermeidung von Missverständnissen sei darauf hingewiesen, dass die in diesem Buch verwendeten Zitate nicht dem Personenkult dienen, sondern allein eine Referenz für einen richtigen oder falschen Gedanken sind, der im Zusammenhang mit der vorliegenden Diskussion als nützlich und treffend eingeschätzt wurde.

5	Peter Kropotkin, Theorie und Praxis in: Worte eines Rebellen, Rowohlt 1972, S. 173
11	Stanislaw Lem in: Der Spiegel 30.10.1995
14	Thomas Mann, in: Essays, hg. von H.Kurzke, Frankfurt 1986, Bd. 2, S. 311
15	1) Max Horkheimer Die Juden und Europa, in: Zeitschrift für Sozialforschung Jg. 8, 1939, S. 113 2) frei nach: Winston Churchill
18	Motto des Sozialforums in Porto Alegre 2012
23	1) Michail Gorbatschow, Rede zum 70. Jahrestag der Oktoberrevolution, 2. Nov. 1987 2) Sahra Wagenknecht (Buchtitel)
24	Pierre Proudhon, Was ist das Eigentum, Verlag Freie Gesellschaft, S. 1
28	John Locke, Über die Regierung, Reclam Verlag 1981, S. 21f
29	Pierre Proudhon, Was ist das Eigentum, Verlag Freie Gesellschaft, S. 83
30	Jean-Jacques Rousseau, Über die Ungleichheit, Paderborn 1984, S. 173
33	Rudolf Rocker: Anarchismus und Anarcho-Syndikalismus, zitiert nach: www.anarchismus.at
36	Errico Malatesta, Anarchie, zitiert nach: www.anarchismus.at
40	frei nach: Milton Friedman

57 Pierre-Joseph Proudhon, System der wirtschaftlichen Widersprüche oder: Philosophie des Elends, Karin Kramer Verlag Berlin 2003, S. 182

64 1) Dieter Bohlen, Stern Nr. 41/2008 vom 2. Oktober 2008, S. 166 in Anlehnung an Bob Dylan »Was bedeutet schon Geld? Ein Mensch ist erfolgreich, wenn er zwischen Aufstehen und Schlafengehen das tut, was ihm gefällt«

2) Fjodor Dostojewski, Aufzeichnungen aus einem Totenhaus, I Das Totenhaus

3) Jean-Jacques Rousseau, Bekenntnisse, 1. Teil, Kindle pos. 664

66 Karl Marx, Grundrisse der Kritik der politischen Ökonomie, MEW Bd. 42, S. 80

67 frei nach: Friedrich A. Hayek, Der Weg zur Knechtschaft, Olzog Verlag 2009, S. 121

68 Johann Wolfgang von Goethe, Wilhelm Meisters Lehrjahre

72 1) frei nach: Ludwig Erhard

2) K. Marx/F. Engels, Manifest der Kommunistischen Partei, MEW Bd. 4, S. 468

73 Karl Marx, Das Kapital Bd. 1, S. 183

75 frei nach: Robert Bosch

76 1) Peter Kropotkin: Die Eroberung des Brotes, Carl Hanser Verlag, S. 97

2) Emma Goldman - Was ich denke, zitiert nach: www. anarchismus.at

80 Karl Marx, Friedrich Engels, Manifest der Kommunistischen Partei, MEW Bd. 4, S.469

83 Hans Werner Sinn in: Gegenangriff. Arbeitgeber attackieren Münteferings Staatsverständnis, Spiegel Online, 13. April 2005

87 Karl Marx, Friedrich Engels, Manifest der Kommunistischen Partei, MEW Bd. 4, S. 475ff

88 Adam Smith, Natur und Ursachen von National-

reichtümern,

90 Milton Friedman, Rede zur Eröffnung des Cato-Institutes, 6. Mai 1993

91 frei nach: Jean Paul Getty

93 Papst Leo XIII, Enzyklika Rerum Novarum, 4

108 Karl Marx, Grundrisse der Kritik der politischen Ökonomie, MEW Bd. 42, S. 174

109 Rosa Luxemburg, Sozialreform oder Revolution? Zweiter Teil, 3. Die Eroberung der politischen Macht, 8. Abschnitt, www.mlwerke.de/lu/lue.htm

138 "Man kann eine Sache auch zwanzig Jahre lang falsch machen.", Kurt Tucholsky "Schnipsel", in: "Die Weltbühne", 8. März 1932, S. 377

141 M. Gorbatschow, Es ist nicht alles verloren, Interview in: Der Spiegel, Nr. 13/1991

144 Emma Goldman, Die Russische Revolution und das autoritäre Prinzip, zitiert nach: www.anarchismus.at

172 Otto Rühle, Eine neue kommunistische Partei? in: Die Aktion, Berlin 1920, 10. Jg., S. 243, zitiert nach: Grundfragen der Organisation, Hinkelstein-Press 1970

180 Leo Trotzki, Unsere politischen Aufgaben, in: Schriften zur revolutionären Organisation, Rowohlt 1970, S. 12. Die 1904 noch auf Seiten der Menschewiki veröffentlichte Schrift wurde von Trotzki nicht für eine Neuauflage innerhalb seiner Werke vorgesehen. Das einleitende Zitat stammt von Georgi Plechanow.

186 Alexander Bergman, Was ist eigentlich Anarchie, zitiert nach: www.anarchismus.at

187 Peter Kropotkin, An die Arbeiter der westlichen Welt (1920), in: Peter Kropotkin, Die Eroberung des Brotes, Carl Hanser Verlag 1973,S. 284

198 K. Marx/F. Engels, Zirkularbrief an Bebel, Liebknecht, Bracke u.a., MEW Bd. 19, S.165

199 Erich Mühsam, Die Befreiung der Gesellschaft vom Staat, Fanal Sonderheft, S. 40

201 Papst Leo XIII, Enzyklika Rerum Novarum 2/3

210 W. I. Lenin, Parteiorganisation und Parteiliteratur, Werke Bd. 10, S. 33

211 Michail Bakunin, Prinzipien und Organisation der Internationalen Revolutionären Gesellschaft, in: Staatlichkeit und Anarchie, Ullstein, 1972, S. 3

212 FDP Kempten, liberale Grundsätze

213 1) Peter Kropotkin, Die Eroberung des Brotes, Carl Hanser Verlag 1973, S. 101

2) Michail Bakunin, zitiert nach: www. anarchismus.at

214 Erich Mühsam, Befreiung der Gesellschaft vom Staat. Was ist kommunistischer Anarchismus?, Fanal Sonderheft, S. 5

216 1) Ferdinand Domela Nieuwenhuis - Sozialismus und Freiheit aus: Erkenntnis und Befreiung, 2. Jahrgang Nr. 3 1919

2) frei nach: Milton Friedman, Kapitalismus und Freiheit, Piper Verlag, 8. Aufl. 2011, S. 18

217 1) Erich Mühsam, Die Freiheit als gesellschaftliches Prinzip, Fanal Bd. 4, Impuls Verlag, S. 266

2) W. I. Lenin, Sozialismus und Anarchismus in: Werke Bd. 10 S. 59

218 Jean-Paul Sarte, Ist der Existenzialismus ein Humanismus? Ullstein Verlag 1979, S. 32

226 Rudolf Rocker, Anarchismus und Anarcho-Syndikalismus, zitiert nach: www.marists.org

231 Erich Mühsam, Staatsverneinung (Oktober 1926) in: FANAL Bd. 1, Impuls Verlag, S. 6

235 Arthur Lehning, Anarchismus und Marxismus in der russischen Revolution, Karin Kramer Verlag, Berlin 1971, S. 41

236 ebenda S. 41 (beide Zitate wurden in die Gegenwartsform überführt)

237 Erich Mühsam, Die Befreiung der Gesellschaft vom Staat, Fanal Sonderheft, S. 41

238 Erich Mühsam, ebenda, S. 41

242 Arthur Müller-Lehning, Anarcho - Syndikalismus, S. 18 zitiert nach: Gruppe Internationaler Kommunisten (Holland), Grundprinzipien kommunistischer Produktion und Verteilung, S. 30

287 frei nach: Peter Kropotkin, Die Eroberung des Brotes, Carl Hanser Verlag 1973, S. 80

289 Karl Marx/Friedrich Engels, Die deutsche Ideologie, MEW Bd. 3, S. 46

298/0 Bertolt Brecht, Koloman-Wallisch-Kantate, 1934

300 1) frei nach: Milton Friedman
2) Niccolò Machiavelli, Der Fürst

301 Errico Malatesta, Anarchie und Gewalt, zitiert nach: www.anarchismus.at

302 Friedrich Engels, Einleitung zu Marx' »Klassenkämpfe in Frankreich«, MEW Bd. 22, S. 523

303 1) frei nach: Diego Abad Santillán
2) Rosa Luxemburg, Reden auf dem Stuttgarter Parteitag der Sozialdemokratischen Partei Deutschlands, zitiert nach: www.marxists.org

304 1) Errico Malatesta, Anarchie und Gewalt, zitiert nach: www.anarchismus.at
2) frei nach: Errico Malatesta

305 1) Karl Marx, Zur Kritik der Hegelschen Rechtsphilosophie. Einleitung. MEW Bd. 1, S. 385,

2) Gustav Landauer, Anarchische Gedanken über Anarchismus (1901), zitiert nach: www.anarchismus.at

306 frei nach: Jean Paul Sartre

307 Emma Goldman, Die Russische Revolution und das autoritäre Prinzip, zitiert nach: www.anarchismus.at

308 Joachim Gauck 12.6.12 www.spiegel.de/politik/deutschland/gaucks-rede-bei-der-bundeswehr-a-838435.html

309 Barack Obama, Friedensnobelpreisrede, 11.12.09

310 W. I. Lenin, Womit beginnen, Werke Bd. 5, S. 38

311 Gustav Landauer, Drei Flugblätter (1913)
2. Was ist zunächst zu tun ?, zitiert nach: www.anarchismus.at

Zitate in den fiktiven Flugblättern

37 Peter Kropotkin, Die Eroberung des Brotes (1892), Carl Hanser Verlag 1973, S. 71

50 1) Peter Kropotkin, Die Eroberung des Brotes, a.a.O., S. 107
2) Erich Mühsam, freie Zusammenfassung aus: Alle Macht den Räten, Fanal Bd. 5, S. 56

69 Leo Tolstoi, freie Zusammenfassung aus: Was ist Geld? (1890), Der goldene Schnitt. Große Essayisten der Neuen Rundschau 1890-1960, S. Fischer Verlag 1960, S. 7ff

77 Peter Kropotkin, freie Zusammenfassung aus: Die Eroberung des Brotes, a.a.O., S. 112f

173 Rudolf Rocker, Der Bankrott des russischen Staatskommunismus (1921), Underground Press, Berlin 1968, S. 108f

200 Otto Rühle, Grundfragen der Organisation (1921), Hinkelstein-Press 1970, S. 23f

239 Erich Mühsam, Die Befreiung der Gesellschaft vom Staat, Fanal Sonderheft (1933), S. 29

264 Karl Marx, Kritik des Gothaer Programms, MEW Bd. 19, S. 20f

268 Darwin Dante, freie Zusammenfassung aus: 5 Stunden sind genug. Die 5-Stunden-Woche, Manneck Mainhatten Verlag 2002, S. 20f

286 Peter Kropotkin, Die Eroberung des Brotes, a.a.O., S. 87

Literaturverzeichnis

Kapitel 2

Peter Decker, Konrad Hecker
Das Proletariat, GegenStandpunkt Verlag 2002

Gruppen gegen Kapital und Nation
Die Miesere hat System. Kapitalismus, download: https://gegen-kapital-und-nation.org/die-misere-hat-system-kapitalismus

Michael Heinrich,
Kritik der politischen Ökonomie. Eine Einführung, Schmetterling Verlag, 3. Auflage 2005

Karl Held (Hrsg.)
Der Bürgerliche Staat, GegenStandpunkt Verlag 2008

Anselm Jappe
Die Abenteuer der Ware. Für eine neue Wertkritik, Unrast Verlag 2005

Albert Krölls
Das Grundgesetz. Eine Streitschrift gegen den Verfassungspatriotismus, VSA 2009

Robert Kurz
Schwarzbuch des Kapitalismus. Ein Abgesang auf die Marktwirtschaft, Eichborn Verlag 2009

Hermann Lueer

Warum verhungern täglich 100.000 Menschen? Argumente gegen die Marktwirtschaft, Edition Octopus 2007

Karl Marx

Das Kapital. Kritik der politischen Ökonomie, Bd. 1-3, Dietz Verlag 1971

Johann Most

Kapital und Arbeit. »Das Kapital« in einer handlichen Zusammenfassung. Von Marx und Engels selbst revidiert und überarbeitet, edition suhrkamp 1973

Die Eigentumsbestie (1887), Berliner Verlagskontor, 1986

Pierre Proudhon

Was ist das Eigentum?, Verlag Freie Gesellschaft

Otto Rühle

Karl Marx – Das Kapital, Kurzfassung von Otto Rühle mit einer Einleitung von Leo Trotzki, Edition Sozialistische Literatur

Kapitel 3.1

Heinz Dieterich

Der Sozialismus des 21. Jahrhunderts, Wirtschaft, Gesellschaft und Demokratie nach dem globalen Kapitalismus, Kai Homilius Verlag 2006

Friedrich Engels
Anti Dühring, MEW Bd. 20

Karl Marx
Das Elend der Philosophie, MEW Bd. 4

David McNally
Against the Market. Political Economy, Market Socialism and the Marxist Critique, Verso 1993

Kapitel 3.2

Oskar Anweiler
Die Rätebewegung in Russland 1905 – 1921, Leiden E. J. Brill 1958

Autorenkollektiv
Politische Ökonomie. Lehrbuch, 1. Aufl., Dietz Verlag 1955

Alexander Berkman
Die Kronstadt Rebellion, Verlag »Der Syndikalist«, Berlin 1923

Michael Buestrich
Die Verabschiedung eines Systems. Funktionsweise, Krise und Reform der Wirtschaft im Realen Sozialismus am Beispiel der Sowjetunion, Waxmann Verlag 1995

Nikolaj Bucharin
Ökonomie der Transformationsperiode, Rowohlt Verlag, 1970

Robert V. Daniels
Das Gewissen der Revolution. Kommunistische Opposition in Sowjetrussland, Kiepenheuer & Witch, 1962

Renate Dillmann
China, VSA Verlag 2009

Emma Goldman
Niedergang der russischen Revolution (1922), Kramer Verlag 1987

Michail Gorbatschow
Ausgewählte Reden und Aufsätze in 5 Bänden, Dietz Verlag

Günter Hillman Hrsg.
Selbstkritik des Kommunismus. Texte der Opposition, Rowohlt Verlag, 1967

Willy Huhn
Trotzki – der gescheiterte Stalin, Karin Kramer Verlag, Berlin 1973

Karl Kautsky
Terrorismus und Kommunismus in: H-J. Mende, Demokratie und Diktatur Bd. 1

Alexandra Kollontai

Die Arbeiter-Opposition in Russland, in: Die russische Arbeiteropposition, Rowohlt Verlag, 1972

Arthur Lehning

Anarchismus und Marxismus in der russischen Revolution, Karin Kramer Verlag, Berlin 1971

W. I. Lenin

Werke, Dietz Verlag Berlin

- Staat und Revolution, Bd. 25
- Der »linke Radikalismus«, die Kinderkrankheit im Kommunismus, Bd. 31
- Die drohende Katastrophe und wie man sie beämpfen soll, Bd. 25
- Werden die Bolschewiki die Staatsmacht behaupten?, Bd. 26
- Wie soll man den Wettbewerb organisieren?, Bd. 26
- Die Neue Ökonomische Politik und die Aufgaben der Ausschüsse für politisch-kulturelle Aufklärung, Bd. 33
- Politischer Bericht des ZK der KPR (B), XI. Parteitag 27. März 1922, Bd. 33

Georg Lukács

Methodisches zur Organisationsfrage, in: Geschichte und Klassenbewußtsein, Luchterhand 9. Aufl. 1986

Taktik und Moral. Politische Aufsätze I, Luchterhand 1975

Rosa Luxemburg
Organisationsfragen der russischen Sozialdemokratie, Gesammelte Werke, Bd.1, 2. Halbbd., Berlin 1979

Und die Freiheit des Andersdenkenden, Dietz Verlag, Berlin 1990

Ina Mett,
Kommune von Kronstadt, Kramer Verlag 1971

Rudolf Rocker
Der Bankrott des russischen Staatskommunismus in: Der Bolschewismus: Verstaatlichung der Revolution, Underground Press, Berlin 1968

Augustin Souchy
Reise nach Russland 1920, Verlag europäische Ideen, Berlin 1979

Josef Stalin
Ökonomische Probleme des Sozialismus in der UdSSR, Verlag Das Neue Wort, 1952

Isaak Steinberg
Gewalt und Terror in der Revolution. Das Schicksal der Erniedrigten und Beleidigten in der russischen Revolution, Karin Kramer Verlag, Berlin 1974

Leo Trotzki
Terrorismus und Kommunismus, in: H-J. Mende, Demokratie oder Diktatur? Dietz Verlag 1990

Verratene Revolution, Schriften 1.2, Rasch und Röhring Verlag 1988

Jakobinismus und Sozialdemokratie, in: Schriften zur revolutionären Organisation, Rowohlt Verlag, 1970

Hendrik Wallat
Staat oder Revolution. Aspekte und Probleme linker Bolschewismuskritik, edition assemblage, 1. Aufl. 2012

Kapitel 3.3

www. anarchismus.at

Autorenkollektiv
Anarchie. Was ist eigentlich Anarchie? Einführung in Theorie und Geschichte des Anarchismus, Karin Kramer Verlag, 4. Aufl. 2003

W. Paul Cockshott / Allin Cottrell
Towards a New Socialism, Spokesman 1993

Friedrich Engels
Anti-Dühring, MEW Bd. 20, S. 239ff

Alfred Fresin
Die bedürfnisorientierte Versorgungswirtschaft. Eine Alternative zur Marktwirtschaft, Peter Lang, Europäischer Verlag der Wissenschaften, 2005

Gruppe Internationaler Kommunisten (Holland)
Grundprinzipien kommunistischer Produktion und Verteilung, R. Blankertz Verlag 1970

Karl Marx
Kritik des Gothaer Programms, MEW Bd. 19

Erich Mühsam
Fanal. Anarchistische Monatszeitschrift, Jahrgang 1 - 5, Nachdruck im Impuls Verlag Bremen o.J.
- Staatsverneinung, Fanal Bd. 1, S. 2ff
- Alle Macht den Räten, Fanal Bd. 5, S. 49ff
- Die Befreiung der Gesellschaft vom Staat – Was ist kommunistische Anarchie? Fanal Bd. 5 S.273ff

Peter Kropotkin
Die Eroberung des Brotes und andere Schriften, Carl Hanser Verlag 1973

Theorie und Praxis (1882), in: Worte eines Rebellen, Rowohlt Verlag 1972

Otto Rühle
Grundfragen der Organisation (1921), Hinkelstein-Press 1970

Von der bürgerlichen zur proletarischen Revolution (1924), R. Blankertz Verlag, 1970

Baupläne für eine neue Gesellschaft (1939), Rowohlt Verlag 1971

Weltkrieg – Weltfaschismus – Weltrevolution (1939) in: Schriften, Rowohlt Verlag 1971

Thomas Sablowski

Die Produktionsweise eines Vereins freier Menschen, Luxemburg. Gesellschaftsanalyse und Linke Kritik, 4/2010, S. 122 ff

Christian Siefkes

Beitragen statt tauschen. Materielle Produktion nach dem Modell Freier Software, AG Spak 2008

Ist Commonismus Kommunismus? Commonsbasierte Peer-Produktion und der kommunistische Anspruch, in: Prokla 155, Zeitschrift für kritische Sozialwissenschaft, 2009, S. 249ff

HERMANN LUEER
WARUM VERHUNGERN TÄGLICH 100.000 MENSCHEN?

Ausgehend von der Tatsache, dass täglich 100.000 Menschen an den Folgen von Unterernährung sterben und angesichts der verbreiteten Gewissheit, dass hieran auch die Millenniumsziele der UNO nichts ändern werden, wird in dem nebenstehenden Buch die Frage nach dem Grund gestellt.

Die vorherrschende Wirtschaftsordnung der führenden Industriemächte sorgt täglich unter dem Titel »Globalisierung« für die Sachzwänge, aufgrund derer außer »Hilfe zur Selbsthilfe« für die Verlierer der Konkurrenz beim besten Willen nichts zu machen ist. Welthunger, kein Zugang zu sauberem Wasser für ein Sechstel der Menschheit, bittere Armut und elende Arbeitsbedingungen sind trotz der Wunder der Technik des 21. Jahrhunderts zur Normalität der globalen Wirtschaftsordnung geworden. Nicht nur in den sogenannten Entwicklungsländern, sondern auch innerhalb der erfolgreichen Industrienationen zeugen die offiziellen Armutsberichte von der wachsenden Diskrepanz zwischen dem, was als Wohlstand der Nation im Bruttosozialprodukt bilanziert und als Pro-Kopf-Einkommen umgerechnet wird und dem, was die Mehrheit der Bevölkerung davon hat. Altersarmut, Kinderarmut, Arbeitslosigkeit, Einschnitte im Bildungswesen wie bei der medizinischen Versorgung sind aus wirtschaftlichen Gründen, zur Sicherung der nationalen Wettbewerbsfähigkeit, marktwirtschaftlich nicht zu vermeiden. Die Frage nach der Alternative zu diesen Errungenschaften der globalen Marktwirtschaft beginnt mit der Kritik der politischen Ökonomie.

Der Klassiker dieser kritischen Analyse – »Das Kapital« von Karl Marx – bekommt hierbei unweigerlich eine Renaissance. Der Mann hatte einfach Recht!

HERMANN LUEER
WARUM
STERBEN TÄGLICH MENSCHEN IM
KRIEG?
ARGUMENTE GEGEN
DIE LIEBE ZUR NATION
EDITION OCTOPUS

Jeden Tag sterben Menschen im Krieg, werden durch Minen verstümmelt und von ihren Wohnorten vertrieben. Die Auffassung, dass Krieg zur Sicherung von Frieden und Freiheit erforderlich ist, ist weit verbreitet, sonst gäbe es die Unterstützung der Kriegsvorbereitungen in Friedenszeiten nicht. Der Wunsch nach Frieden ist ebenso weit verbreitet. Grund genug, sich um den Inhalt des Friedens zu kümmern, dessen Verteidigung Krieg wert sein soll.

Warum beginnt die Gründung einer Nation oft mit einer »ethnischen Säuberung«? Wo fängt übertriebener Nationalismus an und wo hört gesunder Nationalismus auf? Was ist ein Franzose? Was unterscheidet einen Deutschen von einem Russen oder einem Amerikaner? Warum soll das Vaterland leben, auch wenn wir sterben müssen?

Wer angesichts der Kriegsgräuel Frieden fordert, kritisiert den kriegsträchtigen Inhalt des Friedens nicht. Wer gegen bestimmte Waffengattungen protestiert, ändert nichts an den Kriegsgründen. Wer von den Politikern fordert, den Frieden zu sichern, hat nicht verstanden, warum immer »zurückgeschossen« wird. Wer auf das Völkerrecht verweist, wird eines Besseren belehrt. Wer für den Frieden betet, wird nicht gehört.

Wer gegen die Kriegsbereitschaft mobilisieren will, muss verhindern, dass die Mehrheit der Bevölkerung bereit ist, für ihre Nation das eigene wie das Leben anderer zu opfern. Wer gegen Krieg ist, braucht Argumente gegen die Liebe zur Nation.

HERMANN LUEER
DER GRUND
DER FINANZKRISE
VON WEGEN UN-
VERANTWORTLICHE
SPEKULANTEN
UND HABGIERIGE
BANKMANAGER
EDITION OCTOPUS

»Unsere Arbeiter sind nicht weniger produktiv als vor der Krise. Unser Verstand ist nicht weniger erfinderisch, unsere Güter und Dienste werden nicht weniger gebraucht als letzte Woche, letzten Monat oder letztes Jahr. Unsere Kapazitäten sind unverändert.« (Barack Obama)

Es könnte also alles so weitergehen wie bisher. Aber was ist dann der Grund für die Krise?

»Zu wenig privater Konsum, um die verfügbare Produktionskapazität auszunutzen, ist in weiten Teilen der Welt ganz eindeutig zur Wohlstandsbremse Nummer eins geworden« (Paul Krugman)

Eine absurde Krise. Offensichtlich gibt es von allem zu viel. Der Reichtum ist im Überfluss vorhandenen. Es gibt nicht zu wenig Produktionspotenzial, sondern Überkapazitäten. Wo soll man hin mit all den nützlichen Sachen, die produziert wurden. Arbeitnehmer werden entlassen und damit außer Lohn und Brot gesetzt, weil zu viel produziert wurde. Nützliche Gebrauchsgegenstände liegen auf Halde und funktionierende Produktionsstätten werden geschlossen wegen zu geringer Nachfrage bei gleichzeitiger Massenverelendung. Der physische Reichtum der Gesellschaft hat sich also nicht in Luft aufgelöst, er wird vom Standpunkt des Geschäfts nur nicht mehr gebraucht.

Was ist das für ein komischer Reichtum, der – obwohl sich die materiellen Produktionsbedingungen gar nicht verändert haben, obwohl Lebensmittel, Unterkünfte und alle möglichen sonstigen Konsumartikel weiterhin vorhanden sind – plötzlich in einem zunehmenden Umfang für einen Großteil der Bevölkerung nicht mehr zur Verfügung steht? Warum regiert das Geld die Welt?

16963748R00188

Printed in Great Britain
by Amazon